기질에 따른 기도와 영성

기질에 따른 기도와 영성

PRAYER AND TEMPRAMENTS

체스터 P. 마이클 , 마리 C. 노르시 공저

이 기승 옮김

신교횃불

1982년 기도와 기질 프로젝트에 참여한 모든 이들에게 깊은 감사를 드린다. 그들의 열정적인 지원이 없었다면 이 프로젝트는 착수되지 못했을 것이다.

차례

서론 _ 10
역자 후기 _ 17

제1장. 개관: 기질 이론 발달사 _ 19
  네 가지 편향들
  기능 이론 대 기질 이론
  기질이 기도와 영성과 맺는 관계
  기질과 기도 방식들의 변천

제2장. 기질이 어떻게 그리스도교 영성에 영향을 끼쳤는가? _ 35
  삼위일체 영성과 마리아의 헌신
  사막 교부 교모들의 영성
  베네딕트 유형의 영성: 렉시오 디비나
  어거스틴 유형의 영성과 기도
  프란시스 유형의 영성과 기도
  토마스 유형의 영성과 기도
  디보시오 모르데나
  이그나시우스 유형의 영성과 기도
  테레사 유형의 영성

제3장. 베네딕트 기도: 렉시오 디비나. _ 51
  렉시오(Lectio: 거룩한 책 읽기)
  메디타시오(Meditaio: 묵상)
  오라시오(Oraio: 기도)
  컨템프라시오(Contemplatio: 관상)
  렉시오 디비나 사용을 위한 열다섯 가지의 기도 제안들

제4장. 이그나시우스 기도와 영성(SJ 기질). _ 75
  SJ(이그나시우스인) 기질의 특성들
  이그나시우스 유형의 영성
  이그나시우스 유형의 기도
  이그나시우스 유형의 기도 사용에 따른 문제들
  제안들

제5장. 어거스틴 기도와 영성(NF 기질) _ 93
  NF(어거스틴인) 기질의 특성들
  NF 기질의 영성
  어거스틴 유형(NF)의 기도
  제안들

제6장. 프란시스 기도와 영성(SP 기질). _ 109
  SP(프란시스인) 기질의 특성들
  프란시스 유형의 영성
  프란시스(SP) 유형의 기질을 가진 자들의 기도생활
  제안들

제7장. 토마스 기도와 영성(NT 기질). _ 123
　SP(프란시스인) 기질의 특성들
　프란시스 유형의 영성
　프란시스(SP) 유형의 기질을 가진 자들의 기도생활
　제안들

제8장. 기도할 때 사용하는 우리의 그림자와 열등 기능. _ 141
　열등기능의 초월적 차원
　감각기능의 초월적 차원을 활성화하기
　직관기능의 초월적 차원을 활성화하기
　사고기능의 초월적 차원을 활성화하기
　감정기능의 초월적 차원을 활성화하기

제9장. 기질과 예전 기도. _ 159
　성찬의 상징들
　감정기능과 믿는 자들의 공동체
　사고기능과 하나님의 말씀
　감각기능과 십자가
　직관기능과 의례 식사
　결론
　결어

부록I. 당신의 유형을 발견하라. _ 184
부록II. 열여섯 가지 개인적 유형을 위한 기도 제안들. _ 192
　ESTP
　ISTP
　ESTJ
　ISTJ

ESFP

ISFP

ESFJ

ISFJ

ENFP

INFP

ENFJ

INFJ

ENTP

INTP

ENTJ

INTJ

동일한 우월, 보조, 제3, 열등기능들을 가진
유형들을 위한 기도 제안들

ISFJ와 ESFP

ISFP와 ESFJ

ISTP와 ESTJ

ISTJ와 ESTP

INFJ와 ENFP

INFP와 ENFJ

INTJ와 ENTP

INTP와 ENTJ

부록III. 용어 풀이. _ 271

부록IV. 기도와 기질에 대한 진전된 생각들. _ 279

부록V. 1982년 기도 프로젝트에 참여한 유형들과 기질들. _ 301

참고도서. _ 303

서 론

　인간의 성장과 완성을 강조했던 지난 20년 간, 한 개인이 지닌 기질 혹은 성격과 기도와 영성 사이의 관계에 대해 많은 관심이 야기되었다. 수많은 워크샵, 세미나, 퇴수회 경험이 이루어지는 동안, 그리고 숱한 사람들이 참여한 영성지도를 하면서, 저자들은 한 개인이 자신이 지닌 기질과 다른 성격들을 갖고서 실천하는 기도의 종류 혹은 영성 사이에 관계가 있다는 이론을 실험해 왔다.

　더욱이 1982년, 인간 성격의 상이한 심리 유형들psychological types을 연구하기 위해 전국 각지에서 모여 든 457명의 사람들이 다양한 기도 형태가 지닌 가치를 분별하는 1년 어간에 걸친 프로젝트에 참여하였다. 이 프로젝트에 참여한 자들 가운데 98%가 그들의 기질에 어울리는 기도 방식을 선택하는 가치에 대해 증언했다.

　마이어스 브릭스 유형 지표Myers-Briggs Type Indicator와 키르시의 기질 선별Kiersey Temprament Sorter 가운데 어느 한 편을 선

택한 사람들은 유형들이 개인의 기질과 성격을 정확히 맞추는 것에 경악을 금치 못했다. 어떤 이는 성격의 열 여섯 유형들 가운데 한 가지에 대해 일반적인 묘사를 하는 대신, 자기 개인의 성격을 묘사했다. 이 지표들은 한 개인의 성격적 혹은 습관적인 경향을 정확히 묘사하므로, 우리는 모든 남편과 아내, 모든 부모와 자녀들, 모든 예비 신랑과 신부, 모든 스텝 구성원들, 혹은 실무 그룹이 **MBTI**를 택하여 그들이 속한 그룹의 다른 구성원들과 발견한 것들을 나누게 했다. 그와 같은 나눔은 추측컨대 결혼, 가족, 그리고 다른 친밀한 관계나 실무 그룹들 안에서 정상적으로 부상하는 오해의 50%를 제거했다. 우리는 우리 자신을 더 잘 이해할 뿐만 아니라 왜 우리가 현실을 인식하고 판단하고 결단하는지, 또한 왜 다른 사람들이 현실을 달리 보고 우리 자신과는 다른 결론에 도달하는지를 이해할 것이다. 인간 기질 상 나타난 차이들에 대해 갖는 일반적인 지식은 인간 사회에서 발생하는 많은 편견과 오해를 극복하는 데 도움을 주어야 한다.

결혼, 가족생활, 학교, 직장, 공장, 그리고 다른 그룹 안에서 발생하는 자기이해와 상호이해의 놀라운 유익에 더하여, 우리 가운데 많은 사람들은 유형과 기질에 관한 것을 앎으로써 엄청난 유익을 발견했다. 우리는 네 가지 각 기본 기질들에 적합하며, 추측컨대 열 여섯 가지 성격의 다른 유형에도 적합한 기도와 영성의 다른 유형이 있음을 깨닫고 있다. 브릭스 마이어스와 키르시 베이츠Kiersey Bates가 한 조사는 세속 영역에서 행해졌다. 지금까지 한 어느 정도의 집중적인 조사는 여기서 발견한 것들을 기도와 영성에 적용하는 데 사용되었다. 그러나 본서의 저자가 행한 조사 결과로서 다른 유형들과 기질들을 위한 기도 방식에 관하여 어느 정도 결론들이 나타났다. 기도 프로젝트Prayer Project 기간 동안과 영성 지도에서 우리가 제시한 제안들을 따른 사람들은 영적 성장을 자극한 더욱 의미 있는 기도 생활에 실제적인 도움을 찾았다. 지난 몇 세기 동안 있었던 가장 큰 비극 가운데 하나는, 우리는 다소간 실로 한 특별한 기질에 알맞은 방식의 기도와 영성의 틀 속에 갇히도록 훈련받았다는 사실이다. 유감스럽게도 그 기질은 기도에 대해 필요를 가진 오직 소수의 사람들에게 국한된 것이었다.

이 전통적인 기도 방식은 모든 이들을 위한 최상의 방법이라는 인상을 우리에게 주었다. 그것이 별 효과가 없었을 때, 결론은 방법보다 사람에게 뭔가 잘못된 것이 있다는 것이었다. 그러므로 우리 가운데 많은 사람들은, 영성을 위해 추천된 방식이 성취될 수 없기 때문에 제 아무리 고상하고 영웅적인 노력을 기울여도 우리는 신성에 도달할 수 없는 운명이라는 결론을 내렸다. 결과는, 많은 선량한 사람들이 기도를 포기하거나 어떤 실제적인 내면의 효과나 유익 없이 기도하는 동작(動作)을 경험하게 되었다(동작이라 함은 실제 기도가 아닌 기도하는 것 같은 행위를 의미함: 역주)

1982년, 우리가 시행한 기도와 기질 간의 관계에 대한 조사에 인간 성격의 열여섯 가지 개별적 유형들에 참여하는 사람들이 있었다. 참여자의 75%는 여성, 25%는 남성들이었다. 이들 가운데 44명이 여러 교회에 적을 둔 성직자였고, 84명은 다른 종교 공동체에 속한 여성들이었고, 나머지는 평신도였다. 한 해 동안 그들에게 보낸 내용이 다른 기도 제안들 및 다른 자료들에 대해 그들이 나타내는 반응들을 담은 지원(支援)들이 반송되었다. 프로젝트에 참여한 400명 이상 되는 남녀 가운데 오로지 2%가 우리가 보낸 제안들로부터 아무런 가치를 이끌어내지 못했음을 시사했다. 반송된 질문지를 근거로 우리가 내린 결론은, 이 2%는 직접적으로 성령의 영감에 근거한 기도와 관상의 높은 단계에 도달했다는 것이다. 그러므로 여기에 제시된 제안들은 아빌라의 성 테레사St. Teresa of Avila가 묘사한 바와 같이 기도와 수동적인 관상passive contemplation의 더 높은 차원(테레사는 그녀가 쓴 *Interior Castle*에서 차원이라는 말 대신 궁방mansion이라는 말을 사용했다: 역주)의 합일의 길unitive way에 있는 사람들을 의미하는 것이 아니었다. 이 매우 적은 그룹을 제외한 기도 프로젝트에 참여한 참여자들은, 그들에게 제시된 기도 제안들의 95%는 자신들의 유형을 위한 가치가 있었다고 보고했다. 참여자들이 행한 비판과 제안한 것들의 도움을 받아서, 우리는 기질과 특별한 기도 형태 사이의 관계에 관련된 우리의 이론에 존재한 몇몇 오류들을 정정하려고 시도했다.

MBTI가 발견한 내용을 우리의 영적 생활을 정정하는데 채용하는 것은 온전함wholeness과 거룩holiness을 향한 성장에서 우리를 도울 수 있는 많은 도구들 가운데 하나다. 그러나 어떤 도구처럼, 그것은 보편적으로 적용 가능한 것이 아니다. 네 가지 기본 기질들과 열여섯 가지 성격 유형에 의해 제시된 특성에 부합되지 않는 사람들이 있을 것이다. 이는 모든 사람이 유일무이하고 독특하며 다른 사람들과 다르다고 하는 전형적인 인간 상황이다. 우리 가운데 몇 몇 사람들은 다른 이들보다 더 독특하다. 이는 우리에게 어떤 문제가 있음을 의미하는 것이 아니다. 우리는 단순히 우리가 처한 특별한 상황에 부합할 도구들과 수단들을 찾기 위해 보다 더 더 열심히 일해야 한다. 기질에 대한 지식 없이 기도할 수 있는 사람들은 계속해서 그들에게 가장 유익된 길을 따라가야 한다. 그러나 우리가 말하는 바는, 기질이나 유형에 대한 이론을 소개받은 자들 가운데 대다수의 사람들이, 추측컨대 90%가 이 지식이 그들로 하여금 기도를 더 잘 할 수 있도록 돕는 탁월한 도구가 됨을 발견한다. 훌륭한 속성들과 결점들을 지니고 있는 그들의 유형을 배움으로써, 그들은 자신들이 지닌 강점과 한계를 이해하여 좀처럼 자연스럽게 작용하지 않는 그들의 성격적인 부분들을 기도에 어떻게 사용할지를 이해하는 데 도움을 받았다.

기질과 기도의 관계에 대해 본서에서 말하는 모든 것을 어떤 단서들을 갖고서 택할 필요가 있다. 도출된 결론들은 절대적으로 취할 수 없다. 그것들은 오직 어느 정도 진실하며 어느 정도 적용 가능하다. 따를 규칙은 제안들을 한 번 시험해 보는 것이다. 만일 도출된 결론들이 당신을 위하고 당신의 기도 생활과 하나님과 맺는 관계를 깊이 있게 한다면 그것들을 이용하라. 이 제안들이 그들의 기도 생활에 도움 된다는 것을 발견했기 때문에, 우리가 가진 희망은 당신 또한 그것들로부터 어떤 유익을 경험하는 것이다. 그것들을 당신이 하나님과 접촉하고 그 관계를 유지하는 데, 그리고 당신의 기도를 통해 그것을 깊이 있게 하는 데 도울 "도구"로 생각하라. 하나님은 그분 자신의 방식으로 우리의 삶에 직접적으로 그리고 자주 개입하셔야만 하고, 또 그렇게 하신다. 우리는 모든 가능한 자원으로부터 우리가 얻을 수 있는 무슨 도움에라도 우리 자신을 계속 개방해야 한다. 부록I에서 우리는 한 개인이 속한 특별한 기질과 성격을 결정하는 편향들preferences의 네 쌍에 대한 간략한 설명을 제공한다. **MBTI**나 키르시 베이츠의 기질 지표Temperament Sorter에 쉽게 다가서지 못하는 사람들은 그들의 기질이나 성격 유형을 결정하기 위해 이 부록을 사용할 수 있다. **MBTI** 득점표를 이미 아는 자들은 이 점수들이 제시하는 유형의 타당성을 점검하기 위해 이 부록을 사용할 수 있다.

부록II는, 우리의 평가로는, 본서의 가장 가치 있는 부분들 가운데 하나다. 그것은 우리가 발견한 것들이 개별적인 열여섯 성격 유형들에 어떻게 도움을 주는지, 그리고 우리가 한 기도 제안들이 어떻게 한 개인의 그림자를 인식하여 기도를 통해 그것의 잠재력을 계발할지에 관한 제안들을 제공한다.

부록III에서 우리는 기도, 기질, 그리고 심층 심리학Depth Psychology의 영역에서 채용하여 본서에서 사용한 용어들과 표현들에 대한 용어풀이를 제공한다. 우리가 사용한 개별적인 새 용어를 설명하려는 시도보다, 책 뒷부분에 있는 이 부록에 그것들에 대한 정의를 수록했다. 부디 본서에서 사용된 어휘에 당신이 친숙할 때까지 자주 이 용어풀이를 가까이 하기 바란다. 부록IV는 1982년에 시행한 기도 프로젝트에 참여한 자들의 기질 범위를 제공한다.

본서의 내용을 간략히 요약하자면 다음과 같다: 제1장은 기질 이론의 역사와 발달에 대한 간략한 개략을 제공하고, 그 다음에 기독교 시대를 거쳐 기도와 영성의 발달에 기질이 어떻게 영향을 미쳤는가에 대하여 간략한 설명이 뒤따른다. A장은 기독교 전통이 수세기에 걸쳐 발전시킨 개인기도의 다섯 가지 개별적인 유형에 할애되었다. 각 기질은 기도에서 어떻게 그것의 그림자와 열등기능을 활용하는가 하는 것이 탐구된다. 끝으로, 기질 이론이 예전(禮典)의 공동기도, 특히 성찬에 적용된다.

역자 후기

　하나님의 은혜로 미국에서 수학하던 시절, 기독교 영성과 융 심리학을 접하면서 영성 훈련을 받을 기회가 있었다. 게렛신학대학원의 에쉬 부룩 교수와 조지 힝클 교수, 그리고 시카고신학대학원의 조지 케이른 교수와 로버트 무어 교수가 특히 나의 영성과 신학적 사고에 깊은 인상을 주었다. 물론 그 외 교수들의 은혜도 잊을 수 없다.

　귀국하여 부족하지만 몇 몇 신학대학교의 강단에서 후학들에게 그간 쌓은 조그만 지식을 나누며 도전을 주는 은혜를 누리면서 지속적으로 영성 훈련과 독서에 몰입했다. 이런 경험들은 나의 목회에도 적지 않은 영향을 끼쳤다. 큰 딸의 졸업식에 참여하는 시간에 책방에 들러 집어든 책 중의 하나가 바로 이 책 *Prayer and Temperament*였다. 그간 띄엄 띄엄 보긴 했지만, 이번 기회처럼 정독할 시간을 내지는 못했다. 이번 2011년도 봄 학기에 영성 과목을 두 신학대학원에서 맡자, 학생들을 도울 심산으로 정독하다가 아예 번역에 착수했다. 그렇게 된 것은 역자 자신이 본서에서 너무 큰 배움과 감동 그리고 도전을 받았기 때문이기도 하지만, 신학도들에게는 주 교제가 될 수 있고 목회자와 모든 평신도들에게도 영적 여정의 길잡이가 될 수 있다는 확신이 들었기 때문이다.

영성에 관한 책이 지금도 많이 쏟아져 나오고 있고 역자 또한 영성에 관한 도서가 나오기만 하면 구입해서 탐독하고 있지만, 깊이 있는 이론과 실제를 겸비한 본서가 주는 감동은 또 다른 차원, 한결 높은 차원의 것임에 대해 추호의 의심이 가지 않았다.

바라기는 교파를 초월하여 본서를 접하는 신학도와 평신도들과 특히 목회자들이 본서를 통하여 한결 깊이 있는 영성과 영성적인 삶과 목회에 발을 깊이 들여놓게 되기를 바라마지 않는다. 끝으로, 여러 곳에 원문 표기를 한 것은 읽는 분들의 이해를 돕기 위한 것임을 밝혀 둔다.

2011년을 보내면서
이 기승 목사

◆ 제1장 ◆
개관

❖ 기질 이론의 역사와 발전

 최소한 25년 동안 인류는 인간의 기질이나 성격에 어떤 독특한 차이들이 존재한다는 사실을 인식해 왔다. 주전 450년 경, 중세시대 과학의 아버지 히포크라테스Hippocretes는 인간 종족을 네 기질들로 구분했다. 그의 이론은, 인간의 성격에 차이가 나는 원인은 네 가지 "성질"humors이나 심장의 분비액secretion of the heart, 간, 허파, 그리고 콩팥의 분비물의 불균형이었다는 것이다. 그는 이 네 분비물들에 따라 기질들을 명시했다: 다혈질Sanguine(심장에서 나는 피), 담즙질Choleric(간에서 나는 노란색 담즙), 점액질Phalgmatic(허파에서 나는 가래), 우울질Melancholic(콩팥에서 나는 검은 액). 그레코 로마 시대의 물리학자들 가운데 가장 위대했던 갈렌Galen은 히포크라테스의 이론을 채택한 다음, 기질의 차이들은 육체의 분비물의 부정적 불균형이라기보다는 뭔가 긍정적인 어떤 것이었음을 보여줌으로써 히포크라테스의 이론을 확대했다. 16세기에 파라셀수스Paracelsus라고 불리는 스위스 물리학자요, 신학자요, 연금술사인 그는 그것들의 특성을 구분하기 위해 물, 흙, 공기, 그리고 불을 사용함으로써 네 가지 기본 기질 이론을 더 정교하게 했다. 인간의 성격을 네 가지 기본 기질로 구분하는 것은 칼 융Carl G. Jung이 1920년 성격 유형들에 대한 그의 연구를 발표할 때까지 계속해서 전통적인 이론이 되었다. 삶을 향한 두 속성들(외향성과 내향성)과 네 기능들(감각Sensation, 직관Intuition, 사고Thinking, 감정Feeling)을 정치(定置)함으로써, 융은 여덟 가지 심리 유형 전반에 도달했다. 그가 한 발견들은 *Psychological Types*이라는 제하에 1923년 영어로 출판되었다. 우리나라에서 케스린 브릭스Katharine Briggs와 그녀의 딸 이사벨 브릭스 마이어스Isabel Briggs Myers는 융이 발견한 것들을 채택하여 40년에 걸쳐 탐구하고 확대했다. 그로 말미암아 1962년, 열여섯 가지 독특한 성격 유형들이 구분될 수 있는 MBTI가 모습을 드러내었다. 어머니의 사망 후, 그녀의 전 생애를 통해 이사벨 브릭스 마이어스는 인간 성격을 다루는 그녀의 작업을 계속했다. 그리고 그녀가 발견한 것들과 결론들은 그녀가 죽기 직전인 1980년 *Gifts Differing*으로 출판되었다. 그러는 동안, 켈리포니아에서 사역하는 임상 심리학자 데이비드 키르시David Kiersey가 융과 마이어스 브릭스 팀의 통찰들을 더 확대했고, 1976년에 마릴린 베이트Marlin Bates와 함께 *Please Understand Me* 〈부디 나를 이해해 주세요〉를 출판했다. 이사벨 마이어스에 의해 규명된 열여섯 성격 유형들로부터 키르시는 인간 행동의 네 가지 기본 기질을 분리했다. 이 개별적인 네 기질들은 이사벨 마이어스와 그녀의 어머니에 의해 구분된 열여섯 유형을 따르는 네 아류형을 갖는다.

❖ 네 쌍의 편향들

E-I　　S-N　　T-F　　J-P

브릭스 마이어스 팀과 키르시 베이트 팀 모두는 인간 성격의 열여섯 가지 독특한 유형에 도달하기 위해 네 쌍의 편향들을 사용한다: 외향성Extraversion-내향성Introversion, 감각Sensation-직관Intuition, 사고Thinking-감정Feeling, 판단Judging-지각Perceiving. 이 편향들 가운데 두 가지(E-I와 J-P)는 태도를 칭하는 반면, 다른 두 쌍(S-N과 T-F)은 기능들로 명명된다. 이사벨 마이어스는 이 여덟 가지 개별적인 선택들에 문자를 부여했다: 외향성에는 E, 내향에는 I, 감각에는 S, 직관에는 N, 판단에는 J, 그리고 지각에는 P를 부여했다. MBTI는 각 사람의 편향이 지닌 상대적인 힘을 제시한다.

융과 브릭스 마어어스의 기질 이론에 의하면, 모든 사람은 이 모든 것들을 선택하는 데 어떤 능력을 갖지만, 대부분의 사람들은 네 쌍의 편향들 가운데 한 쌍의 한편을 사용하고 필요할 때를 제외하고는 다른 편을 무시하는 경향을 보인다. 이는 다소간 우리의 무의식 영역의 대극(對極)인 모든 의식적인 행동과 의식적인 삶에서 편향들의 각 쌍의 한편을 습관적으로 사용하는 결과를 낳는다. 이 대극은 태도의 열등기능 혹은 간혹 "그림자"로 불린다. 이 태도는 우리의 의식적인 삶에는 유용할지 모르지만, 의식적으로 습관적으로 사용되는 편보다 활성화하기에 더 많은 정신 에너지psychic energy를 요구한다. 네 쌍의 편향들에서 우리가 습관적, 의식적으로 하는 선택들을 구성하는 열여섯 유형들을 네 문자로 명시한 것은 다음과 같다: **ESTJ, ISTJ, ESTP, ISTP, ESFJ, ISFJ, ESFP, ISFP, ENTJ, INTJ, ENTP, INTP, ENFJ, ENFP, INFP**.

편향들의 첫 쌍(E-I)은 세계와의 관계를 맺기 위한 개인의 편향적 태도를 시사한다. 외향성의 사람은 삶을 위해 필요한 정신 에너지와 열정을 얻기 위해 주로 사람과 사물의 외부세계에 의존한다. 내향성인 사람은 주로 삶에 필요한 에너지를 찾기 위해 아이디어들, 개념들, 그리고 정신의 내면세계에 의존한다. 모든 인간은 상황에 따라 외향성의 사람이 될 수도 있고 내향성의 사람이 될 수도 있지만, 대부분의 사람들은 다른 편보다 한 편을 확실히 편애한다.

편향들의 둘째, 셋째 쌍들(S-N, TF)은 새로운 데이터를 인식하여 이 데이트에 근거하여 필요한 판단이나 결정을 내리기 위해 모든 사람들이 사용하는 네 가지 기본 심리 기능들을 언급한다. 지각기능들인 감각기능과 직관기능은 편향들의 두 번째 쌍이다. 그리고 판단기능인 사고와 감정은 편향의 세 번째 쌍이다.

지각기능들Perceiving Functions인 감각Sensing과 직관Intuition은 삶을 수행하기 위해 우리가 사용하는 데이터와 정보를 수집하기 위해 사용된다. 감각은 지금 여기에 존재하는 사건들의 실재 상태와 접촉하기 위하여 보고, 듣고, 만지고, 맛보고, 냄새 맡는 다섯 가지 육체적 감각들을 사용한다. 감각기능Sensing Function은 우리 자신의 몸과 모든 외부의 물리적 물질적 육체들을 포함하여 주로 우리가 살고 있는 물리적 세계에 대한 정보를 수집하는 데 관심을 둔다. 일반적으로, 감각기능은 우리가 현재 우리 자신을 발견하는 실제 상황에 관한 데이터를 우리에게 제공한다. 그러나 상징이라는 수단에 의해 감각기능은 또한 영의 내면세계와 접촉할 수 있다. 예를 들자면, 그것은 우리가 행복한지 슬픈지, 열정적인지 의기소침한지, 평화로운지 혼란스러워하는지의 여부를 우리에게 말해준다. 상징 창조 과정을 통하여 감각기능은 하나님의 임재와 물리적 세계와 대조되는 실재의 초월적 차원을 감지한다.

직관기능Intuitive Function은 외부의 물리적 세계와 영(靈)과 아이디어들의 내면세계 모든 것 안에 있는 위대한 잠재력이며, 그것은 새로운 가능성들을 인식한다. 창조적이며 환상적인 기능인 직관은 우리가 새로운 일들을 창조하거나 현재 상황에서 개선하고자 하는 일을 가능하게 한다. 감각 기능이 주로 외부세계와 관계하며 오로지 이차적으로 영의 내면세계와 관계를 갖는 반면, 직관기능은 주로 내면세계에 관계하며 오직 이차적으로 외부세계와 관계한다. 그러므로 두 지각 기능들은 보완적이며, 두 가지 모두가 충만하고 균형 있는 삶을 위해 필요하다. 그러나 개별적인 기질에 근거하여 우리 각자는 다른 편보다는 지각의 한 길을 편애하는 경향이 있다.

두 판단기능Judging Function인 사고Thinking와 감정Feeling은 지각기능에 의해 제공된 데이터를 자료로 삼아서 우리가 할 일에 필요한 판단과 결정을 내리는데 사용된다. 두 가지 모두는 가치 있는 판단을 하지만, 서로 다른 방식들을 통해 판단과 결정에 도달한다. 사고기능Thinking Function은 논리적, 방법론적 방법methodical method을 따름으로써 판단이나 결정에 도달하기 위해 정신mind과 지성intellect을 사용한다. 감정기능은 판단과 결정에 도달하기 위해 인간관계와 사랑에 대한 마음과 내면의 힘을 사용한다. 사고기능은 보다 객관적이며, 비개인적이며, 정의와 객관적 진리와 타당성을 강조한다. 감정기능은 보다 주관적이며, 인격적이며, 자신들이든 남들이든 관계된 사람들에게 미칠 좋은 판단과 결정을 하는 데 있어서 개인의 가치와 영향력을 강조한다. 우리는 좋은 판단과 결정을 하는 데 사고기능과 감정기능들 모두를 사용할 필요가 있지만, 우리들 각자는 그것을 우리의 기질이나 성격의 네 가지 결정 요인들 가운데 하나로 삼으며 다른 기능보다 한 기능에 더욱 비중을 두는 경향이 있다.

이 기능들-감각, 직관, 사고, 감정-가운데 한 기능은 개인이 다른 기능보다 더 중(重)히 의존하는 우월기능Dominant Function일 것이다. 우월기능의 대극은 다소간 미분화된 채로 무의식 깊이 묻혀 있기 때문에 열등기능Inferior Function이라 불린다. 다른 기능은 보조기능Auxilliary Function이라 불리는데, 그것은 우월기능이 특별한 일을 수행하기 위해 그에 의존하는 주요 도움이기 때문이다. 보조기능의 대극은 단순히 셋 째 혹은 제3기능Tertiary Function이라 불린다. 만일 우월기능이 지각기능(감각이나 직관)이라면, 보조기능은 항상 판단 기능(사고나 감정)일 것이다. 그 역도 마찬가지다. 만일 우월기능이 판단 기능이라면, 보조기능은 항상 지각기능일 것이다. 주도권은 순서상으로 우월기능, 보조기능, 제3기능, 그리고 열등기능이 된다.

인간의 성격을 연구하면서 이사벨 마이어스는 하나의 흥미로운 현상을 발견했다. 외향성의 사람들은 외부세계를 다룰 때는 그들의 우월기능을 사용하며, 아이디어, 개념, 영의 내면세계를 다룰 때는 보조기능을 사용한다. 다른 한편, 내향성의 사람은 내면세계에서 우월기능을 사용하고 외부세계를 다룰 때는 보조기능에 의존한다. 이런 이유로 내향성의 사람들은 지식을 갖기가 더욱 어렵다. 그들의 우월기능을 외부세계에 보이지 않고 보조기능을 보이기 때문에 그들의 기질을 정확하게 유형화하기가 어렵다.

이사벨 마이어스와 그녀의 어머니는, 또한 우리 각 사람은 세계와 관련을 가질 때 지각기능이나 판단기능 둘 가운데 하나를 사용하는 뚜렷한 편향을 보인다는 사실을 찾아냈다. 그러므로 그들은 편향들의 넷 째 쌍을 추가하여 그것들을 판단과 지각이라 불렀다. 그들 주변 세계와 관계할 때 판단기능들인 사고와 감정을 더 선호하는 사람들은 "J"로 불린다. 그들은 주요한 주의(注意)와 관심을 사물과 세계 안에서 어떻게 행동하는지를 판단하고 결정하기 위해 사용한다. 지각기능들인 감각과 직관을 더 선호하는 사람들은 "P"로 불린다. 그들은 우선적으로 더 많은 데이터와 정보를 한없이 모으는 데 관심을 기울인다. "J"는 삶에 접근하는 데 아주 조직적이며 결단력이 강하다. "P"는 대체적으로 더 유연하고 개방적이다. 그들은 대체적으로 "J"보다 결정에 도달하는 데 더 느리다. "P"는 "J"보다 덜 조직적이며 시간을 의식하지 못한다. 이 다른 기능들과 태도들이 서로 관련을 맺고 결합하여 한 특별한 유형이나 기질을 형성하므로, 그것들에 대한 더 많은 정보를 얻기 위해서 부록I을 참조하기 바란다.

❖ 기능 이론 대 기질 이론

　이사벨 마이어스와 그녀를 추종하는 사람들은 기질과 관련하여 다른 기능들의 관계에 대해 관심을 갖는다. 데이비드 키르시는 기질을 결정하는 데 있어서 기능들의 가치와 지위를 시인하면서, 융과 브릭스-마이어스의 통찰들을 네 가지 기본 기질들에 대한 아주 고대적인 전통과 조화시키려했다. 그렇게 하기 위해 그는 각 유형이 어떻게 기능하는지 보다는 다른 유형들의 외부 행동에 더 관심을 가졌다. 마침내 그는 네 가지 기본 기질들에 대한 이론에 도달했다: 감각-판단(SJ)형, 감각-감정(NF)형, 직관-사고(NT)형, 그리고 직관-감정(NF)형. 이 분류에서 키르시는 기본 기질을 결정하는 데 오직 편향들의 두 쌍을 사용하고 있음을 주목하라. 지각기능이 감각일 때, 그는 편향들의 넷째쌍인 J나 P를 사용한다. 지각기능이 직관일 때, 편향들의 셋째 쌍인 T나 F를 사용한다. 네 가지 전형적인 히스테리hysteria, 침울depression, 발작compulsion, 그리고 충동 행동impulsive behavior의 네 전형적인 병리학적 사례들을 연구하는 연역 방법에 의해 이와 같은 결론에 도달하면서, 그는 정상적이고 건강한 사람들의 행동 또한 이 동일한 네 범주들이나 기질들로 분류되었다는 사실을 발견했다.

　견해 차이는 우리가 인간의 성격에 접근하는 두 관점에서 비롯되는 것 같다. 만일 우리가 외부 행동의 면에서 그에 접근한다면, 키르시가 설명한 네 가지 기본 기질들을 사용하는 것은 아주 정확하다. 만일 내면의 기능들이 어떻게 작용하는가 하는 각도에서 그에 접근한다면, 이사벨 마이어스가 제시한 기질들과 성격 유형에 대한 설명이 상황에 가장 적합한 것 같다. 그것은 이것이냐 저것이냐의 경우가 아니라 둘 모두의 경우다. 본서에서 우리는 마이어스와 키르시의 통찰들을 사용하려고 시도했다. 그러기 위해, 우리는 영성과 기도 사이를 구별했다. 영성은 세 가지 기본 관계에서 우리의 행동-하나님, 이웃, 그리고 우리 자신에 대한 관계-에 관심을 갖는다. 기도는 하나님과 갖는 특별한 관계에서 이루어지는 내면의 활동들에 관심을 갖는다.

키르시는 그 관계들의 속성들에 대해 네 헬라 신들을 인용하여 그들을 이 네 가지 기본 기질들을 지닌 사람들의 후원자로 칭한다: 에피메테우스인Epimethean(SJ), 디오니수스인Dionysian(SP), 프로메테우스인Promathean(NT), 그리고 아폴로인Apollonian(NF). 이 네 가지 기본 기질들은 히포크라테스의 네 기질들과 유사하다. 또한 SJ는 우울질, SP는 다혈질, NT는 점액질, NF는 담즙질이라 칭할 수 있다. 본서에서 우리는 이 네 기질들과 그것들에 어울리는 영성을 규명하기 위해 네 사람의 잘 알려진 성인들의 이름을 사용했다. SJ 기질과 영성은 이그나시우스인Ignatian(로욜라의 성 이그나시우스), SP는 프란시스인Franciscan(아씨시의 성 프란시스), NT는 토마스인Thomastic(성 토나스 나쿠나스), 그리고 NF는 어거스틴인Agustinian(히포의 성 어거스틴)이다.

❖ 기질과 기도 방식들에 일어난 변화들

모든 지표들은 우리의 필요에 가장 적합한, 우리의 타고난 기질과 기도 유형 간의 밀접한 관계를 시사한다. 내향성의 사람은 외향성의 사람과 다른 기도 형식을 선호할 것이다. 직관적인 사람은 감각적인 사람과는 다른 관점으로 하나님께 접근한다. 감정의 사람은 사고의 사람과는 다른 방식으로 기도한다. 판단의 사람은 그들의 기도생활에 구조를 원하는 반면, 지각의 사람은 유연성을 원한다. 우리가 성숙해가면서 기능과 관계 면에서 우리가 지닌 모든 능력을 잘 활용하면 우리의 기도생활은 더 풍부해질 것이다. 우리의 자연적인 기질과 어울리는 기도 유형을 여전히 선호하는 동안, 우리는 수세기에 걸쳐 발전되어 온 다른 기도 유형에 우리 자신이 익숙하도록 해야 한다. 기도와 네 가지 기능의 관계에 관한 한, 우리가 추천하는 바로는, 우리는 일상적인 기도 기간에 우월기능과 보조기능을 사용해야 한다는 것이다. 우리가 이 두 기능들을 사용할 수 있는 재능을 갖고 있기 때문에, 만일 우리가 주로 그것들에 의존한다면 기도는 짐이 되지 않을 것이다. 그러나 우리는 또한 제3기능을 자주 사용해야 한다. 열등기능은 기도할 때 완전히 무시당해서는 안 된다. 왜냐하면 융에 의하면, 무의식이 영의 내면생활의 부요함을 드러내기 위해 종종 사용하는 기능이기 때문이다. 이 넷 째 미발달된 기능을 사용하는 데는 우월기능과 보조기능을 사용하는 것보다 훨씬 많은 정신 에너지가 요구된다. 그러므로 이 열등적으로 계발된 기능을 우리가 하는 기도 기간 전반에 활성화하려고 시도하는 것은 실수가 될 것이다. 대부분의 사람들에게, 만일 활성화가 시도된다면, 기도는 너무 큰 짐이 될 것이며 아마도 폐기될 공산이 크다. 차라리 우리는 열등기능을 사용하기 위해 필요한 여분의 정신 에너지를 모을 충분한 시간을 가질 때를 기다려야 한다. 그런 다음 사용한다면, 가장 깊이 있고 더 의미 있는 신앙 경험이 일어날 수 있다. 보조기능은 열등기능보다 힘을 좀 덜 들이고 활성화할 수 있지만, 여전히 우월기능보다는 쉽지 않다. 부록II에서 제공한 열여섯 성격 유형을 위한 기도 추천을 참조하면, 당신 또한 이 열여섯 유형의 개별적인 유형에 작용하는 우월, 보조, 제3, 그리고 열등기능을 발견할 수 있을 것이다.

우리는 네 가지 모든 심리 기능들을 통해 하나님과 접촉하며 은혜를 경험할 수 있다. 이 개별적인 기능들은 우리로 하여금 하나님과 삶의 영적, 초월적 차원과 접촉하게 해 준다. 이 초월들에 대한 몇 가지 실례들은 사랑, 진리, 미, 선, 일치, 정의, 생명, 경배, 예배, 경외, 감사, 그리고 통회다. 이것들은 우리가 기도에서 실현하고자 노력하며 우리의 의식생활에서 기도를 통해 활력을 불어넣고자 하는 가치들이다. 개별적인 각 기능들의 초월적 차원의 활성화를 통하여 우리는 우리의 일상적인 의무들을 수행하고, 기도할 때 하나님을 접촉하고, 하나님의 뜻을 분별하고, 땅 위에서 갖는 우리의 목적을 성취할 은혜를 받아들이는 데 필요한 정신 에너지를 받아들인다(초월적 차원과 그것이 그림자와 기도와 갖는 관계에 대한 설명을 위해 제8장을 보도록 하라).

기도는 감각, 직관, 사고, 그리고 감정의 네 가지 기능들이 하나 혹은 그 이상의 초월적 차원을 활성화하는 데 성공하는 한도 내에서만 우리에게 감동과 영향을 준다. 본서에 묘사된 다른 기도 형식들은 우리로 하여금 다른 기능들의 초월적 차원에 활기를 불어넣게 한다. 우리가 추천하는 바는, 개인은 네 가지 모든 기능들에 활력을 불어넣어 우리의 일상적인 생활에서, 기도생활에서, 그리고 하나님과 맺는 관계에서 올바른 균형을 창조하기 위해 묘사된 다섯 가지 방법 모두를 사용하는 것이다. 기도하는 다섯 가지 방법 전체를 실행함으로써, 개인은 자신의 기질과 성격에 부합되는 특별한 방법이나 방법들을 찾아낼 것이다. 정상적으로, 이는 우리가 우월기능과 보조기능 사용을 강조하는 기도 형식일 것이다. 이는 우리가 하는 "빵과 버터" 기도일 것인데, 예를 들어 주(週) 중 3~4일의 대부분 시간이 사용되는 것이다. 그러나 우리는 또한, 아마도 일주일에 한 번, 다른 기도 형식에 우리 자신을 노출해야 한다. 이런 방식으로 우리는 네 기능들의 초월적 차원을 활성화하는 것이다. 아마도 주말에, 기도할 수 있는 시간과 여가가 있고 일이 주는 압력을 덜 받을 때, 여분의 시간과 정신 에너지로 기도할 때 우리는 우리의 열등기능과 제3 기능에 활력을 불어넣을 수 있다. 만일 그렇다면, 초월적 차원의 활성화된 시간이 하나님의 사랑, 능력, 선, 자비, 지혜, 그리고 임재에 대한 우리의 가장 깊고 아름다운 경험이 일어나는 기도 시간임을 발견하고 놀라게 될 것이다.

우월기능과 열등기능을 갖고 있듯이 우리 또한 우월기질 Dominant Temperament(NF, NT, SJ, SP)을 갖고 있는 반면, 그것의 대극은 우리의 열등기질 Inferior Temperament이다. 다른 두 기본 기질들은 보조기능과 제3기능의 범주에 들 것이다. 융은, 우리의 의식생활과 무의식 생활 간에는 극 균형 polar balance이 있음을 주장했다. 한 기능이나 기질이 의식 활동에서 우월적이면, 그것의 대극은 우리의 생활의 무의식 영역에서 작용할 것이다. 우리가 갖는 하나님과 은혜에 대한 강력한 경험들은 우리의 무의식적 내면의 존재 Unconscious inner being에서 발생하기 때문에, 우리의 열등기능들과 열등기질들을 활성화하도록 우리에게 요구하는 그런 기도 형식들을 소홀히 취급해서는 안 된다는 사실이 자명해진다.

❖ 기질과 기도 방식들에 일어난 변화들

많은 사람들의 경험은, 한 개인의 기질이 삶의 과정에서 명백히 변할 가능성이 있음을 시사한다. 간혹 이런 일이 발생하는 까닭은, 교육과 사회적 압력을 통해 한 개인이 자신의 자연적 혹은 타고난 성벽disposition과 조화되지 않는 기질로 이끌림을 받기 때문이다.

어떤 이들에게 기질의 변화는 한 개인이 자신의 자기 존중감self-esteem을 만족시키거나 자신의 목적을 성취하기 위해 조망(眺望)이나 행동을 바꿀 가치와 필요를 확신할 때 정교하게 일어난다. 다른 이들에게 기질의 변화는 어떤 신중한 선택이나 심지어는 변화가 발생하기까지 무엇이 발생했는지에 대한 깨달음도 없이 발생한다. 중년의 위기 때 일어나는 분주함restlessness은 간혹 창조적 발전의 출현과 우리가 지닌 제3기능과 열등기능을 더 잘 사용하라는 표지다. 융은 이 기질의 변화를 "enantiodromia"라고 명명했는데, 이 헬라어는 온전함(융 심리학에서는 전일성: 역주)을 향한 성장의 어떤 단계에서 그것의 대극을 향해 끌어당기는 인간 본성의 경향을 묘사한다. 지각(S와 N)과 판단(T와 F), 단호함(J)과 유연함(P), 외향성(E)과 내향성(I)을 위한 모든 가능한 선택들을 사용함에 있어서 더욱 성숙하고 균형을 갖출수록 우리는 더 많은 능력을 획득한다. 융은 성숙 곧 전인(全人)을 위한 이상적인 상황은 네 가지 모든 기능들이 우리 본성의 의식과 무의식의 중간 지점에 위치하는 것이라고 말한다. 그러므로 그 모든 것들은 우리의 의식적인 활동에서 사용하기에 편할 것이다. *The Kingdom Within* 〈내 안에 있는 천국〉에서 존 센포드John Sanford는, 지각하고 판단하고 관계를 맺는 데 자신의 모든 능력을 통제할 수 있었던 충분히 성숙한 인격을 지닌 분은 예수 그리스도였음을 제시한다.

역사의 각 시대들은 그들 나름의 특별한 세계관과 기질을 지녔던 것 같다. 현 시대는 프란시스(SP)의 "자유로운 영"의 기질과 영성 free spirit temperament and spirituality, 그리고 이그나시우스(SJ)의 보수적인 기질 사이에 이끌리고 있는 것 같다. 이 논지는 1982년 동안 프로젝트에 참여한 대다수의 사람들이, 물론 그들 가운데 10% 미만이 SP 기질에 속한 사실이 드러났지만, 프란시스 형태의 기도가 그들이 선호하는 기도 형태라는 사실을 시사한 사실에 의해 어느 정도 확증된다.

그러나 최근 20년 사이에 삶을 향한 "자유로운 영"을 과도하게 강조하는 데 반대하는 경향이 일어났다. 미국의 현 세대에서 우리는 SP의 "자유로운 영" 유형의 사람과 SJ의 "법과 질서" 사람들 간에 일어나는 경쟁을 발견한다. 이 투쟁은 정치, 정부, 종교 그리고 심지어 사업과 산업 분야에서 자유주의자들과 보수주의자들 간에 일어나는 투쟁에서 증명된다. 둘 모두는 계몽주의 시대(17세기~19세기)의 합리적 접근방식에 대한 저항이다. 지난 세기 동안 오늘날의 프란시스, 이그나시우스, 어거스틴 형태의 기도와 대조되는 토마스 형태의 기도가 인기 있었던 것은 이 우세한 세계관이나 그

시대의 기질에 의해 설명되어질 수 있다.

개인의 기질에 적합하지 않는 기도 형식이 주는 좋지 않은 경험은 그 기도 유형을 반대하는 편견을 낳을 수 있다. 간혹 이 편견은 기도 형식에 대한 왜곡된 해석을 낳는다. 모든 사람을 위한 오직 하나의 유일하고 특별한 기도 형식이 추천될 때마다 그런 기도를 향한 부정적인 태도가 이내 발생한다. 모든 사람을 위하고 모든 상황에 주어진 단 하나의 기도 형식은 존재하지 않는다.

우리가 하나의 기도 방식만 과도하게 선호하고 다른 기도 형식들이 지닌 가치를 부인하면 해로운 대립을 조장하는 프란시스주의 Francisticism을 낳는다. 한 방식에 고착하고 있으면서 양극 간의 균형을 유지하기 위한 긴장을 수용하는 사람들에게 처음에는 어떤 마음의 평온이 찾아올지 모른다. 그러나 다른 기도 형식들이 지닌 가치를 부인하면, 모든 네 가지 기능들과 네 가지 태도들을 사용할 때 얻을 수 있는 유용한 영적 가치를 송두리째 상실해버린다. 이는 왜 우리가 지난 20세기 동안 기독교 전통이 발전시켜 온 모든 다른 기도 형식들을 사용하라고 추천하는 까닭이다.

◆ 제2장 ◆
기질이 어떻게 그리스도교 영성에 영향을 끼쳤는가

　기질에 관한 지식은 우리에게 신약성경 시대와 후기 기독교 시대 사람들에 대한 많은 가치 있는 통찰을 제공해준다. 원 사도들과 그들을 계승한 사람들 각자가 지닌 기질은 하나님과 갖는 그들의 관계와 우리에게 전해준 그들의 가르침의 방향에 영향을 끼쳤다. 그러면 기독교 역사에 큰 영향을 끼쳤던 예수와, 원사도들과, 전도자들과, 성인들이 지닌 우월 태도와 기능들은 무엇인가?

　The Kingdom Within 〈내 안에 있는 천국〉에서 존 센포드는, 우리 주 예수께서 그분의 생활환경 속에서 어떻게 네 가지 기능들과 네 가지 태도들을 사용하셨는가를 제시한다. 충분히 성숙한 인간으

로서 예수는 상황에 따라 외향성과 내향성, 감각과 직관, 사고와 감정, 판단과 지각기능 모두를 사용하셨다. 기질 이론은 우리 모두가 이 여덟 가지 모든 영역에서 동일한 능력을 갖고 있지만 네 편향들의 한 편이나 다른 편을 선호하는 경향이 있음을 시사한다. 추측컨대 제3기능이나 열등기능 보다 우월기능이나 보조기능이라 부르는 면을 선호하여 사용하는 데 시간의 85%를 사용할 것이다. 우리가 성숙하여 그리스도를 닮으면 닮을수록 우리는 우리가 취하는 모든 태도나 기능들을 사용하는 데 더욱 균형을 취하게 된다.

하나님의 섭리 안에서, 1세기의 기독교의 영성과 성장에 책임이 있었던 네 사람들(바울, 야고보, 요한, 그리고 베드로)은 네 가지 기본 기질을 가진 사람들이었다. 성 바울은 NT(직관-감정)기질의 사람이었으므로 하나님 나라에 대한 새로운 통찰을 내다보았다. 기독교가 모세의 율법, 예를 들어, 할례법이 부과하는 무거운 멍에를 끊어버린 것은 바울을 통해서다. 바울과 라이벌 관계에서 1세기 기독교에 영향을 끼쳤던 SJ(감각과 판단) 기질을 지닌 예수의 형제 야고보는 기독교인들에게 삶의 모든 영역에서 믿음을 행동으로 옮길 의무를 이행하라고 부단히 권고했다. 보수적이었고, 법과 질서의 사람이었던 성 야고보는, 기독교가 최소한 모세 율법의 일부를 지킬 것을 권고했다(사도행전 15:13~21을 참조하라). 사랑받는 제자요 요한 공동체를 설립한 성 요한은 NT(직관과 사고) 기질이었다. 그는 1세기 동안에 기독교 신학을 형성한 현존하는 아이디어들을 종합한 인물이었다. 보수적인 성 요한은 모든 시대를 걸쳐 기독교 유산의 일부였던 신비전통의 설립자였다. SP(감각과 지각) 기질이자 행동의 사람인 성 베드로는 대립 중에 있던 신학 학파들 사이에 평화를 유지하는 책임을 가졌었다. 우리는 베드로가 예루살렘회의가 열리고 있는 동안에 바울과 요한과 그의 동료들을 화해시키기 위해 조정하는 능력을 사용하고 있는 것을 본다. 네 가지 기능들의 관점에서 보면, 야고보는 감각유형, 바울은 직관유형, 요한은 사고유형, 베드로는 감정유형이며, 베드로와 바울은 외향성의 사람인 반면, 요한과 야고보는 추측컨대 내향성의 사람이다. 베드로와 바울은 근본적으로 지각자들Perceivers(P 유형의 사람들)인 반면, 요한과 야고보는 판단자들Judgers(J유형의 사람들)이다. 그러므로 1세기 기독교의 이 네 중요한 지도자들은 추측컨대 이렇다: **베드로-ESFP, 바울-ENFP, 요한-INTJ, 야고보-ISTJ.**

이와 같이 그들이 지닌 개인적인 기질들 때문에, 네 사람의 전도자들(마태, 마가, 누가, 요한)은 예수의 인격, 그분의 삶에서 일어난 사건들, 그리고 그분이 주신 교훈에 대해 서로 다른 네 가지 관점을 우리에게 제공한다. 성 마태는 SJ(감각-판단하는 사람) 기질, 성 마가는 SP(감각-지각하는 사람), 성 누가는 NF(직관-감정의 사람), 성 요한은 NT(직관-사고하는 사람)이다. 그들 각자는 예수의 공생애를 그들 자신의 기질의 관점을 통해 보고 예수의 성격과 가르침의 부요함에 대한 통찰을 우리에게 제공한다. 그러므로 성 마태(SJ)는 예수께서 구약성경의 예언과 약속을 어떻게 성취하셨는지를 반복하여 지시함으로써 과거와의 연속성을 강조한다. 마가(SP)는 매우 행동-지향적이며, 예수의 가르침에 대해서는 오로지 최소한의 것만 제공한다. 누가(NF)는 매우 사람-중심적이며 죄인들, 여성들, 그리고 소외된 계층을 향한 예수의 큰 긍휼을 보여준다. 요한(NT)은 진리와 지식의 중요성에 강조점을 두며 네 전도자들 중에서 가장 신비적이고 관상적이다.

　우리가 한 기도 경험들을 우리가 지닌 우월기능과 보조기능들이나 기질에 국한시키는 것이 실수인 것처럼, 예수 그리스도와 그분의 메시지 전체를 이해하기 위해 오로지 한 복음서만을 배타적으로 사용하는 것도 마찬가지로 하나의 실수가 될 것이다. 자연적으로 우리가 선호하는 복음서가 있을 것인데, 그것은 우리의 내면의 기질과 밀접하게 일치하기 때문이다. 그러나 만일 우리의 기질과 어느 정도 상반되고 어렵다고 생각하는 복음서들을 소홀히 다룬다면, 하나님의 실재에 대한 가장 깊은 어떤 경험들을 놓쳐버릴 공산이 크다. 네 사람의 복음서 기자들의 기본 기질(NF, NT, SP, SJ)들을 분별하는 일은 비교적 쉬운 반면에, 그들이 기록한 복음서들로부터 우리가 수집할 수 있는 것보다 상이한 그들의 성격에 관하여는 거의 알지 못하므로, 그들이 속한 열여섯 유형들을 결정하는 일은 매우 어렵다. 힘든 추측이겠지만, **마태**는 **ESTJ**, **마가**는 **ESFP**, **누가**는 **INFP** 그리고 **요한**은 **INTJ**일 것이다.

❖ 삼위일체 영성과 마리아께 드리는 헌신

　그리스도교 제3세기 동안 가졌던 영성과 기도에 대한 근본적인 관심은 삼위일체 하나님과 특히 예수 그리스도와 갖는 올바른 태도와 관계의 발전이었다. 삼위일체론과 더불어 기도와 영성의 여성적이고 수동적인 면을 강조하는 마리아께 드리는 헌신Marian devotion이 부상했다. 3세기 말엽, 마리아께 드리는 기도가 기독교 전통의 중요한 부분이 되었다. 마리아께 하는 최초로 알려진 기도는 *Sub Tuum Praesidium*이었다: "오 하나님의 거룩한 어머니이신 마리아여, 우리는 당신의 보호로 날아갑니다"는 이 시대의 산물이다. 상상할 필요 없이 개인은 어떻게 인간 기질들과 기능 유형들이 삼위일체 영성과 마리아께 드리는 헌신 모두를 견고히 하는 데 기여했음을 쉽게 볼 수 있다. SJ기질은 특히 무한한 선을 가지신 하늘 아버지께 이끌린다. NT기질은 하나님의 말씀인 로고스이시며 영원한 진리이신 예수그리스도께 이끌린다. NF기질은 교회를 영원하신 하나님과 부활하신 그리스도와 연합시키시는 성령께 이끌린다. SP기질은 하나님께 마음이 열린 마리아의 아름다움에 이끌린다. 삼위일체 영성은 니케아 종교회의(325년)의 결정과 칼케돈 회의(451년)의 결정에서 그 절정에 도달했다. 마리아께 드리는 헌신은 마리아가 공식적으로 "데오도코스"*Theodokos*로 결정된 에베소 회의(432년)에서 최고 수위에 도달했다.

네 가지 기능들의 관점에서 삼위일체와 마리아의 영성을 보면서 하나님 아버지께 드리는 헌신은 하나님의 선하심과 자비에 대해 특별히 강조하는 감정기능을 두드러지게 한다. 예수 그리스도는 하나님의 사랑과 자비로우신 선하심의 이 좋은 소식(복음)을 선포하고, 하나님에 대한 구약성경의 개념을 주와 창조주로부터 자비로우신 아버지와 섭리자의 개념으로 업데이트하기 위해 지상에 오셨다. 신적 로고스(하나님의 말씀)로서의 아들 하나님God the Son은 예수의 성육신을 인류에게 전달하는 새로운 진리와 통찰들로 사고기능에게 말씀한다. 일곱 가지 은사들, 특히 지혜의 은사 안에서 나타난 성령 하나님은 직관기능을 환기시키는데, 직관기능의 창조성은 하나님과 아들 간의 관계뿐만 아니라 하나님과 창조 전체의 사이의 일치를 내다본다. 끝으로, 마리아께 드리는 헌신은 하나님의 창조의 아름다움과 질서를 인식하는데 사용되는 감각기능을 이끌어 낸다. 그러므로 선, 진리, 일치, 그리고 미의 네 초월적 가치들은 감정, 사고, 직관, 그리고 감각의 네 기능들의 영적 표현을 나타내며, 그 다음 삼위일체와 축복받은 어머니의 세 인격에 헌신함으로써 활기를 찾는다.

❖ 사막 교부들과 교모들의 영성

콘스탄틴 황제 치세 아래 이루어진 교회와 국가의 연합은 새로운 영성의 개막을 알리는 신호탄이다. 피 흘림의 순교, 혹은 1세기 동안 끊임없이 피 흘리는 순교의 가능성은 복음의 가르침에 대한 영웅적 실천을 요구했다. 주후 313년 이후, 기독교의 신앙을 실천하는 것은 더 이상 불법이 아니었으며, 수많은 크리스챤들은 세속 도시에 적응하는 삶을 시작했다. 이상적인 크리스챤의 삶의 이 "추락" 때문에, 많은 남녀가 금욕과 초탈, 절제의 수도생활을 실천하기 위해 이집트, 팔레스틴 그리고 시리아의 굴과 사막으로 피신했다. 4세기에 시작된 사막으로의 이 출애굽은 이전 세기의 "붉은" 혹은 피 흘림의 순교와는 구분되는 "흰" 순교로 알려진 새로운 유형의 영성을 낳았다. 성 제롬St. Jerome과 존 카시안John Cassian은 이 새로운 사막 영성을 연구하고 배우기 위해 사막으로 갔던 서방으로부터 잘 알려진 두 사람이었다.

사막 교부들과 교모들의 영성을 연구할 때, 우리는 그들이 기도하는 동안 네 가지 심리기능들을 충분히 활용했던 사실을 알게 된다. **감각**: 성령께 그들의 영혼을 열기 위해 그들의 감각을 억제하는 훈련(고행)을 감행했다. **사고**: 성경에 계시된 신앙의 기본 진리를 매일 묵상했다. **감정**: 하나님 아버지, 예수 그리스도, 그리고 성령과의 끊임없는 인격적인 관계 유지를 시도했다. **직관**: 그들은 하나님과의 깊은 관상적인 일치를 경험했다. SJ(이그나시우스적) 기질은 매일 복음서를 묵상하는 데 사용되었다. SP(프란시스적) 기질은 낮에 활동하는 기간과 밤에 자발적인 기도를 하는 데 사용되었다. NF(어거스틴적) 기질은 하나님과 예수 그리스도와 맺는 깊고도 인격적인 관계를 획득하고 유지하는 데 사용된 반면, NT(토마스적) 기질은 하나님과의 깊고 관상적이며 신비한 합일을 강조했다. 이 네 가지 모든 기능들과 기질들에 대한 호소는 왜 수 세기 동안 사막 영성과 기도가 많은 사람들에게 주목을 받았는지 그 까닭을 설명해 준다.

기도의 두 유형은 사막 교부들과 교모들의 지혜와 경험으로부터 서방에서 발전되었다. 존 카시안은 수도승들의 수도회와 서방의 수도 공동체의 수녀들에게 끊임없는 묵상 혹은 성경에 대한 숙고를 소개했는 바, 이는 성 베네딕트의 규칙의 **렉시오 디비나**Lectio Divina로 알려졌다. 존 카시안 또한 이집트 사막에 있던 아바 이삭Abba Issac과 다른 수도승들로부터 묵상의 다른 형태를 배웠는데, 오늘날 대중화된 "센터링 기도" Centering Prayer다. 이 동일한 기도 형태는 그리스와 러시아에서 널리 사용되었는데, 거기서는 "예수기도" Jesus Prayer로 명명되었다.(그리스와 러시아에서 얼마나 많은 사람들이 예수기도를 사용했는지에 대하여 훌륭한 설명을 해 주는 Image Book, *The Way of The Pilgrim* 〈순례자의 길〉을 참조하라). 예수기도와 센터링 기도는 하나님과 우리 자신 사이에 이루어지는 신비한 합일을 이루기 위해 네 가지 모든 심리 기능들을 활성화한다. 감각들은 "주 예수 그리스도시여, 죄인인 나를 불쌍히 여기소서" 라는 기도를 끊임없이 반복하는 데 사용된다. 이 끊임없는 반복은 구세주이신 예수에 대한 묵상에 의해 이루어지며(사고기능), 예수와의 더 깊은 인격적 관계를 낳는다(감정기능). 끝으로, 매일 이 기도를 수 백 번 반복하면 직관기능을 활성화함으로써 신비한 관상(觀想)을 낳는다.

❖ 베네딕트 영성-렉시오 디비나

존 카시안에 의해 처음 소개되어 후기에 발전했고, 베네딕트의 수도원 공동체 규율 안에서 사용된 렉시오 디비나는 수 세기에 걸쳐 베네딕트의 영성과 기도로 인정받게 되었다. 이 고대의 기도 유형은 추측컨대 그 어떤 다른 기도 방식보다 더 자주 신자들에 의해 사용되었다. 이 기도는 네 가지 모든 심리 기능들을 사용하며, 따라서 성격의 다른 유형들과 기질들 모두를 사용하므로 그렇게 된 것은 이해할만하다. 크리스찬 영성과 기도의 네 가지 다른 전통적인 유형들-어거스틴 유형, 프란시스 유형, 토마스 유형, 그리고 이그나시우스 유형-은 실제로 모든 크리스찬 기도 유형들의 가장 고대적인 유형의 변형들이다. 중세 후기의 **디보시오 모르데나**Devotio Mordena 또한 렉시오 디비나의 모든 네 단계를 포함한다(14~15세기 동안 스콜라 신학자들이 지나치게 강조한 지성과 사고 기능에 대한 반작용으로 네델란드와 벨기에 하부 지방에서 발전된 새로운 기도 형태이며, 제라드 그루터Gerrad Groote와 토마스 아 캠피스Thomas a Kempis가 이 새로운 형태의 기도와 영성의 옹호자였다: 역주). 제3장에서 우리는 렉시오 디비나의 네 단계에 대해 그리고 모든 네 가지 기능들-감각, 사고, 감정, 그리고 직관-을 어떻게 사용할지에 대해 보다 더 충분히 설명하고 있다. 우리는 또한 일상적인 기도생활에서 어떻게 렉시오 디비나를 사용할지에 대한 몇 가지 실례를 들 것이다.

❖ 어거스틴 영성과 기도

기독교 시대를 걸쳐 교부들과 영성 대가들은, 성경말씀은 모든 개인의 필요와 모든 세대와 관련을 갖기 위해 번역될 수 있다고 주장했다. 영감 받은 성경 저자들은 하나님의 영원하신 지혜에 감동 받은 그들의 통찰을 그들이 살던 시대 상황에 적용했다. 그러나 하나님의 무한하신 지혜는 모든 시대 모든 인류의 상황에 적용될 수 있다. 예외 없이, 교회 교부들은 그들이 하는 매일의 기도에 하나님의 말씀을 적용하는 일을 실천했고, 하나님께서 그들에게 뜻하신 길을 분별하는 이 동일한 방법을 사용하라고 제자들을 가르쳤다. 우리는 이 방법을 어거스틴 기도Augustinian Prayer라고 칭한다. 성 어거스틴은 말씀 안에 임재하시는 하나님의 임재에 대한 개인적인 숙고personal reflection를 가르쳤다. 그러나 그에 의해 설립된 공동체들을 위해 어거스틴이 발전시킨 삶의 규칙은 계속되는 많은 후 세대의 종교적 공동체들이 뒤따른 영성의 기본 방식이 되었다. 그러므로 우리는 이 유형을 어거스틴 기도 유형이라 부름으로써 그에게 경의를 표한다.

어거스틴 기도는 네 가지 모두를 사용하지만, 특별히 직관과 감정에 강조점을 둔다. 위대한 성인들, 영적 대가들, 그리고 길을 찾는 자들뿐만 아니라 성 어거스틴은 NT기질에 속한 사람들이라고 보아야 할 것이다. 네 가지 기본 기질들 가운데 이 기질은 자기 계발과 영적 성장에 크게 기여한다. 이 사실은 기도 프로젝트에 참여한 자들 가운데 48%에 해당하는 자들이 NT기질들이었다는 사실로 증명되며, 퇴수회 운동에 참여한 자들 가운데 대다수가 항상 그렇다는 사실로도 증명된다. 제 5장에서 우리는 어거스틴 유형의 기도에 대해 더 충분히 설명하고 당신들이 사용하기 위한 몇 가지 모범들을 제시할 것이다.

❖ 프란시스의 영성과 기도

13세기 초엽, 아씨시의 성 프란시스St. Francis of Assisi는 새로운 유형의 영성을 소개함으로써 교회와 중세 세계에 일대 혁명을 이루어 놓았다. 그것은 수많은 평신도뿐만 아니라 성직자들을 매료시켰고, 교황들과 로마 교황청의 인가를 얻기까지 했다. 성 프란시스는 예수께서 전한 복음의 가르침을 그리스도교 어느 시대 못지않게, 추측컨대, 보다 더 잘 이해했다. 일단 주님께로 돌아서자, 그는 복음을 가능한 한 문자적으로뿐만 아니라 총체적으로 따르기로 결심했다. 그 결과 기도 방식과 영성은 교육을 받지 못한 사람들까지도 쉽게 이해할 수 있도록 단순함을 지녔고 성령의 인도하심에 개방된 것이었다.

프란시스의 영성과 기도는 각 시대마다 수많은 추종자들을 얻었고, 오늘날의 사람들에게도 특별한 호소력을 갖는 것 같다. 기도 프로젝트를 진행하는 동안 우리가 나누어 준 기도 질문서들에 대한 응답에서, 프란시스 형태의 기도에 대한 강한 편향이 드러났다. 이는 우리가 자유로운 영과 개방적인 태도를 갖는 시대에 편승하고 있기 때문에 이해할만한 일이다. 오늘날 우리 가운데 많은 사람들은 마음으로 프란시스를 따르는 자들이며, 우리가 프란시스에 관해 듣고 읽은 일화에 드러난 포기, 유머, 그리고 사람들을 끄는 자력(磁力) 정신에 매혹 당한다. 그러나 프란시스 영성에는 우리가 자연 안에 있는 하나님의 아름다우심과 영광을 기뻐하는 자유로운 영에 대한 시(詩) 이상의 것이 들어있다.

성 프란시스는 *Il Poverello*로, 가난뱅이로 호칭되는데, 그 까닭은 그가 세속적인 소유를 다 버릴 신중한 결단을 한 후 오직 필요한 최소한의 것, 심지어 먹는 음식까지 사람들의 자비에 의존했기 때문이다. 과연 우리들 가운데 얼마나 많은 사람들이 프란시스의 영성이 지닌 이런 면을 받아들일까? 안전, 보험, 퇴직 연금 플랜 등에 대한 관심을 갖고서 과연 우리는 하나님만 전적으로 의존하는 프란시스의 눈 먼 길을 따를 수 있을까? 추측컨대, 성 프란시스의 가난에서 멀리 떨어져 있는 우리가 어떻게 가난을 오늘날 실천할 수 있을까를 상상하는 것은 거의 불가능한 일이다. 성 프란시스를 따르는 삶을 사는 것은 신적 은혜가 우리를 부르셔서 세속적인 물건들과 물질적 번영에 과도하게 집착하고 있는 우리 자신을 그것들로부터 떼어내어 *Il Poverello* 가 걸어간 길을 따르는 것이다.

로욜라의 성 이그나시우스St. Ignatius of Loyola는, 겸손의 최고 차원은 예수 그리스도를 닮아서 그리스도께서 받으신 것과 동일한 고통, 동일한 배척과 박해, 동일한 증오와 고문을 받기를 갈망하는 것이라고 말한다. 성 프란시스는 예수 그리스도의 수난과의 일치를 너무나도 갈망한 나머지, 죽기 전 그는 예수께서 십자가상에서 받으신 상처인 스티그마Stigma를 경험했다. 이 개방된 상처들에서 피가 쏟아져 내려서, 프란시스는 그의 남은 생애를 사는 동안 극심한 고통을 느꼈다. 그 자신이 속한 공동체의 형제들이 그에게 등을 돌려 그를 배척하고 형제 엘라스Brother Elias를 더 편애하여 그를 자신들의 지도자로 삼았을 때, 굴욕이란 고통은 더욱 심화되었다. 겸손의 최고 차원은, 성 프란시스가 어떻게 형제 레오Brother Leo에게 완전한 기쁨은 영웅적인 행동이 아니라 십자가를 품는 데 있음을 가르쳤는지를 담고 있는 이야기에 예시되어 있다(*Little Flowers of St. Francis*, 제1부 8장을 참조하라).

성 프란시스의 기본 기질은 SP(감각-지각)이었다: 그리고 우리는 특히 SP기질의 사람이 지닌 프란시스 유형의 기도와 영성 유형을 그렇게 부른다. 제6장에서 우리는 이 기도 유형을 설명하겠고, 우리 각자가 사용할 수 있는 프란시스 기도 훈련을 할 것이다.

❖ 토마스의 영성과 기도

아씨시의 성 프란시스가 이테리에서 그의 영성을 발전시키고 있던 같은 시기에, 또 다른 영성 유형이 성 도미닉St. Dominic에 의해 스페인과 프랑스에서 발전되고 있었다. 파리Paris, 볼로그나Bologna, 그 외 지역에 있는 큰 중세 대학들에서 발전된 도미닉의 영성은 진리를 추구함에 있어서 그 당시의 지식에 특히 호소력을 지녔다. 성 도미닉의 가장 유명한 아들은 성 도미닉 사후 한 세기를 살았던 토마스 아퀴나스Thomas Aquinas였다. 수많은 크리스챤의 영성에 성 토마스의 신학이 끼친 엄청난 영향 때문에, 이 영성과 기도를 도미니닉 영성이라 부르는 대신에 우리는 그것을 토마스 영성으로 칭한다.

토마스 기도Thomistic Prayer는 진리truth와 능력competency에 대한 관심과 추구로 인하여 특히 NT기질에게 호소력을 갖는다. 토마스 기도는 로마 카톨릭 교회의 지식인 지도자들 사이에 인기가 있었고, 또한 수 세대에 걸쳐 계몽주의시대가 끝나기까지 계몽주의시대의 개신교 지도자들에게도 인기가 있었다. 그러나 NT 기질이 아닌 보통 사람들에게는 이 기도 유형이 다소 어려웠다. 그러나 이 방법은 계몽주의시대와 제2차 바티칸 회의까지 개최되었던 트리엔트 공의회 시대 동안 발간된 기도서에 자주 올라 있었다. 이 기도 유형은 모든 사람들을 위해 가장 나은 방법이며 모든 이에 의해 사용될 수 있어야만 한다는 강한 인상이 있었기 때문에, 많은 사람들은 이를 불가능하다고 여겨서 기도 실천을 포기하는 일까지 발생했다. 제7장에서 우리는 토마스 기도를 좀 더 충분히 다루고 그것을 사용할 몇 가지 실천적인 방법을 제시할 것이다.

❖ 디보시오 모르데나

14~15세기에 걸쳐 스콜라신학자들이 지나치게 강조한 지성과 사고기능에 대해 반작용이 발생했다. 네델란드와 벨기에 하부 지방에서 새로운 기도 유형인 디보시오 모르데나Devotio Moderna가 발전되었다. 강조점은 기도에 있어서 감정기능을 사용하는 것이었다. 제라드 그루트와 토마스 아켐피스Thomas a Kempis가 이 새로운 유형의 기도와 영성의 옹호자들이었다. 바로 이 시기에 *The Imitation of Christ* 〈그리스도를 본받아〉가 등장했는데, 그루트가 원작자였고 토마스 아켐피스가 개정하고 확대했다.

기도에 있어서 감정에 대한 강조는 18,19세기 프랑스에서 확고한 자리를 차지하게 되었다. 리지욱의 성 테레사St. Teresa of Lisieux가 이 디보시오 모르데나 기도의 현대적 모범이다. 이의 현대적 역본은 여러 사람들에게 다소 감상적이고 맛이 없다. 하지만 최근 몇 년 간 사람들은 다시 그것의 가치와 깊이를 느끼고 있다.

❖ 이그나시우스 영성과 기도

성 프란시스와 성 도미닉의 지도 아래 발전된 두 가지 잘 알려진 영성의 유형을 따라서, 16세기에는 두 가지 유형의 기도를 발전시킨 스페인 성인들이 있었다. 그들 중 한 사람은 예수회를 창시한 로욜라의 성 이그나시우스St. Ignatius of Loyola였고, 다른 이는 가르멜 수도회를 개혁한 아빌라의 성 테레사St. Teresa of Avila였다.

회심 직후, 성 이그나시우스는 홀로 만레사Manresa에 있는 동굴에 가서 30일 동안 그의 생애 후기에 심원한 영향을 미친 기도 경험을 했다. 이후 그는 *The Spiritual Exercises of St. Ignatius* 〈이그나시우스의 영성 훈련〉으로 알려진 기도 유형을 발전시켰다. 훈련의 묵상하는 과정은 SJ 기질은 쉽게 이해하지만, NT와 NF 기질 또한 이 기도 방식이 아주 유익함을 발견한다. 그러나 SP기질은 빈번히 이 기도 방식을 힘들어한다. 30일 간에 걸친 이그나시우스의 영적 훈련의 집약적인 기도 활동을 견뎌내는 사람들은, 그들의 삶의 전체 방향을 바꾸는 결코 잊어버릴 수 없는 영적 경험을 보상으로 받는다. 어느 정도 어거스틴 유형의 기도를 닮은 이그나시우스 기도Ignatian Prayer는, 사람을 예수의 생애와 구원사에서 일어난 장면들과 경험들에 한 참여자로서 **투사**project한다는 점에서 다르다. 반면, 어거스틴 기도가 성경말씀을 오늘 우리의 상황에 옮겨놓는다면, 구원사에서 일어난 사건들, 특히 예수의 생애에서 일어난 사건들을 기억하는 교회력을 따르는 영성은 이그나시우스 영성의 좋은 모범이다. 이 기도 유형은 제4장에 충분히 설명되어 있고 그를 사용할 수 있는 제안들이 제공되어 있다.

❖ 테레사의 영성

아빌라의 성 테레사는 그녀의 글에서 여러 가지 다른 유형의 기도를 다루지만, 무엇보다도 수동적인 관상기도Passive contemplative Prayer의 높은 수준에 도달한 사람들의 기도에 대해 논의하는 것으로 유명하다. 테레사가 사용하는 용어에서 다섯 째 궁방, 여섯째 궁방, 그리고 일곱째 궁방에 도달한 사람들이 있다. 베네딕트의 렉시오 디비나가 모든 유형과 기질에 적합한 것처럼, 테레사가 추천하는 관상기도도 모든 유형의 인간 성격에도 어울린다(그녀의 저서 *Interior Castle* 〈영혼의 성〉을 보도록 하라) 베네딕트의 렉시오 디비나가 모든 유형들과 기질들에 적합하듯이, 관상을 위해 테레사가 추천한 것도 모든 인간 성격의 유형에 어울린다. 관상가들이 견뎌내야 하는 "어두운 밤"에 대해 논의하는 십자가의 성 요한St. John of the Cross은 테레사의 기도와 영성이 지닌 색다른 차원을 제시한다. 본서에서 기질에 의존하지 않는 것 같아 보이기에 테레사의 관상에 대한 충분한 설명을 제시하지는 않지만, 그 자체가 하나의 고전으로 우뚝 서 있고 모든 기질들과 성격들에 개방되어 있다.

◆제3장◆
베네딕트 기도-렉시오 디비나

    렉시오 디비나는 네 가지 모든 기본적인 기질-SJ, SP, NF, NT 에 어울리는 유형이다. 이 기도는 네 가지 심리 기능을 활용한다: 감각, 직관, 사고, 감정. 판단 유형Judging Type과 지각 유형 Perceiving Type이 이 방법을 좋아하는데, 그 까닭은 렉시오 디비나가 구조화될 수 있고 유연하기도 하기 때문이다. 더욱이 렉시오 디비나는 외부세계와 관련하여 외향성의 사람이 사용할 수 있거나 영의 내면세계와 관련하여 내향성의 사람이 사용할 수도 있다. 그러므로 이 기도가 기독교 전통에 있어서 가장 보편적으로 널리 사용되어 온 기도라는 사실은 그리 놀라운 일이 아니다.

    렉시오 디비나는 4,5세기로 소급될 수 있는 기도 방법이다. 쉽고도 빠르게 그것은 "거룩한 독서" sacred reading로 번역되었다: 거룩한 독서는 상승의 사다리와 네 단계 기도-독서, 묵상, 기도, 그리고 관상의 상승 사다리와 강화(强化)하는 기초가 된다: 전통적으로 라틴어로는 다음과 같이 표현 된다: Lectio, Meditaio, Oratio, Contmeplatio.

렉시오 디비나의 수도원적 실천은 5세기 초엽에 존 카시안에 의해 동방 사막 교부들로부터 서방으로 전래된 것이 거의 확실하다. 그러나 그것은 성 베네딕트와 베네딕트적인 영성과 밀접하게 연관되었는데, 렉시오 디비나가 발전되고 보편화 된 것은 성 베네딕트에 의해 설립된 수도승과 수녀들의 공동체에서 시작되었기 때문이다. 더욱이 이 기도 방식은 베네딕트 수도회와 시토 수도회의 사람들에 의해 오늘날에도 극찬히 추천되고 있다. 시토회에 의해 발전된 후기의 기도 유형들도 이 기도 방식에 뿌리를 두고 있다. 렉시오 디비나의 다른 변형으로, 그들은 네 가지 심리 기능들인 감각, 직관, 사고 그리고 감정을 사용하고 강조한다. 그러므로 우리는 이 기도 형태가 네 가지 모든 기본 기질들과 인간 성격의 열여섯 가지 개별적인 유형에 적합함을 안다.

네 가지 기본적인 심리기능들과 부응하여 이 개별적인 기능을 사용하는 단계는 이러하다: (1)**렉시오**는 영적인 읽기에 있어서나 주님의 사역을 인식함에 있어서 감각을 사용한다. (2) **메디타시오**는 렉시오가 제공한 통찰을 되새기기 위해 사고(지성)의 심리적 기능을 사용한다. (3)**오라시오**는 하나님과 갖는 개인적인 대화나 커뮤니케이션으로 들어가기 위해 새로운 통찰들을 개인화하는 감정기능을 사용한다.(4) 마지막으로, **컨템프라시오**에서는 앞의 세 단계의 경험을 종합하기 위해 개인의 직관이 사용된다. 이 정온(靜穩) 시간에 개인은 성인들이 말하는 신비적 합일의 한 부분인 새로운 통찰, 새로운 지각, 혹은 새로운 평화와 기쁨의 주입, 그리고 사랑이란 길로 찾아오시는 성령의 영감들에 자신을 개방한다.

12세기에 카르투지오회의 프라이어 귀고 2세Prior Guigo II는 *The Monastic ladder or Treatise on a Method of Prayer* 〈기도방식에 관한 금욕적 사다리, Section X〉에서 렉시오 디비나를 다음과 같이 불렀다: "독서에서 당신은 추구해야 한다: 묵상에서 당신은 발견해야 한다. 기도에서 당신은 불러야 한다. 그리고 관상에서 당신에게 문이 열릴 것이다." 그리고 남부에서 사역하고 있는 한 목회자가 제시한 렉시오 디비나의 현대적 표현이 있는데, 그는 "어떻게 기도해야 하느냐?" 라는 질문을 받았을 때 다음과 같이 대답했다: "나는 스스로 충분히 읽습니다: 나는 스스로 분명하게 생각합니다". 나는 스스로 뜨겁게 기도 합니다: 나는 스스로 냉정해 집니다".

렉시오 디비나의 네 단계는 네 가지 모든 기본 기질들의 특성들에 반응한다. **렉시오**(영적 독서)는 특히 우리 각 사람 안에 있는 SJ 기질에게 호소력이 있다. 렉시오를 통해 우리는 우리의 삶의 방향과 지도를 발견하기 위해 수세기에 걸친 이 지혜의 보고(寶庫)인 성경과 다른 종교 문헌들을 연구하고 탐구한다. **메디타시오** 혹은 영적 독서에서 수집한 아이디어나 통찰에 대해 하는 숙고는 NT(추구하는seeking) 기질에 해답을 준다. 렉시오 디비나의 이 부분에서 우리는 성경의 원래 장면으로 우리 자신을 옮기는 **치환**transposition이나 **투사**projection에 의해 받아들인 메시지를 개인화하기 위해 노력한다. 치환(어거스틴의 방법)에서 우리는 우리에게 직접 주신 이 말씀들을 상상한다. 즉, 마치 하나님이나 예수께서 우리에게 개인적으로 말씀하시는 것처럼. 투사(이그나시우스의 방법)에서 우리는 우리 자신을 성경의 상황 안에 두며, 말씀이나 사건이 처음 일어났던 그곳에 우리 자신이 있게 한 다음, 이 경험으로부터 몇 가지 실제적인 열매를 얻기 위해 노력한다.

렉시오 디비나의 셋째 부분인 **오라시오**는 NF와 SP기질에 호소력을 갖는다. 이 단계에서 우리는 주님과 대화하며 주님께서 우리에게 하시는 말씀에 인격적으로 응답한다. 그래서 우리는 하나님, 예수 그리스도, 성령과 깊은 관계 속으로 들어간다. 사랑, 기쁨, 감사, 슬픔, 회개, 욕구, 열정, 헌신의 감정들이 활성화되고, 사랑, 감사, 슬픔, 헌신, 그리고 간구의 자발적인 기도가 입에서 흘러나온다.

넷째 부분인 **컨템프라시오**는 곧 침묵하는 시간이며 듣는 시간이다. 주님께서 우리에게 주입하시는 것에 문을 여는 시간이다. 창조적으로 지각적인 NF 기질은 이 넷째 단계를 우리 모두가 할 수 있는 관상 형태의 기도의 서론으로 본다. 우리는 이 시간에 발생하는 어떤 주의산만을 예상할 수 있지만, 그것들이 우리를 혼란시키도록 허락해서는 안 된다. 만일 그렇다면 단순히 렉시오의 주제를 회상하여 다시 한 번 마음을 열고서 나타나는 새로운 지각들, 통찰들, 영감들, 사고들 혹은 실제적인 적용들을 받아들이려고 노력한다. 이 넷째 부분은 "주님 안에서 갖는 휴식"으로 생각할 수 있다. 마치 주님과 홀로 있는 즐거움에 참여하고 있는 것처럼. 이는 우리의 무의식 깊은 곳에서 나타나는 어떤 화해 상징reconciling symbol을 포착하기 위해 우리가 지닌 직관 능력을 활성화 하는 시간이다.

렉시오 디비나는 초보자나 영적으로 진보를 이룬 모든 사람에게 적합한 기도다. 하나님의 말씀을 듣는 과정에서 시작하여 말씀을 연구하고, 그 말씀을 숙고하고, 그 말씀에 근거하여 기도하고, 그 말씀을 우리의 상황에 적용하여 하나님과 깊고도 더 깊은 합일 속으로 들어간다. 기도의 이 사다리 위에 있는 각 단계를 숙고함으로써, 우리는 우리의 영적 여정에서 얼마나 큰 도움을 받는지를 알게 될 것이다.

❖ 렉시오

렉시오는 하나님의 말씀과 신적 진리와 하나님의 진리가 우리에게 분여되게 하는 길을 열렬히 추구하는 것이다. 하나님의 진리의 계시는 근본적으로 성경에서 발견된다. 그러나 하나님은 또한 그분의 임재를 다른 책들에서도, 창조된 자연 안에서도, 사람들 안에서도, 역사적 사건 안에서도 그리고 신적 임재의 사건들 안에서도 드러내신다. 하나님은 점진적으로 자신의 진리를 발견하여 그것을 기록들, 그들의 삶, 그들의 예술 활동, 그리고 다른 표현 양식을 통해 드러내고 나누는 사람들의 사역을 통해서도 계시하신다. 성경 저자들은 성령의 영감을 받았다. 우리 또한 성령께서 성경의 원 저자이심을 믿는다. 그러나 하나님은 또한 다른 사람들에게도 영감을 주시며, 자신의 모든 피조물들의 말과 활동을 통하여 우리에게 말씀하신다.

❖ 메디타시오

하나님의 말씀은 책 속에, 혹은 자연 속에, 혹은 그 밖의 사람들의 말과 활동 속에도 있다. 그러므로 **메디타시오**를 통해 우리가 하나님의 말씀을 우리의 삶 속으로 환영하므로 말씀은 살아있는 말씀과 임재가 된다. 하나님의 말씀을 받은 후, 우리는 그 말씀을 씹어서 되새긴다. 묵상을 통해서 우리는 하나님의 진리의 아름다움과 선하심을 발견하여 그것을 우리의 상황과 필요에 적용한다. 그러므로 우리는 신적 계시의 의미를 개인화하고 그것을 우리의 일상생활에 적용한다.

❖ 오라시오

계시된 진리에 대한 반응이 **오라시오**다. 우리는 우리를 위한 하나님의 말씀을 받아들이거나 그 가치를 버릴 수도 있다. 우리는 하나님의 말씀을 숙고하고, 묵상하고, 그 말씀의 의미를 우리의 삶에 관련시킬 수 있는 자유가 있다. 오라시오에서 우리는 우리에게 계시된 하나님의 진리의 결과인, 우리의 삶 속에서 우리가 원하는 변화를 결정할 수 있다. 이 때 하나님의 말씀을 우리 마음 속, 삶, 활동하는 일에 담을 것인지 아닐지를 결정한다. 우리의 반응은 말, 사고, 욕구, 감정, 결단, 결정, 헌신, 봉헌 혹은 지난날에 저지른 실수들에 대한 슬픔, 감사, 찬양, 간구를 통해 표현된다.

렉시오 디비나의 이 셋째 단계에서, 옛 발티모어 교리문답 Balimore Cathechism에 대한 약어(略語) ACTS가 창안되었는 바,

이는 우리의 기억에 활기를 넣도록 도움을 준다. 이 네 기도 형태-**경배**adoration, **통회**contrition, **감사**thanksgiving, 그리고 **탄원**supplication-은 렉시오 디비나의 제3단계에 속한다는 것을 아는 일이 중요하다. 그 모든 것은 하나님의 말씀에 대한 우리의 인격적인 응답이다. 우리의 기도를 단순히 하나님의 말씀에 대한 이 네 가지 응답에 제한하는 것은 오류다. 기도는 우리가 하나님의 말씀을 듣고 그분에게 하는 응답이다. 너무나도 자주 우리는 기도를 하나님께 말하는 독백으로 제한하는 데, 간구와 탄원으로 제한하기까지 한다. 참된 기도는 첫째로, 그리고 우선적으로 우리에게 하시는 하나님의 말씀을 들은 후, 그 다음 두 번째로 우리에게 하시는 하나님의 말씀에 응답하는 것이다.

❖ 컨템프라시오

컨템프라시오에서 우리는 하나님과 하는 대화의 결과인 사랑의 일치를 추구한다. 컨템프라시오는 우리의 정신과 하나님과의 연합, 우리의 마음과 하나님의 사랑의 합일, 우리의 생명과 하나님의 생명의 합일의 극치를 의미한다. 이 극치는 조급해서는 안 되고 강압적으로 해서도 안 된다. 만일 여기 땅 위에서 하나님과 갖는 어떤 신비한 합일을 경험하기를 희망한다면 우리는 충분한 시간을 들일 필요가 있으며, 말씀, 진리에 대해 주의산만해서는 안 되며, 혹은 손에 일을 쥐어서도 안 된다. 너무나도 빈번하게 우리는 하나님과 맺는 신비한 합일에 대한 각성도 없이 렉시오 디비나의 전 과정을 통과하려 한다. 만일 그렇다면, 우리 자신의 과오나 우리가 통제할 수 없는 환경(즉 방해와 주의산만) 둘 중의 하나로 말미암아 하나님과 맺는 합일을 위해 좌정(坐定)할 수 없다. 다른 한편, 이 행위는 아주 고상하고, 아주 깊고, 너무 영적이라서, 우리 의식으로는 무슨 일이 일어나고 있는지를 깨달을 수 없지만, 만일 그런 일이 일어난다면 알 수 있는 길이 있다. 우리 주님은 말씀 하신다: "그들의 열매로 그들을 알지니"(마.7:16). 그리고 바울은 우리에게 성령의 열매를 말 한다: "오직 성령의 열매는 사랑과 희락과 화평과 오래 참음과 자비와 양선과 충성과 온유와 절제니"(갈.5:23). 만일 이후에 우리 내면에서 이 속성들 가운데 어떤 하나라도 성장하고 있음을 깨닫는다면, 우리는 렉시오 디비나가 성공적이며 하나님께서 참으로 우리를 만지시고 우리에게 찾아오셨음을 확신할 수 있다.

❖ 렉시오 디비나의 사용을 돕는 것들

우리가 **렉시오 디비나**를 사용하는 기도 기간을 보다 더 보상이 있도록 향상시킬 수 있는 것들이 있다. 첫째, 하루의 시간 중에서 가장 각성되어 있고, 덜 혼란스럽고, 덜 피곤하고, 충분한 휴식을 갖는, 외부의 압력이 없을 때를 선택해야 한다. 환언하면, 하루 중 우선적인 시간을 기도하기 위해 따로 떼어 놓아야 한다. 둘째, 조용하고, 편안하고, 안락하여 우리의 충분한 주의를 하나님과 하나님의 말씀에 바칠 수 있는 장소를 찾아야 한다.

기도하기에 가장 가능한 시간과 장소를 찾은 후, 우리는 성경 한 구절을 선택하거나 지금 자신의 필요에 따른 몇 몇 다른 영적 독서를 할 수 있는 자료들을 찾을 수 있다. 합당한 텍스트를 선택하는 데는 여러 가지 방법들이 있다. 추천된 본문의 리스트를 따르거나 몇 몇 책자나 전단에서 주제를 발췌할 수 있다. 복음서 가운데 한 권처럼, 단순히 성경 한 권 전체를 택하여 천천히 장별로 읽어 내려갈 수도 있는데, 그 동안 그 본문에 대한 주석서의 도움을 받을 수 있다. 만일 가능하다면 기도하고 숙고하기에 적당한 본문, 혹은 단어, 혹은 아이디어를 낚는 이 과정은 미리, 아마도 전날 밤에 이루어져야 한다. 그런 다음, 다음 날 렉시오 디비나를 위해 우리는 이 본문을 준비하게 된다.

다음 날, 선택한 시간에 우리는 선택한 본문을 다시금 천천히 여러 차례 읽으면서 한 단어 한 구절을 맛을 느끼는 가운데 본문이 말하고자 이해에 도달한다. 때로 성경을 크게 소리 내어 읽는 것도 도움이 된다. **메디타시오** 혹은 따르는 본문에 대한 숙고를 통해 우리는 우리 개인의 특별한 필요에 대해 말씀하시는 하나님의 말씀을 개인화 한다. 통찰이나 숙고를 기록해 둘 노트나 종이 패드 같은 것을 준비해 두면 도움이 된다. 기록해 둔 것을 여러 차례 반복해서 읽고 숙고하면 새로운 통찰들이 떠오를 수도 있다. 때때로 우리는 원래 택했던 본분으로 되돌아가서 혹시 놓칠 수도 있는 성경의 진의(眞意)나 통찰을 발견하기 위해 본문을 다시 읽는다. 발견한 것을 다시 노트에 기록하고 노트에 기록된 자료를 다시 읽는다.

셋째 단계인 **오라시오**는 하나님의 말씀에 대한 우리의 반응이다. 이는 메디타시오와 쉽게 상호 결합될 수 있어서, 이 두 가지는 하나님과 우리 자신 사이에 이루어지는 대화가 된다. 하나님은 우리에게 말씀 하신다. 그리고 우리가 하나님의 말씀을 듣고 한 반응은 오래 지속된다. 그리고 대화는 강렬할 정도로 인격적이며, 친밀해지며 정동(精動).emotion으로 가득 찬다. 만일 기도가 오래 지속되는 결과를 낳고 삶의 변화를 일으킨다면, 마음에서 어떤 형태의 반응이 우러나나야만 한다. 눈물 흘림 같은 감정들은 깊이가 있다. 그러나 가시적인 것이 드러나지 않으면 안 된다. 그분의 말씀에 응답하여 무엇이든 우리가 하나님께 말씀드린 것에 대해 신중히 헌신해야 한다. 물론 너무 지치거나 혼란스런 때가 있어 우리의 감정이 좀처럼 각성되지 못할 때가 있다. 그러나 만일 우리가 올바른 의도를 가지고 노력한다면 하나님은 만족해하실 것이다. 그리고 보내는 그 시간은 결코 낭비가 아닐 것이다.

마지막 단계인 **컨템프라시오**에서, 우리는 하나님께서 그분 자신을 우리에게 새롭게 계시하시도록 많은 기회를 드려야 한다. 하나님은 결코 조급하시지 않다. 하나님은 늘 평안하시고 하나님 자신의 시간 스케줄을 지키신다. 그러므로 우리는 주님을 향해 깨어있어야 한다. 우리가 하나님께 무엇을, 언제, 어떻게 라고 말씀드리지 않고, 하나님께서 우리에게 말씀하시도록 한다. 이는 침묵silence 정온Stillness, 그리고 하나님께서 우리 마음을 움직이시고, 우리의 의지를 붙드시고, 우리의 마음에 빛을 주시기까지 기다리는 의향willingness을 요구 한다: "잠잠하고 내가 하나님 됨을 알지어다" (시.46:11). 영적 독서, 묵상, 그리고 기도로 준비하면서, 우리는 이제 각성하고 기다려서 하나님께서 우리에게 주실 어떤 은혜라도 받을 준비를 한다. 여러 차례 우리는 무슨 일이 일어나는지 깨닫지 못하겠지만, 은혜로우신 하나님은 우리 영혼 깊은 곳에서 일하고 계신다는 것을 신뢰해야 한다. 하나님은 우리에게 눈 멈과 믿음과 신뢰를 요구하신다.

렉시오 디비나의 넷째 단계는 우리가 선택하는 어떤 순서라도 뒤따를 수 있다. 예를 들어, 관상을 위한 조용한 기간은 독서, 묵상, 그리고 오라시오 전반에 걸쳐 나뉘어질 수 있다. 묵상과 오라시오는 교대로 사용될 수 있다. 묵상에서 오라시오로, 오라시오에서 묵상으로 반복해서 오갈 수 있다. 또한 우리는 어떤 새로운 통찰을 발견하기 위해 자주 본문으로 되돌아가 다시 본문을 읽어야 한다. 완전한 자유는 기도하는 동안 다양한 순서와 단계에서 따라올 것이다. 우리는 성령의 인도하심과 영감에 전적으로 개방되어 있어야 한다. 이 사실은 그 당시 옳게 보이고 최선으로 보이는 그 어떤 방향으로든 우리의 생각이 따라가야 함을 의미한다. 그 당시 우리 자신의 필요에 가장 적합해 보이는 방법을 찾아서 실험하는 데 주저하지 말아야 한다.

영적 여정은 렉시오 디비나를 사용할 때 자주 큰 도움이 된다. 이 여정은 기도하기 위해 따로 떼어놓은 시간 동안 하나님과 우리 자신 사이에 일어나는 어떤 변화 전체나 일부를 우리가 흔히 사용하는 평범한 노트에 기록하는 것일 수 있다. 우리는 읽고, 묵상하고, 관상하는 동안 우리에게 찾아오는 어떤 통찰들을 노트에 기록한다. 또한 **오라시오**나 다른 시간에 우리의 반응을 기록한 노트 속으로 들어간다. 하나님과 대화를 나눈 것을 기록해 둔 그와 같은 기록은 우리가 한 기도 경험을 우리의 기억에 세기고, 필요할 때면 언제나 쉽게 불러내는 놀라운 길이다.

❖ 렉시오 디비나를 위한 15가지 기도 제안

이 기도 제안들을 사용할 때 최소한 한 가지 주석을 참조하되 가능하면 존 마이어John Meier가 쓴 *Matthew*를 참조하라

기도제안 #1

렉시오: 마.9:9-13와 마이어 92~93을 읽도록 하라

메디타시오: 예수는 죄인들과 무가치한 자들을 부르러 오셨다. 하나님은 자비로우시다. 그러므로 우리 가운데 그 누구도 낙심하거나 하나님과 예수 그리스도 앞에서 무가치하다고 생각할 필요가 없다. 하나님의 은혜로운 초대와 긍휼과 용서에 대한 확신을 얻었기 때문에, 우리는 이제 우리를 거역하는 자들에게 예수님이 보여주신 자비와 용서의 본을 따라가야 할 의무를 진다. 이는 또한 희생하는 삶, 십자가의 길에서 예수를 뒤따름을 의미한다.

오라시오: 교제 대화fellowship conversation 안으로 예수를 초대함으로써 예수의 부르심에 응답한다. 그분과 대화하면서, 그분에 대해 우리는 그분의 좋은 소식을 듣는 우리의 기쁨과 하나님의 자비와 용서에 대한 감사를 말한다. 다른 사람들을 기꺼이 용서하고 우리를 거스르는 자들과 연합한다. 이는 우리 자신을 주님께 알리는 시간이며, 십자가의 길, 희생의 길에서 어떻게 예수를 따를 것인가를 결단하는 시간이다.

컨템프라시오: 잠잠하고, 그 어떤 통찰, 생각, 욕구, 결단, 평화, 기쁨에 문을 열거나 우리의 주의를 끄는 사랑에 문을 연다

기도 제안 #2

렉시오: 마태복음 9:36~10:8까지와 마이어 100~107페이지를 읽도록 하라

메디타시오: 그의 당시 백성을 향한 예수의 긍휼하심은, 목적도 없이 방황하며 어디로 가는지 알지 못하는 오늘 우리 시대의 사람

들을 위해 우리가 품어야 할 긍휼의 모델이다. 우리는 크리스챤 사역Christian Ministry을 위해 부름 받은 소명을 위해 기도해야 할 뿐 아니라, 또한 우리 스스로 사역을 위한 부르심에 응답해야 한다. 예수의 부르심을 받은 우리는 더러운 영들을 추방하고 각색 병자들을 고치는 권능과 권세를 부여받았는데, 이는 영적인 질병까지도 포함한다. 이 모든 것은 우리의 생명과 사역을 유지하는 데 필요한 것 외에 그 어떤 것도 되돌려 받기를 요구하지 않고 자유롭게 이행되어야 한다: "거저 받았으니 거저 주어라."

오라시오: 사역을 위한 예수의 부르심에 인격적으로 응답하라. 다른 사람들의 소명을 위해 기도할 뿐만 아니라, 당신 또한 하나님의 부르심에 응답해야 할 것이다

컨템프라시오: 어떤 생각, 욕구들, 통찰들, 어떻게 다른 이들을 섬길까에 대한 어떤 생각들, 욕구들, 통찰들에 응답하라.

기도 제안 #3

렉시오: 마태복음 1:26~26:33과 마이어 111-112 페이지를 읽도록 하라

메디타시오: 내가 하는 사역과 관련하여 나의 현재 두려움은 무엇인가? 현재 나를 위협하는 것이 무엇이며 누가 나를 위협하는가? 두려움 때문에 나는 어디서 사역에 실패했는가? 이 두려움을 극복하는 것과 관련하여 복음서 말씀은 나에게 무엇을 말씀하는가? 우리가 두려해야 할 분은 오로지 하나님 한 분이시며, 예수는 우리가 모든 피조물 가운데 제일 가치 있는 존재임을 확신시켜 주신다. 우리가 오직 두려워할 때는 그리스도와 우리가 맺는 관계를 부끄러워하며 사람들과 세상 앞에서 그것을 부인하는 것이다. 언제 어디서 나는 나의 신자 됨을 부인하고 침묵했는가?

오라시오: 상황이나 사람을 개의치 말고 자신의 믿음을 고백할 용기를 위해, 그리고 믿음의 부족함을 보이는 이 두려움에 대해 하나님께 용서해 주시기를 위해 간구하라.

오라시오: 상황이나 사람을 개의치 말고 자신의 믿음을 고백할 용기를 위해, 그리고 믿음의 부족함을 보이는 이 두려움에 대해 하나님께 용서해 주시기를 위해 간구하라.

컨템프라시오: 어떤 새로운 통찰들을 포착하기 위해 침묵을 유지하라.

기도 제안 #4

렉시오: 마태복음 10:37~42와 마이어 112~115 페이지를 읽도록 하라.

메디타시오: 나의 직장, 가정, 레크리에이션, 여가 시간, 교회 등 어디에서 나는 나 자신만을 찾았는가? 나의 삶에서 자신만을 추구한 몇 가지 경우들이 내가 하고 있는 것을 파괴했다는 것을 생각할 수 있는가? 하나님이나 다른 이들을 위해 나 자신을 희생한 경우를 나는 생각할 수 있는가?

오라시오: 자신을 꼴찌로 그리고 하나님을 맨 먼저 둘 수 있는 은혜를 위해 기도하라.

컨템프라시오: 자기희생의 가치에 대한 어떤 통찰에 마음을 열어라

기도 제안 #5

렉시오: 마태복음 11:25~30과 마이어 126~128 페이지를 읽도록 하라

메디타시오: 예수는 우리가 어떻게 기도할지 자신의 삶에서 모범

을 보여주셨다. 우리는 얼마나 우리 자신의 방법에 따라 기도했는가? 하나님에 대한 감사와 찬양이 우리 생각을 지배했는가? 기도와 관련하여 우리는 하나님의 뜻을 은혜롭게 수용하는가? 예수께서 그분 자신과 하나님을 우리에게 계시하시도록 허락하기 위해 현재 우리 삶에서 우리는 무엇을 바꿀 수 있는가? 우리가 무거운 짐을 지고 있을 때 그분에게로 오라하신 예수의 부드럽고 사랑스런 초청에 우리는 어떻게 응답할까? 예수는 말씀 하신다: "나는 마음이 온유하고 겸손하니 와서 나를 배우라." 이 말씀은 우리의 삶에서 무엇을 포함하는가? 무슨 변화가 필요한가? 예수는, 그의 멍에는 쉽고 짐은 가볍다고 우리로 하여금 확신을 갖게 하신다. 우리는 이것이 사실임을 어떻게 알 수 있는가? 그리스도를 위한 섬김의 멍에를 나르는 데는 무엇이 포함되는가?

오라시오: 이 구절에는 예수께 대한 인격적인 반응을 위한 많은 양식이 있다. 사랑, 기쁨, 통회, 헌신의 감정들을 활성화하기 위해 노력하라. 이 구절에서 예수께서 하신 것과 동일한 방식으로 하늘에 계신 아버지께 기도하도록 하라.

컨템프라시오: 예수께서 하신 말씀을 여러 번 반복해서 읽은 다음, 침묵하며 그 말씀의 의미를 당신의 정신, 양심, 마음, 그리고 영혼에 깊숙이 침잠하게 하라.

기도 제안 #6

렉시오: 마태복음 13:1~23과 마이어 141~146 페이지를 읽도록 하라.

메디타시오: 예수는 씨 뿌리는 비유에서 여섯 까지 다른 결과들을 제시하신다. 그 가운데 셋은 어떤 열매를 내지 못하지만, 그 가운데 셋은 30배, 60배, 100배의 결실을 낸다. 당신의 삶에 이 여섯 가지

상황이 일어난 다른 때를 생각하라. 우리가 주일예배 예전에서 하나님의 말씀을 듣지만, 집에 도착하기 전에 들은 말씀을 까맣게 잊어버린다(첫 번째 상황!). 큰 열정을 갖고 말씀을 들을 때가 있지만, 한 주가 지난 후 말씀은 시들어버렸다(둘 째 그룹이다!). 우리가 하나님의 말씀을 듣고 그것을 우리의 상황에 적용시켜 잠시 동안 그 말씀에 응답하는 때가 있겠지만, 이 세상에 대한 관심은 우리의 선한 결단을 질식시켜서 그 어떤 열매도 맺지 못했다. 하나님께서 우리의 삶에 역사하심으로 선하고 풍성한 열매를 맺어서 백배의 결실을 맺을 때가 있었을 때를 또한 생각하라.

오라시오: 예수께서 하신 비유를 우리 자신의 삶에 적용하면서 그에 따라서 응답하라. 통회하며, 지난날의 실수들을 후회하며, 현재의 도움을 위해 열심히 기도하면 앞날을 향한 선한 결단이 뒤따를 것이다. 당신이 그 어떤 열매를 맺지 못하는 자들보다는 선한 열매를 맺는 자들의 그룹에 속할 것을 확실하게 하기 위해 하나님께 무슨 말씀을 드릴 수 있겠는가?

컨템프라시오: 씨 뿌리는 비유를 숙고하는 당신에게 성령은 무슨 새로운 통찰을 주고 계시는가?

기도 제안 #7

렉시오: 마태복음 13:24~13과 마이어 147~151 페이지를 읽도록 하라.

메디타시오: 이 잡초와 밀 비유는 잡초를 상징하는 것처럼 보이는 우리의 공동체 안에서 실천되는 관용과 인내에 대한 우리의 필요, 혹은 우리 자신의 삶에서 이루어지는 선과 악이 혼합된 상황에 적용될 수 있다. 추수 때가 되기 전에 공동체 안에 있는 잡초를 뿌리 채 뽑아 제거하려고 우리는 너무 많은 에너지를 소진하고 있지

않았는가? 어떻게 우리는 우리 자신이 지닌 결점들에 대해, 우리 인격 안에 있는 잡초에 대해 더 많은 인내를 보여야 하는가? 선과 악(밀과 잡초)을 공동체 내에서 구분하여 미덕 곁에서 자라도록 허용된 결점들을 제거하는 올바른 때가 있다. 우리가 그것들을 너무 빨리 제거하려 한다면 그것은 오히려 해(害)가 될 것이다. 그러면 현재 우리가 우리 영혼에서 제거하려는 특별한 결점들은 무엇인가?

오라시오: 우리는 우리의 삶에 있는 잡초(결점들)을 분별하기 위해 성령께서 주시는 빛과 인도를 위해 간절히 기도해야 한다. 또한 작은 겨자씨 혹은 하나님의 은혜의 누룩 빵이 죽도록 방치되거나 고갈되지 않도록 기도하라. 인내를 갖고 우리의 온 삶이 하나님으로 가득하기까지 줄곧 성장하기를 우리는 희망할 수 있다.

컨템프라시오: 우리가 지닌 성격의 다양한 결점들을 정복하는 것과 관련하여, 완전한 정온(靜穩) 속에 하나님의 계획표를 분별하도록 하라. 이 시간 주님께서 우리가 하기를 원하시는 것은 무엇인가?

기도 제안 #8

렉시오: 마태복음 13:44~52와 마이어 151~154 페이지를 읽도록 하라.

메디타시오: 우리의 발견을 기다리고 있는 감추어진 보물과 값비싼 진주는 무엇인가? "하나님의 통치(혹은 하나님의 나라)는 감추어진 보물이나 엄청나게 값비싼 진주다. 우리는 우리의 삶에서 하나님의 통치(나라)를 발견했는가? 이는 무엇을 뜻하는가? 그것은 하나님과 하나님의 뜻이 우리의 전체 삶의 중심, 우리의 모든 생각, 말, 행위, 결정, 욕구의 중심이 되는 상황이다. 일단 이것을 발견하면, 우리는 그것을 얻기 위해 모든 것을 희생할 준비가 되어 있어야 한다. 이는 나의 삶에서 사실인가? 하나님의 나라는 하나님께서 우

리와 세계에 대해 완전한 자유를 갖고 계신 상황이다. 우리는 우리가 가진 자유를 우리를 위한 하나님의 뜻을 훼방하기 위해 사용할 수 있다. 그래서 하나님 나라의 실현을 방해하거나 보류할 수 있다.

오라시오: 가능한 많은 감정을 갖고서 우리의 삶의 현장에서 하나님 나라의 가치를 발견하고, 인식하고, 감지할 수 있는 은혜를 구하라. 하나님 나라의 의미를 발견한 자는 자신의 모든 에너지를 그것을 얻는 데 바칠 수 있고, 그것을 얻기 위해 어떤 필요한 대가도 지불할 수 있다.

컨템프라시오: 당신의 삶에서 당신을 위한 하나님 나라의 특별한 의미를 발견하도록 마음 문을 열어라. 그것을 얻기 위해 지불되어야 할 대가에 대해 마음의 문을 활짝 열어라.

기도 제안 #9

렉시오: 마태복음 14:13~21과 마이어 161~163 페이지를 읽도록 하라.

메디타시오: 예수는 군중을 향해 긍휼을 가지신다. 오늘, 세계의 수많은 사람들이 굶주리에 처해 있고 기근으로 죽어가고 있다. 우리는 이 가난과 결핍을 추방하기 위해 무엇을 할 수 있는가? 하나님은 땅 위에서 빵과 고기를 계속 증식하고 계신다. 모든 사람들을 먹일 수 있는 충분한 땅과 기회가 있기 때문이다. 문제는 분배의 문제다. 복음서 기사에서 예수께서 제자들에게 빵과 고기를 나눠주라고 하신 것처럼, 그분의 제자인 우리 또한 오늘의 세계의 부(富)를 더욱 동등하게 나눠야 할 책임이 있다. 나는 이에 대해 무엇을 하고 있는가? 나는 무엇을 할 수 있을까?

오라시오: 세계의 굶주림에 대해 무언가 할 수 있는 은혜와 용기를 위해 기도하라.

컨템프라시오: 하나님께서 주시고자 하시는 어떤 영감들에 마음 문을 열라.

기도 제안 #10

렉시오: 마태복음 14:22~33과 마이어 163~166을 읽도록 하라.

메디타시오: 우리가 어느 때에든 고통 속에 있을지라도, 그리고 역경의 바람이 우리를 거스를 때도 예수는 우리를 구하러 물 위로 걸어오신다. 그때 그분의 출현은 우리를 놀라게 하지만, 그분은 우리를 안심 시키신다: "놀라지 말라. 내니 두려워 말라" 일단 예수께서 우리가 탄 배에 오르시면, 역경의 바람은 속히 사라지고 만다. 우리 또한 물 위를 걸을 수 있다. 베드로가 한 경험과 같은 경험을 가졌던 다른 때를 생각하라.

오라시오: 우리가 위험 속에 있을 때, 언제 우리는 예수의 접근을 깨닫지 못했는가? 어디서 우리는 베드로 같이 행동하고 우리의 믿음에서 비틀거렸는가? 고통의 때에 주님을 알아보기 위해 무엇을 할 수 있는가? 우리는 어떻게 용기와 신뢰를 쌓을 수 있는가?

컨템프라시오: 잠잠하고, 더 깊은 믿음을 받아들이고, 하나님을 신뢰하라.

기도 제안 #11

렉시오: 마태복음 15:21~28과 마이어 171~173을 읽도록 하라.

메디타시오: 예수는 가나안 여인의 믿음과 집요함에 대항하는 것이 불가능함을 아신다. 만일 집요한 간구와 믿음을 갖고 구한다면, 우리 역시 주님께 기도할 때 거절당하지 않을 것이다. 우리가 하나님께 기도하러 갈 때 어디서 믿음을 결(缺)하였는가? 우리 안에 있는 무엇이 지금 치료를 필요로 하는가? 주님께 내쫓아달라고 구할

필요가 있는 우리를 억압하는 마귀는 어떤 마귀인가?

오라시오: 우리가 하는 이 부분의 기도 시간에 복음서에 있는 여인의 모범을 따르기 위해 힘쓰도록 하라. 우리가 구하는 것이 하나님의 뜻과 일치하도록 명확히 하라. 그렇지 않으면 우리가 구하는 바가 하나님의 뜻과 일치될 수 있는 조건이 되도록 기도하라. "내 뜻이 아니라, 오 하나님, 당신의 뜻이 이루어지이다." 이 여인이 가졌던 것과 같은 겸손을 보이며 우리 자신의 낮음에 대해 숙고하라. 그러나 그 여인처럼 "아니오"란 답변을 갖지 말라. 간구에 집요하라. 겸손 하라.

기도 제안 #12

렉시오: 마태복음 16:13~20과 마이어 178~183을 읽도록 하라.

메디타시오: "너희는 나를 누구라 하느냐?" 예수는 과연 내게 무엇을 의미하는가? 일상생활의 과정에서 나는 그분을 얼마나 자주 생각하는가? 진실로 그분은 내 삶의 중심이신가? 예수를 나의 생각, 욕구, 말, 행위의 중심으로 삼기 위해 나는 무엇을 더 할 수 있는가? 내가 살고 있는 공동체 또한 믿음의 반석 위에 세워졌다는 사실을 어떤 방식으로 말할 수 있는가? 예수 그리스도에 대한 나의 믿음을 증가하기 위해 나는 무엇을 할 수 있는가?

오라시오: 베드로의 신앙을 위해 주님께 기도하라. 당신을 의지하는 모든 사람들이 예수 그리스도를 믿는 믿음에 강해져서, 당신이 하거나 하지 못하는 어떤 것 때문에 믿음이 약해지거나 상실되지 않도록 기도하라.

컨템프라시오: 예수 그리스도에 관해 찾아올 수 있는 어떤 새로운 통찰들을 찾으라.

기도 제안 #13

렉시오: 마태복음 16:21~27과 마이어 183~188을 읽도록 하라.

메디타시오: 나의 삶에서 "나를 부인하고 십자가를 지고 예수를 뒤따른다"는 것이 무슨 뜻인가? 나의 현재 삶에서 십자가들은 무엇인가? 나는 오늘날의 세계에서 예수의 모범을 따라 어떻게 사랑의 희생이 될 수 있는가? 하나님은 그분을 위해 나의 생명을 어떻게 버리기를 요구하시는가? 나는 고난과 희생에 대해 베드로가 받은 것과 동일한 책망을 받을만한가? 나는 하나님의 기준보다 이 세상의 기준으로 판단함으로써 어떻게 베드로가 범한 동일한 실수를 저지르는가?

오라시오: 당신을 베드로의 위치에 놓고서 예수께서 호되게 책망하실 때 그가 어떻게 느꼈는가를 상상하라. 가능한 한 풍부한 감정을 갖고서 하늘 아버지께서 그를 향해 지도록 뜻하신 십자가를 받아들이기 위해 당하신 예수의 고통 속으로 들어가라. 우리 자신을 부인하고 우리의 십자가를 지고 갈보리 길을 가시는 그분을 따를 필요에 대해 가르치시는 예수께서 받으신 상처trauma에 마음 문을 열어라. 하나님의 섭리가 우리의 삶 속으로 들어오도록 하는 그 어떤 십자가들도 받아들일 은혜를 위해 기도하라.

컴템프라시오: 지금 예수께서 분여하신 고난과 자기부인에 관한 통찰에 마음의 문을 열어라.

기도 제안#14

렉시오: 마태복음 18:15~20과 마이어 204~206을 읽도록 하라.

메디타시오: 이 구절에서 예수께서는 우리에게 모든 자비 활동들 가운데 가장 어려운 것 하나를 우리에게 가르치신다. 극소수의 사람들만이 이 자비 행위라는 선한 일을 행할 수 있다-즉, 다른 이들을 도

움으로써 자신들의 결점을 깨달을 수 있고, 자신들의 삶을 변화시키는 어떤 것을 행한다. 자신의 삶에서 다른 사람이 지닌 몇 가지 결점에 대해 비판하다가 선(善)보다는 더욱 해(害)를 끼친 때를 생각하라. 당신은 때로 우애적인 교정(矯正)fraternal correction이 성공을 거둘 때를 생각할 수 있는가? 당신이 이 자비의 특별한 일을 더욱 성공적으로 수행하기 위해 무엇을 할 수 있는가? 당신이 충고를 해주어야만 하는 어떤 사람이 있는가?-예를 들어, 술을 너무 지나치게 마시거나, 어떤 다른 부절제에 탐닉하는 사람이 있는가? 예수는 우리가 먼저 우애적인 교정을 시도해야 한다고 말씀하신다. 그리고 개입을 시도할 때 다른 사람을 동반해야 하고, 만일 상황이 너무 신중하면 그것을 전체 공동체 앞으로 가져가라고 말씀하신다.

오라시오: 우애적인 교정을 실천할 상황을 고려하면서 그것을 어떻게 잘 다룰지를 알 수 있는 빛을 위해, 그리고 그것을 행할 용기를 위해 간절히 기도하라.

기도 제안 #15

렉시오: 마태복음 18:21~35와 마이어 207~209를 읽도록 하라.

메디타시오: 예수는 우리가 일흔 번 일곱 번이라도 기꺼이 용서해야 한다고 말씀하신다. 이는 오래 전 일이나 깊은 상처를 남겼기에 이전에 용서했더라도 반복하여 용서의 과정을 복원할 필요성이 있는 과거사(過去事)에도 적용될 수 있다. 우리가 기꺼이 우리 이웃을 용서하지 않으면, 하나님도 우리의 과오를 용서하지 않을 것이다. 과거에 나에게 상처를 주었으나 아직도 용서하지 않은 동료가 있는가? 지금 그에 대해 나는 무엇을 행하는가?

오라시오: 주기도, 특히 주기도의 둘째 부분을 기도하고, 그것이 가능한 한 깊이 그리고 진정으로 가슴을 파고들게 하라. 과거에 어

떤 방식으로 당신에게 상처를 주고 당신을 상하게 했던 사람을 위해 기도하라. 이것이 용서로 나아가는 첫 단계다.

컨템프라시오: 계속해서 용서할 수 있는 가능성에 마음 문을 활짝 열어라.

제4장
이그나시우스 기도와 영성
- SJ 기질-

　우리가 이그나시우스 기도Ignatian Prayer라고 부르는 기도방식은 4세기에 발전된 렉시오 디비나보다 훨씬 더 고대적인 기도 방식이다. 이 기도 방식은 예수 그리스도께서 출생하기 1200년 전 이스라엘 백성이 사용했다. 이 기도가 지닌 장점은 구원사에서 발생한 사건에 대한 기억이다. 그러나 이 기억은 이전에 일어난 사건에 대한 경건한 회상 이상이다. 기억 속에 침잠(沈潛) 함으로써 기도하는 자는 되살아나고, 그 사건에 참여하고, 상징적 방식으로 과거 사건을 실재화 한다. 네 가지 모든 기능이 참여하며, 렉시오 디비나처럼 동일한 구조가 뒤따른다.

　크리스챤 가운데 예수회를 설립한 성 이그나시우스 로욜라St.

Ignatius of Loyola는 이 기도 방식의 위대한 교사였다. 그래서 우리는 이 기도 방식과 영성을 그를 존경하는 뜻으로 이그나시우스 기도와 영성이라 부른다. 기도하기 위해 그가 물러갔던 만레사 동굴에서 강렬한 영적 체험을 한 후, 이그나시우스가 쓴 *The Spiritual Exercises* 〈영적 훈련〉은 우리 주 예수 그리스도의 생애를 따르고 기억할 수 있는 윤곽을 우리에게 제공한다. 이그나시우스 유형의 기도를 채용하는 자들은 자신들을 역사적 사건 안으로 투사하여 그 사건의 일부가 됨으로써 그들의 삶을 위한 어떤 실제적인 열매를 이끌어낸다. 감각적 상상력sensible imagination을 사용하여 감동적인 방식affective manner으로 과거의 사건을 되살림으로써 개인은 실제로 슬퍼하고, 기뻐하며, 행위를 개선할 결단을 하게 된다. 예를 들어, *Spiritual Exercises* 〈영적 훈련〉에서 예수의 출생에 대해 관상 중에 있던 성 이그나시우스는 제안 한다: "나는 나 자신을 가난하게 하고, 별 가치 없는 종으로 만든다…그리고 나는 어떤 열매를 수확하는 나 자신에 대해 숙고한다".

이그나시우스 유형의 기도는 SP와 NT 기질의 사람들의 경우 좀 어려워하겠지만 모든 사람들이 사용할 수 있다. 그러나 이그나시우스 기도는 SP기질에 가장 적합하다. 데이비드 키르시가 쓴 「부디 나를 이해해 주세요」에서는 에피메데스 기질이라고 칭한다. 일반 인구의 약 40%가 SP기질이며, 정기적으로 주일 날 교회 예배에 참여하는 자들의 50% 혹은 그 이상의 사람들 역시 이 기질의 사람들이다. 퇴수회와 워크샵을 진행하는 동안 우리가 한 관찰에 의하면, 참여자들 중 과반수 이상이 SP 기질의 경향을 지녔다. SP는 하나님에 대해서나 사람들에 대해서 강한 의무감을 지닌다. 그러므로 SP들은 대개 다른 세 기질들을 위해 경건이 그 호소력을 잃을 수 있어도 꾸준히 교회에 출석하는 사람들이다.

예수의 생애에서 일어난 사건들에 대해 년간(年間) 기억을 담고 있는 교회력의 초기 발전은, 초기 교회의 SP사람들이 끼친 영향의 표지이다. 그리고 이그나시우스 기도가 수 세기에 걸쳐 유명했다는 사실은 교회에 출석하는 사람들 가운데 SP들이 우세한 사실에 의해서도 설명되어질 수 있다. 오늘날의 예전에서 이그나시우스 기도의 가장 훌륭한 실례는 성 주간 예전Liturgy of Holy Week이다. 종려주일에서 시작하여 부활주일에 이르기까지, 우리는 예수의 수난, 죽음, 그리고 부활의 각 부분을 세밀하고 생생히 기억한다. 성 주간 예배에 참여하는 자들은 2천 년 전으로 되돌아가서 개별적인 사건들의 한 부분이 된다. 이 참여로부터 하나님과 이웃과 맺는 현재 관계에서 실제적인 열매가 도출된다

❖ SJ(이그나시우스적) 기질의 특성

SJ는 깊은 의무감을 가지며 항상 자신들이 유용한 사람이란 사실을 느끼고 싶어 한다. 그들은 받는 자보다 주는 자가 되고 싶어 한다. 그들은 필요에 처한 사람들을 돌봄으로써 돌보는 일에 깊이 헌신되어 있고, 사회의 유익에 공헌하기를 갈망한다. 매우 실제적인 그들은 윤리적인 일을 하며 전통과 과거와의 연속성에 대해 강한 감각을 지닌다. 그리고 그들은 질서와 사회의 계급구조인 하이어라키hierarchy를 좋아한다. 그들은 집단에 소속되기를 원하며 축제와 의례를 좋아한다. 그들은 역사에 대해 강한 감각을 지니고 있

어서 과거로부터 계승받은 관습을 존중한다. 그들은 사회의 보수주의자들이며 안정을 꾀하는 자들이다. 책임을 거부하지 못하여 간혹 과로한다. "만일 내가 그것을 하지 않으면 누가 하겠는가?" 분명히 필요할 때를 제외하고는 변화를 미심쩍어하며, 현상을 택하며, 취미와 선택에 있어서 보수적이다. 그들은 법과 질서의 사람이다. 그들에게는 칭호(타이틀)가 중요하며 법이 소중하다. 그들은 신중하며 정확하고 근면하다. 그들은 훌륭한 행정가이며 만기(滿期), deadline를 신중히 택한다. 그들은 가치 있고 의미 있는 한, 항의하지 않고 판에 박힌 일상적인 일을 한다. 일반상식이 있고 매사에 실제적인 접근을 하며 "항상 준비되어 있다"는 보이 스카웃 모토Boy Scout motto처럼 산다. 그들은 전통적인 점액질 기질의 긍정적 특질을 드러낸다. 수많은 SJ는 비관적이다. 무언가 잘못되어 가면 그건 틀림없이 그럴 것이다. 인생의 어두운 면을 보는 경향이 있다. 어둠의 예언자가 된다. 그러므로 그들은 발전적인 희망의 일을 할 필요가 있고, 보다 긍정적인 면을 볼 필요가 있다. 다른 기질의 사람들, 특히 NF가 SJ의 희망과 신뢰를 발전, 심화시키는 데 도움을 줄 수 있다. 사도적 교회에서 보수적인 요소의 지도자인 성 야고보는 전형적인 SJ이다. 그는 기독교가 유대인들의 고대 전통에 충실해야 한다고 주장했다. 마태복음은 법과 질서를 강조하는 전형적인 SJ 문서이며, 새로운 모세인 새 언약의 율법 수여자이신 예수를 강조한다.

성찬의 네 차원들 가운데-기억commemoration, 기념celebration, 기대anticipation, 그리고 관상contemplation-첫 차원인 기억이 SJ에게 강한 호소력을 갖는다. 설교자는 미사나 예배에 참여하는 회중의 50%가 SJ들이기 때문에 모든 설교에 전통과 구원사의 차원을 포함시켜야 한다. 또한 모든 예전 위원회는 SJ를 감화시킬 수 있는 방식으로 구원사의 과거 사건들을 기념하고 기억하는 것을 염두에 두어야 한다.

❖ 이그나시우스 영성

SJ 이그나시우스 기질의 영성은 하나님과의 관계를 지향하는 조직된 큰 무리를 이룬다. 어떤 의미에서 이그나시우스 영성은 자발성과 성령에 대해 개방적인 프란시스칸적인 영성과는 정반대다. SJ는 질서를 선호하고, 따를 수 있는 잘 계획된 예정표를 선호하며, 많은 변화가 갑자기 소개될 때 분노한다. 성격상 SJ는 이단에 반대하여 전투적이며 전통에 대한 충성심이 강하다. 그리스도교 신앙의 역사적 차원이 특히 SJ에게 중요한데, 그들은 지난 20세기 동안에 이루어진 믿음의 실천과 오늘날의 믿음의 실천 간의 연속성을 보고자 한다. 만일 그들이 신앙 여정을 동일한 지점으로 다시 또다시 환원하는 뾰쪽탑(나선)으로 볼 수 있다면, SJ의 영성은 대단히 풍부해질 것이다. 그들은 과거와의 연속성과 이전에 선택된 목표를 향한 새로운 성장의 경험 둘 모두를 필요로 한다. 과거에 대한 단순한 집착은 어떤 종류의 건강한 진보를 위한 약속 없는 정체된 현상으로 이끈다. 지성주의intellectualism 지향적인 경향을 지닌 이그나시우스 영성은 과거의 모든 가치와 하나님께서 새로운 날마다 우리 위에 부어주시기를 원하시는 새로운 통찰들과 은혜 사이의 훌륭한 조화를 유지하는 길을 발견할 것이다.

지상의 삶이 예수께서 지상에 오심으로부터 시작되어 세상 끝 날

까지 지속될 긴 여정의 일부라는 개념을 SJ 기질의 사람들은 음미할 것이다. SJ들은 성경을 통독하면서 그리스도의 생애가 지닌 신비들 안으로 들어가는 구절을 자신들에게 공급하기 위해 그들의 감각적 지각Sensible Perception과 감각적 상상력Sensible Imagination을 사용함으로써 구원의 역사를 현재에서 경험한다. SJ는 상상 안에서, 그리고 관찰에 의해 성경 기사들을 재생하기 위해 그의 감각들을 이용하며, 그 자신의 타고난 의무감을 갖고서 다른 이들을 섬김으로써 "어떤 실제적인 열매를 이끌어내라"는 이그나시우스의 충고를 따른다.

이그나시우스 영성은 교회력을 기념하는 것the celebration of Liturgical Year으로 가장 잘 표현될 수 있다. 예수 그리스도의 공생애, 죽음과 부활을 매년마다 기념함으로써, 그리스도인은 역사의 과거 사건을 기억할 뿐만 아니라 그것을 현재화하여 오늘날 우리들을 위한 사건이 되게 할 수 있다. 구속사의 놀라운 행위들을 기념하는 이 행위는 그리스도인에게는 원초적인 그 무엇이 아니다. 구속사는 애굽의 종살이에서 해방된 후 광야에 있는 이스라엘 백성들에게로 환원된다. 매년마다 지키는 유월절 기념행사 이외에, 예수 시대의 유대인들은 **"베라카" 식사**Berakah meal에서 하나님의 놀라운 행위를 기억했다. 그들의 믿음은, 그들이 하나님께서 과거에 행하신 놀라운 일들을 기억하는 시간을 가질 때마다 그 동일한 하나님께서 그들을 위해 같은 행위들을 제공한다는 것이다. 그러므로 그들은 과거를 되살아나게 하고 실재화했다. 성찬 기념 축제Eucharistic Celebration에 임재하시는 부활하신 주 예수의 임재를 경험하는 그리스도인들은 유대인들이 행하는 베라카를 크리스챤 예전Christian Liturgy으로 확대했다. 특히 SJ는 이 행위를 감사한다. 과거가 주는 유익에 대한 감사는 SJ 기질의 큰 부분을 차지하며, 예전적 경건은 이그나시우스 영성의 합당한 본보기이다

❖ 이그나시우스 기도

이그나시우스 기도Ignatian Prayer의 목적은 복음과 성경의 장면을 우리에게 생동적이게 하고 실제화 되게 하여 그것의 교훈과 메시지를 개인적으로 적용하는 것이다. 그러므로 기억Commemoration에 더하여, 이 기도형식을 표현하는 다른 핵심어는 **투사**Projection다. 그러므로 우리 자신을 원래의 사건에 투사하여 그 사건들의 일부가 되게 하는 것이다.

다른 유형의 기도보다는 이그나시우스 기도에서 상상력이 충분히 사용된다. 이그나시우스는 우리가 구원사와 예수의 생애에서 발생한 사건들로 되돌아가는 상상적인 여정(旅程)을 하는 동안 다섯 가지 모든 감각들을 활용하기 위해 노력하라고 제안한다. 우리가 볼 수 있는 것뿐만 아니라 사건에 연루된 개별적인 인물들이 무슨 말을 하는지, 십자가 나무에서 무엇을 느끼는지, 무슨 냄새가 나는지, 심지어 맛까지 보기 위해 우리는 힘써야 한다(예를 들어, 예수께서 받으신 쓸개즙과 신 포도주). 이그나시우스가 과거에 대한 생생한 회상을 주장한 배후의 목적은 가능한 한 사건을 실재화 하는 것이다. 우리는 우리 자신을 과거로 되돌려 과거의 한 부분이 된다. 이것은 우리가 우리 자신을 반드시 원래의 인물들 안으로 투사하는 것이 아니라 단순히 우리 자신을 있는 그대로 상상하되 원래 사건

의 일부가 된다는 의미이다. 가능한 한 감동적으로 참여함으로써, 우리는 오늘 우리 상황에 필요한 어떤 실제적인 열매를 이끌어내게 된다. 예를 들어, 선한 사마리아인의 비유(눅.10:25~37)에서 우리는 사건에 연루되지 않으려고 길 한 쪽으로 비켜가는 제사장의 위치에 있는 우리 자신을 상상한다. 혹은 이그나시우스의 방법을 사용하여 우리를 강도들 사이에 있는 쓰러진 사람으로 상상한다. 혹은 우리 자신을 선한 사마리아인으로 상상할 수 있다. 우리는 복음서 기사에 등장하는 인물들 각인에게 우리가 할 말과 그들이 우리에게 함직한 말을 상상한다.

감각적 상상력을 충분히 사용하는 것에 더하여 이그나시우스 기도를 사용하는 다른 방법은 치료받기 위해 우리 자신이 예수께로 온 다른 사람의 자리에 두는 것이다. 육체적인 질병을 생각하는 대신, 우리는 우리 자신을 영적인 소경, 영적인 귀머거리, 영적인 중풍병자, 혹은 죄의 문둥병으로 뒤덮인 존재로 생각할 수 있다. 우리는 우리 자신을 예수께 오거나, 혹은 예수께 데려다져서 그분의 펼쳐진 손이 우리를 만져서 우리의 영적인 질병이 치유된다고 상상할 수 있다. 예수의 생애에서 발생한 사건들은 다시 되살아나서 우리는 지금 우리 가운데서 예수의 임재를 경험할 수 있다. 우리가 하는 상상은 이것을 매우 생생하게 할 수 있게 되고 충분한 믿음을 갖는다면, 우리는 진실로 이 기도의 결과인 참된 영적 치유를 경험할 수 있다. 그와 같은 하나님과의 만남이 이그나시우스 기도의 목적이다.

이그나시우스 기도는 매우 조직적이며 질서정연하다. 묵상을 위해 열 가지 독특한 관점들이 제시되고 있다:

(1) 주제 선택
(2) 준비기도
(3) 장소의 구성
(4) 필요한 특별한 은총을 위한 간구
(5) 눈으로 봄과 숙고
(6) 들음과 숙고
(7) 사려와 숙고
(8) 몇 가지 실제적인 열매를 맺음
(9) 하나님, 그리스도와의 대화
(10) "우리 아버지"로 끝냄

묵상 후에 예수의 임재에 올바르게 응답하기 위해, 여기에 렉시오 디비나의 오라시오가 뒤따른다. 그런 다음 우리는 정온한 시간을 갖고 우리가 지닌 직관기능이 제공할 수 있는 어떤 새로운 통찰을 경험한다. 그러므로 이그나시우스 기도 기간 동안에 렉시오 디비나의 네 단계 모두와 네 기능 모두가 가동된다.

❖ 이그나시우스 기도 사용에 뒤따르는 문제들

기도하고 사고하는 이 방법으로 훈련되고 경험되지 않으면 다른 사람들은 물론이거니와 수많은 SJ사람들은 어려움을 발견한다. 구송기도와 전통적인 기도 형식을 사용하는 데 만족했던 SJ는 예민한 감수성을 지니며, 실제적이고, "세상의 소금" 형태의 삶을 실천하는 종교적 권위와 세속 권위의 지도력을 의심없이 따를 것이다. 감각적 상상력의 사용이 지난 수세기 동안 교회에서 가르쳐지거나 시행되지 않았기 때문에, 많은 사람들, 심지어 SJ들조차도 이그나시우스 기도를 익히는 데 어려움을 느꼈다. 그렇지만, 일단 방식에 익숙해지고, 충분히 발전되고, 개인의 상상력이 활용되면, 대부분의 SJ는 규칙적이며 일상적인 기도방식으로 이 기도형식에 의존하게 될 것이다.

SJ가 비관에 치우치는 경향이 있으므로, 예수의 수난과 죽음을 끊임없이 회상하기보다는 그리스도의 부활에 대한 묵상이나 회상을 추천한다. 이그나시우스의 「영적 훈련」에서 긍정과 부정 간의 조화가 시도된다. 동등한 시간, 온전한 한 주(週)가 수난과 죽음에 부여되듯이 부활에 부여된다. 그러나 어두움에 대한 특정한 기록이 「영적 훈련」의 첫 주 전체에 걸쳐 죄, 심판, 그리고 지옥에 대한 강조에서 발견된다. 이그나시우스 기도를 활용함에 있어서 다른 한 가지 문제는 너무 빡빡하게 조직된 구조다. 강한 "P" 기질을 가진 사람들은 이 모든 구조에 격분하기 쉽다. 그러므로 만일 그들이 이그나시우스 기도를 사용한다면, 자유롭게 순서를 바꾸거나 그들에게 호소력이 없는 어떤 부분을 생략할 것을 권한다. 그러나 강한 "J" 기질을 가진 사람들은 대체적으로 이그나시우스 기도를 물을 향해 달려가는 오리같이 취급한다.

특히 SP 기질은 이 빡빡하게 조직된 구조를 따르는 것은 불가능하다고 생각한다. 생활에 질서를 부여할 수 없는 사람들은, 추측컨대, 이그나시우스 기도의 다른 단계들을 기억하는 데 힘든 시간을 가질 것이다. 그것은 마치 스틱 기어로 자동차 운전을 배우는 것과 같다. 첫 시간은 힘들다. 그러나 배우고 나면 그것은 제2의 본성이 된다. 더욱이 적당한 시간이 기도 훈련에 배분되어야 한다. 우리는 과정을 서둘러서는 안 된다. 그렇지 않으면 아무 일도 발생하지 않고, 어떤 가치도 이 기도 형태에서 이끌어낼 수 없다. 영적 훈련을 지향하는 데 훈련된 지도자의 조력을 받는 것은 복음서의 장면들을 되살아나게 하는 데 매우 유익할 것이다.

❖ 이그나시우스 유형의 기도 제안들(1)

이그나시우스 방법은 상상이란 방법으로 자신을 성경의 장면(場面)에 두고 그 장면의 일부가 되게 하는 것이다. 이그나시우스는 우리가 무엇을 보고, 무엇을 듣고, 성경 속의 인물이 무엇을 행하고 있는지 상상하라고 한다. 우리는 "오늘 우리 자신의 삶을 위한 반성에서 어떤 실제적인 열매를 이끌어내기 위해 노력해야 한다"고 이그나시우스는 말한다. 환언하면, 우리가 하는 숙고에서 어떤 도전이나 변화들이 우리에게 주어지는가?

다음의 기도 제안들을 사용함에 있어서, 개인은 렉시오 디비나의 네 단계를 사용하든지 성 이그나시우스가 추천한 열 가지 착안점을 사용할 수 있다.

기도 제안 #1 (눅10: 38-42)
당신 자신을 마리아나 마르다 혹은 나사로와 이웃하고 있는 친구로 상상하라. 당신은 이 마을에서 우연찮게 이들 중 한 사람을 만났고, 나사렛 예수께서 베다니에 오신다는 이야기를 들었다. 당신은 그분을 만나는 것에 관심을 나타내고 있고, 다음 날 저녁, 그들뿐만 아니라 또한 예수와 함께 저녁 식사에 초대받았다.

당신의 눈을 감고 상상의 나래를 펴서 가능하면 당신이 할 수 있는 많은 세미한 것들을 상상하여 그 만남에서 어떤 대화가 오고갈 것인가를 상상하라. 그로부터 몇 가지 실제적인 열매(결과)를 이끌어내라.

기도 제안 #2
에베소에서 온 경건한 이스라엘 백성인 당신은, 유월절을 지키기 위한 당신의 첫 여행으로 예루살렘에 와 있는 낯선 사람이다. 때는 성 금요일 아침이다. 당신은 한 사람을 끌고 가는 소란을 피우는 군중들 틈에 있는 당신을 발견한다. 당신은 십자가 처형을 한 번도 본 일이 없었기에, 호기심으로 갈보리를 향하는 군중을 따르며 그 사람의 이름이 나사렛 예수라는 사실을 알게 된다. 당신은 지금 진행되고 있는 일들과 예수의 행동에 마음이 끌린다. 당신은 그분이 숨을 거두실 때까지 머물고 있다. 당신의 눈을 감고 상상 안에서 그 장면들을 그려내고 당신이 경험할 수 있었던 인상들과 결론들을 포착하려고 하라. 당신 자신의 영적 성장을 위해 어떤 영적 열매를 이끌어내라. 이 경험이 당신의 삶에서 어떤 변화를 만들어내려고 하는가?

기도 제안 #3(누가복음 24:13~15)
당신은 부활주일 오후 엠마오 도상에 있는 두 제자들 가운데 한 사람이다. 성경구절을 읽은 후 당신의 눈을 감고 처음부터 끝까지 전체 배경을 재생하라. 경험에서 몇 몇 영적 열매를 이끌어내라. 예를 들자면, 예수를 초청하여 당신과 함께 머무시게 하라. "우리와 함께 유하사이다. 때가 저물어가고 날이 이미 기울었나이다."

기도 제안 #4(요한복음 21:1~19)

당신을 베드로라고 상상하라. 모든 세밀한 것들을 기억하도록 이야기를 주의 깊게 읽도록 하라. 그런 다음, 눈을 감고 당신의 상상 속에 장면을 그려라. 예수께서 세 번 "나를 사랑하느냐?" 물으실 때의 당신의 느낌을 포착하라. 그런 다음 베드로가 말한 것을 단순히 반복하는 대신, 당신이 대답하기 원하는 방식으로 대답하라. 예수께서 당신에게 "나를 따르라"고 말씀하실 때, 그것은 당신의 현재 삶의 가까운 미래에 일어날 일을 의미한다고 상상하라.

기도 제안 #5(누가복음 10:25~37)

선한 사마리아인의 비유를 읽고 무엇보다 먼저 당신 자신을 길한 쪽으로 스쳐 지나가는 제사장으로 생각하라. 사건에 연루되는 것을 거부하는 데 대해 당신은 무슨 이유들을 제시할 수 있는가? 그런 다음, 당신 자신을 강도들 사이에 있다고 느끼고, 길 한 쪽 모퉁이에 거의 반쯤 죽은 채로 남겨진 사람으로 상상하라. 도와달라는 당신의 부르짖음을 외면하고 지나치는 사람들을 볼 때 당신은 어떤 생각을 하겠는가? 셋째, 당신 자신을 선한 사마리아인으로 상상하라. 고통 속에 처한 다른 이들에게 선한 사마리아인이 한 것처럼 당신이 할 수 있는 오늘의 몇 몇 상황들에 둘러쌓여 있다고 상상하라.

기도 제안 #6(마가복음 9:14~29)

기사를 읽으라. 당신 자신을 귀신 들린 소년의 아버지로 상상하고 예수와 소년의 아버지 간에 이루어지는 대화를 당신 자신의 상황에 적용하라. 고통당하고 있는 아들 대신, 그 고통이 치료를 거절하는 당신의 결점들 가운데 몇 가지라고 상상하라. 이 고통을 예수께 가지고 가서 그분에게 치료해달라고 간구하라.

기도 제안#7(누가복음7:36~50)

당신 자신을 바리새인 시몬의 집에 계신 예수께 와서 예수의 발을 눈물로 씻고 머리칼로 말리는 회개하는 여인으로 상상하라. 당신이 왜 우는지 그리고 예수께서 이해하시고 자비를 보여주신 것을 어떻게 확신하게 되었는가를 상상하라. "네가 많이 사랑한고로 네 죄가 사함을 받았느니라"는 말씀을 들을 때 나타내는 당신의 반응을 상상하라.

기도 제안 #8(누가복음4:1~13)

당신 자신을 예수의 자리에 두고 예수께서 받으신 것과 동일한 시험과 동일한 방식으로 시험받고 있다고 상상하라. 당신은 어떻게 반응하겠는가? 예수께서 받으신 시험은 그분이 새롭게 받은 힘을 다른 사람들의 유익을 위해서가 아니라 자신을 섬기는 데 잘못 사용하라는 제안들이었다. 그분은 새로 결혼한 부부들의 유익을 위해 물을 포도주로 변화시키거나 광야에서 배고픈 군중들을 먹이시기 위해 빵과 고기를 부풀릴 수 있었지만, 그분 자신의 유익을 위해 돌들을 빵으로 변화시키지는 않으셨다. 이와 같이 그분은 물 위를 걸을 수 있었고 다른 이들의 유익을 위해 바다의 폭풍도 잔잔케 할 수 있었지만, 자연을 능가하는 그분의 능력을 과시하기 위해 성전 꼭대기에서 뛰어내려서는 안 되었다. 그분은 하나님의 나라에 관해 사람들을 가르치는 데 그분의 능력을 사용할 수 있었지만, 자신을 왕이나 권력자로 만들지는 않으셨다. 우리는 힘을 우리 자신을 위해 사용해서는 안 되며 항상 다른 이들을 돕는데 사용해야 한다. 하나님이 우리에게 주신 힘을 남용하도록 시험받을 때, 무엇이 우리가 예수의 모범을 따른다는 확신을 줄 수 있는가?

기도 제안 #9(마가복음8:27~38)

　예수께서 갈릴리에서 만나신 위기다. 예수는 그분의 공생에 중반기에 계신다. 사람들은 그분을 버리기 시작한다(요.6:66). 바리새인들과 종교 권력자들은 그분의 죽음을 음모하고 있다. 그분이 행하셨던 모든 것은 사라질 듯이 보인다. 예수는 갈릴리를 떠나 데가볼리 이방 지역으로 가신다. 그분은 이사야 53장이 그분의 운명을 예고함을 깨닫게 된다. 그분은 자신의 소명에서 달아날 유혹을 심각하게 받으신다. 이것을 제자들과 나누실 때, 베드로가 예수를 말리려고 애 쓴다: "하나님은 어떤 일도 당신에게 일어나는 것을 금하셨습니다. 예수는 분노하시면서 베드로에게로 돌아 서신다: "내 뒤로 물러나라, 너 대적자여,…" (마태복음16:22~23). 당신 자신을 예수와 베드로의 자리에 두라. 동일한 상황에서 당신은 어떻게 반응하겠는가? 당신의 현재 삶에서 보다 자원하여 십자가들과 실망들을 받아들이기 위해 무엇을 할 수 있는가?

기도 제안 #10(마가복음14:32~42)

　예수는 여전히 하늘 아버지께서 그를 부르신 운명을 놓고 투쟁하고 계신다. "오 아바, 아바께서는 모든 것이 가능하오니 할 수 있으면 이 고통의 잔이 나에게서 지나가게 해 주소서". 그분은 베드로, 야고보, 그리고 요한에게로 가셔서 위로와 동정을 찾지만, 그들이 잠들어 있음을 발견하신다. 고뇌에 찬 예수와 동일시하라. 당신 자신의 삶에서 하나님과 당신의 친구들로부터 버림받았다고 느낀 몇 몇 경우들을 회상하라. 예수와의 동일시를 통해 당신은 당신 자신을 하나님께 버리는 은혜와 능력을 발견할 것이다 "내 뜻대로 마시고 아버지 뜻대로 하소서".

기도 제안 #11(마가복음10:46~52)

당신 자신을 나사렛 예수가 지나가신다는 소문을 듣는 소경 바디매오로 생각하라. "다윗의 자손 예수여, 나를 불쌍히 여기소서!" 예수는 바디매오를 부르셔서 질문 하신다: "무엇을 하여 주기를 원하느냐?" "랍비여, 내가 보기를 원하나이다." "가라, 네 믿음이 너를 구원(치료)하였느니라." 우리 모두는 영적인 소경이다. 그래서 우리는 간혹 분명한 사실을 놓쳐버린다. 우리는 다른 사람들의 필요에 눈멀다. 우리는 우리 자신의 결점들과 죄에 눈멀다. 예수께 말씀드려라. "랍비여, 제가 보기를 원합니다." 예수는 당신에게 손을 얹으시고 당신은 치유를 경험한다.

기도 제안 #12(마가복음10:17-31)

당신 자신을 "내가 무엇을 하리이까?" 하고 예수께 묻는 부자 청년으로 상상하라. 예수는 당신의 질문을 받으신 다음, 당신에게 "가서 모든 것을 팔아서 가난한 자들에게 나눠주고 나를 따르라"고 도전하신다. 만일 당신이 예수께서 당신에게 요구하시는 것이 무엇임을 안다면 그렇게 할 용기가 있는가? 아니면 당신이 아직도 세상의 것들에 집착하고 있기 때문에 부자 청년처럼 돌아서겠는가? 부자 청년처럼 행동하든지, 아니면 "우리가 모든 것을 버리고 주님을 따랐나이다"라고 소리 높인 베드로처럼 말하기는 어려운 일이다. 그러나 우리 자신을 이 성경의 배경에 투사하는 상상력을 사용함으로써 우리는 지금 우리가 어디 서 있는지를 분별할 수 있어야 한다. 그런 다음, 베드로를 따를 은혜를 위해 기도하라.

기도 제안 #13(누가복음15:11~32)

탕자 비유를 읽도록 하라. 그리고 당신 자신을 차례대로 둘째 아들, 첫째 아들, 그리고 아버지 자리에 두도록 하라. 당신이 이 세 사람처럼 행동했던 때를 생각하라. 당신의 현재 삶에서 탕자의 아버지의 모범을 따를 기회는 무엇인가?

기도 제안 #14(누가복음16:19~31)

우리 자신을 이야기에 나오는 부자의 위치에 두라. 우리 집 문 앞에 누워있던 거지들을 우리가 지나쳤을 때를 생각하라. 세상 인구의 절반 이상이 기아에 허덕이는 동안 당신은 호화롭게 먹을 때를 생각하라. 나사로는 불행에 처해 있는 반면, 당신은 부자였음을 기억하라. "이제 그는 여기서 위로를 찾았지만, 너는 고통 속에 있다." 우리가 주님과 심판자로부터 이 말씀을 듣게 되는 것을 주님은 허락하지 않으신다. 이런 말씀을 듣는 일을 피하기 위해 우리는 무엇을 해야 하는가? 더욱 실감할 마음의 변화를 위해, 당신은 거지 나사로를 무시했던 부자라고 생각하면서 복음서 비유를 끝까지 가능한 한 생생하게 재생하라.

기도 제안 #15(누가복음18:9~14)

당신 자신을 차례로 바리새인과 세리의 자리에 두라. 당신이 하는 일상적인 기도는 바리새인의 기도를 닮았는가 아니면 세리를 닮았는가? 당신의 기도를 예수의 교훈과 세리의 모범에 일치하게 하는 데는 무엇이 필요한가? 당신 자신을 다른 사람들과 같지 않거나 당신이 아는 몇 몇 가련한 자들과 같지 않음에 대해 감사하고 찬양하면서 주일 아침 교회의 정문 앞에 서 있는 바리세인으로 상상하라. 이 모습은 당신 자신의 삶에서 일어난 어떤 경험을 닮는가? 당신의 기도는 바리세인이 한 기도의 범주에 들지 않는가? 어떻게 당신은 세리를 더 닮을 수 있겠는가?

◆제5장◆

어거스틴 기도와 영성
- NF 기질-

본서에서 우리는 어거스틴인Augustinian이란 이름을 특히 NF 기질에 호소력을 갖는 매우 인기 있는 기도 형태에 붙였다.

어거스틴은 NF 사람이었다(직관적-감정의 사람: Intuitive-Feeler). 한 사람의 저명한 초대교부로서 그는 북아프리카에서 수도승의 은둔생활과 수녀들의 수도회를 위해 영성의 법칙을 발전시켰다. 이는 서방 기독교의 대다수의 회중의 규율과 제도를 위한 모델이 되었다. 어거스틴 기도와 영성의 방법은 교부들에 의해 채용되었고 수 세기에 걸쳐 다른 영성가들에게 영향을 끼쳤다. 이 기도 형식을 사용하고 계승한 긴 역사는 추측컨데 성인으로 인정된 성인들 대다수가 NF기질로 보인다는 사실에 기인한다.

이그나시우스 기도에서 핵심 단어는 **투사**지만, 기도하는 사람들은 원래 사건의 일부분이 되어 오늘날의 삶을 위한 실제적인 열매를 도출하기 위해 감각적인 상상력sensible imagination을 사용함으로써 성경의 장면으로 되돌아간다. 어거스틴 기도Augustinian Prayer를 묘사하는 핵심 단어는 **치환Transposition**이다. 어거스틴 기도에서, 기도하는 자는 성경 말씀을 오늘 우리의 상황에 옮겨놓기 위해 창조적인 상상력creative imagination을 사용한다. 기도하는 자는, 만일 예수 그리스도, 혹은 하나님 아버지, 혹은 성령께서 바로 이 순간 나타나셔서 말씀하신다면 성경말씀은 어떤 의미를 지닐까를 상상하기 위해 노력한다. 어거스틴 기도에서 우리는 성경을 마치 하나님께서 우리에게 쓰신 개인적인 편지로 생각하려고 힘쓴다. 오로지 두 번째로 우리는 성경본문의 원래의 의미, 역사적 의미에 관심을 갖는다: 어거스틴 기도를 하는 동안 우리가 갖는 근본적인 관심은, 이 계시된 말씀이 오늘 우리에게 어떤 의미를 갖는지를 분별하려고 노력하는 것이다. 그러므로 하나님의 말씀은 살아서 오늘의 우리 상황에 적용된다. 예를 들어, 이사야 43장에서 하나님께서 이스라엘 백성에게 하신 말씀들을 생각하며 그 말씀들이 바로 지금 당신이 듣고 있는 말씀으로 상상하라. "너는 두려워하지 말라. 내가 너를 구속하였고 내가 너를 지명하여 불렀나니 너는 내 것이라...네가 내 눈에 보배롭고 존귀하여 내가 너를 사랑하였은 즉....두려워하지 말라 내가 너와 함께하리라"

성경의 고대 말씀을 현재 상황에 옮겨놓는 치환은 신약 시대로 돌아가는 훈련이다. 예수 자신은 히브리 예언자들이 한 예언의 말씀을 그분 자신의 시대 상황에 옮겨놓으셨다. 성경의 나레이터들인 성 바울과 여타 신약성경 기자들은 구약성경 말씀을 1세기 기독교 시대 상황에 적용하기 위해 치환을 사용했다. 동 서방 교부들도 말씀을 그들의 시대에 관련시키기 위해 성경을 업데이트하는 이 방법을 사용했다. 기독교 역사를 통하여 성인들, 신비가들, 영적 대가들, 설교가들, 그리고 평범한 사람들까지도 그들을 위해 하나님 말씀과 하나님의 뜻의 의미를 발견하기 위해 이 치환 방법을 사용했다.

모든 기질들은 어거스틴 기도가 의미 있고 유용함을 발견한다. 그러나 NF기질들은 통상 그 기도를 가장 잘 사용한다. NF는 최고도로 발달된 직관과 감정을 갖고 있는 바, 그것은 이 기도 유형에서 가장 잘 사용되는 심리 기능들이다. NF의 우월기능과 보조기능들은 직관과 감정인바, 그들은 대체적으로 어거스틴 기도를 사용하면서 가장 큰 기쁨과 유익을 발견한다.

❖ NF (어거스틴적) 기질의 특성들

NF는 대체적으로 창조적이고, 낙천적이며, 말 재주가 있고, 설득력 있는 말을 잘 하고, 쓰기와 말하기 둘 다 잘한다. 그들은 자기표현과 다른 사람들과 쉽게 커뮤니케이션 하고자 하는 큰 욕구를 갖고 있다. NF들은 훌륭한 청취자이며, 훌륭한 상담가이며, 갈등을 잘 해소하고 평화를 잘 만들어낸다. 그들은 얼굴과 얼굴을 맞대는 만남 갖는 것을 좋아한다. NF는 깊은 감정을 갖고 있고, 만일 비인격적으로 대우받으면 열 받는다. 그들은 부정적인 비평을 다루는데 어려움을 느끼며, 다른 사람들에게서 부정적인 태도를 보면 실망하지만, 긍정 아래서는 웃음이 만발한다. 그들은 자유롭게 주며,

만져주기를 필요로 하며, 그들의 열정을 다른 사람들에게 전달한다. 그들은 수용, 지지를 필요로 하며 경쟁보다는 협동을 선호한다.

NF는 다른 사람들을 돕는 데 고도로 헌신하며 통상 그들을 우호적으로 대하는 사람들과 관계를 잘 맺는다. 그들은 열정적이며, 통찰력이 있고, 동정심으로 가득하고, 이해하며, 긍휼히 여긴다. 그들은 다른 사람들 안에서 다른 기질이 발견하지 못하는 선(善)에 대한 가능성을 본다. 사람 지향적이기 때문에 그들은 우호심을 갖기 쉽지만, 사물보다는 사람이 항상 더 중요하다. 사고와 감각이 그들의 기능이기 때문에, NF는 사고에 있어서 논리적이며 정확하도록 특별한 노력이 필요하며 사소하고 일상적인 것들을 의식해야 한다.

NF는 항상 의미, 권위. 자기 정체성을 추구한다. 완전과 온전함에 대한 큰 충동을 지니며, 극히 이상적이다. 그들은 통합된 인격 integrity에 대한 목마름을 지니며, 그것을 얻기 위해 큰 희생을 치루고자 한다. 인격적인 성장과 발전은 그들과 그들이 책임감을 느끼는 사람들에게 필수적이다. 그들은 고통 속에 있는 자들의 구원자이며, 이는 다른 사람들의 문제에 너무 개입하는 위험으로 그들 자신을 이끈다. 영성 지도sprital direction를 주고받는 것이 그들에게는 최우선 순위이다.

NF는 전체 인구의 약 12%를 차지한다. 자기개선, 자기계발, 자기성취가 그들의 우선순위 항목의 최우선 자리를 차지한다. NF는 내면생활에 있어서 성장에 대한 엄청난 배고픔과 갈증을 갖는다. 하나님을 믿는 자들에게는 기도, 영적인 독서, 관상에 있어 만족한다. 그들 자신의 내면과 접촉하기 위해 일정 기간의 침묵시간을 갖는다. "어떻게 하면 내가 원하는 사람이 될까?" "어떻게 하면 진실로 참되고, 신빙성 있게 되며, 나 자신의 유일성에 대해 진실할 수 있을까?" 하는 것이 NF 속에 있는 궁극적인 질문들이다. 그들은 외면의 삶이 내면의 삶과 조화를 이룬다고 확신할 때에야 비로소 행복해하고 만족한다.

자신들과 타인들에 대해 종종 비판적인 SJ와는 대조적으로, NF는 낙관적이며 모든 사람에게서 선한 면을 볼 수 있다. 그들이 가진 낙천주의와 희망 때문에, 그들은 다른 이들의 성장을 위해 개인적으로 헌신할 수 있고, 삶에서 그들의 길을 발견할 수 있다. NT처럼 NF는 직관을 부르는 여섯 가지 감각을 갖고 있다. 이것은 SJ와 SP에게는 가리어진 눈에 보이는 가능성들과 잠재능력을 가능하게 할 수 있다. 간혹 이것은 정신적 능력psychic ablity과 특별한 감각적 지각(ESP: Extra Sensory Perception)처럼 표현될 수 있다.

많은 사람들이 "존재"의 이상에 도달하지 못하지만, NF는 일생에 걸친 되어감의 긴 과정life-long process of becoming 안으로 들어갈 수 있다. 직관적인 사람들로서, 그들은 결코 현재에 만족하지 못하고 항상 하나님께서 각 사람 안에 심어 놓으신 성장을 위한 무한정의 잠재력을 성취하기 위해 노력한다. 진리, 미, 정결, 완전, 온전에 대한 충동이 그들의 것이다.

NF는 미래 지향적이므로 대다수의 사람들이 80%(SJ나 SP)는 현재 지향적인 반면, 다른 기질들은 간혹 NF의 현재에 대한 불만족과 변화에 대한 끊임없는 욕구를 잘 이해하지 못한다.

❖ NF 기질의 영성

　NF는 매사에 의미를 찾으려 한다. NF는 사람들의 다른 점을 알기 원한다: 모든 개인은 독특한 공헌을 할 수 있다. 그/그녀는 중요하다. 우리는 비록 죄를 짓지만, 하나님은 우리 각자를 무조건적으로 사랑하신다. NF는 하나님과 더 깊고 친밀한 관계 속에서 성장하기 위해 매일같이 이 사실을 확인할 필요가 있다. 하나님과 인격적인 관계를 경험하는 것은 NF 영성의 본질 가운데 하나다. 그러므로 매일의 기도와 정온은 이 기질의 사람에게 "필수" 다.

　NF는 사물의 감추어진 의미를 끊임없이 추구함으로써 모든 사건과 관계로부터 의미에 대한 고양된 감각을 추구한다. 직관과 창조적인 상상을 통해 NF는 삶의 경험에 새로운 의미를 부여할 수 있고. 지금 여기서 발생하는 단순한 외면적 사건 너머에 있는 의미를 부여할 수 있다. 무엇이든 실제로 현존하는 것은 NF에게는 결코 만족을 줄 수 없다. 하나님과 기도에 대한 허기와 갈증이 대부분의 NF의 경험이다.

　SJ(이그나시우스적) 기질이 과거에 대해 깊은 관심을 갖는 것처럼, NF기질은 미래의 가능성에 대해 예민한 관심을 갖는다. NF는 세상의 비전가들이다. NF 기질의 사람은 인생의 목적과 하나님의 뜻이 그들과 세상을 인도할 새로운 방향을 기대한다. 대체적으로 이 기질로부터 시대의 표적을 읽는 예언자들이 나온다. NF는 성령의 은사에 개방적인 종말론적인 크리스챤이다. 기대Anticipation의 차원은 그들에게 호력을 갖는 예전(禮典)의 일부다.

NF는 항상 표현되지 않는, 영적인, 감추어진 의미를 붙잡으려고 행간 사이를 읽기 때문에, 이 기질은 기도와 예전에서 사용되는 상징을 가장 잘 이해한다. 칼 융은 "상징"을 표현할 수 없는 것을 표현하려는 시도로 정의했다. 상징은 하나님이 우리에게 말씀하시고 우리가 하나님께 말씀드리는 방법이다. 충분한 의미와 하나님 경험이 외부의 표징이나 말에 의해 제한받기 때문에, 상징은 이 실재들에 대한 더 큰 이해에 도달하기 위해 우리가 사용하는 시금석이다. 복음서에서 하나님과 하나님의 나라를 묘사하는 비유는 인간의 언어로는 문자적으로 표현될 수 없는 어떤 것을 조명하는 전형적인 NF의 상징이다. NF와 NT는 강하고 창조적인 직관으로 상징을 가장 잘 이해한다. 반면에 SJ와 SP는 항상 문자적이고 사실적이기를 바라기 때문에, 심지어 하나님에 대해서, 그리고 상징에 대해서는 어려움을 겪는다. 기도 기간에 등장하는 상징을 붙들고 묵상함으로써 NF에게는 하나님과 성령의 하시는 일들이 더욱 실제적이고 의미 있게 된다. 하나님의 본성과 하나님과 우리 개인의 관계에 대한 새로운 통찰이 얻어진다. NF의 신앙 헌신은 그로 인해 고양되고 강화된다. 오늘날 서점에서 발견되는 기도에 관한 많은 책들은 NF에 의해 쓰여진 것들이다. 그러므로 네 가지 모든 기질들 가운데 NF들이 통상 영성을 위해 돌봄을 받는다. 그러나 그들 또한 특별한 돌봄을 필요로 하는데, 그 까닭은 영적 성장과 발전이 없으면 그들은 물과 영양분을 공급받지 못하여 시들어버리는 식물처럼 시들고 말기 때문이다.

❖ 어거스틴(NF) 기도

　모든 기질 가운데 NF는 다른 이들보다 기도와 조용한 묵상을 하는 데 많은 시간을 필요로 한다. NF에게 있어서 개인적인 발전과 하나님과의 관계에 관한 한, 그런 시간은 사치가 아니라 꼭 필요한 시간이다.

　기도하는 데 NF는 감각, 직관, 사고, 그리고 감정기능 모두를 사용할 수 있다. 그러나 그들의 직관과 감정이 가장 많이 사용된다. 성경구절의 외적 의미와 다른 영적 독서들의 외적 의미에 만족할 수 없기 때문에, 그들은 끊임없이 더 충분하고 풍부한 의미를 찾는다. "성경 이 구절이 나의 현재 상황에 무슨 의미를 갖는가?" "주님은 이 고대의 성경 말씀에서 나에게 무슨 메시지를 전달하시고자 하는가?" 이러한 치환transposition에서 그들의 직관을 사용함으로써 NF는 성경을 오늘날의 개인과 공동체의 문제와 필요와 연결시킨다. 그래서 성령의 은혜에 의해 활성화된 감정기능은 기도하는 자의 삶에 병합되어 있는 새롭게 발견된 의미를 개인화하고 실증한다.

　어거스틴 기도라 부르는 **치환기도**Prayer of Transposition를 실재화하기 위해, NF는 개인의 창조적 상상력에 자신을 개방할 필요가 있다. 직관기능과 창조적 상상력은 외부적인 지혜(하나님의 지혜)를 우리 상황에 적용하는 방법을 찾는 데 사용된다. 하나님의 지혜는 영적이며 모든 시대 모든 상황에 적용될 수 있기 때문에, 현세대의 필요에 성경의 메시지를 치환하는 NF치환은 여러 시대를 걸쳐 기도 방식으로 사용되어 왔다. 성경에 대한 그와 같은 개방은 지속적인 분별에 복속되어야 할 모험과 실험을 내포한다. NF는 삶의 깊은 의미를 발견하고 새로운 영적 성장을 경험하기 위해 영적 일기를 사용한다. NF는 뉴먼 추기경Cardinal Newman의 말에 동의하는데, 그는 연필 꼭대기에서 기도를 가장 잘 했다고 말한 적이 있다.

충분한 효과를 거두기 위해, 어거스틴 기도는 하나님과 자신과의 대화로 구성되어야 한다. 이는 렉시오 디비나의 네 단계를 사용함으로써 가장 잘 성취될 수 있다. 먼저 우리는 성경에 내포된 더 깊은 의미를 분별하기 위해 행간 사이를 읽으려고 노력함으로써 성경 말씀에서 하나님이 우리에게 말씀하시는 것에 주의를 기울일 수 있다. 그런 다음, 우리는 기도하면서 그 의미를 숙고하며 이 외적 지혜를 오늘의 우리 상황에 적용한다. 그 다음 우리는 개인의 감정들과 대화를 이용함으로써 하나님의 말씀에 응답한다. 끝으로, 우리는 우리의 직관능력에 의해 어떤 새로운 통찰을 받아들이기 위해 마음을 열고 조용히 머문다. NF는 대부분의 시간을 기도의 둘째 부분에 소비하는데, 거기서부터 그들이 지닌 감정의 우월기능과 보조기능, 그리고 직관이 활성화 된다. NF 기질에게 이 기도 방식은 자연스럽고 극히 쉽다. 그러나 다른 기질들은 어거스틴 기도를 사용할 때 그들의 직관기능과 감정기능을 활성화하기 위해 더 많은 정신 에너지를 필요로 할 수 있다. 그러므로 그들이 충분한 휴식을 취하며 많은 시간을 이 기도 유형에 할애해야 한다고 우리는 제안한다.

NF의 삶이 인간관계를 선회하므로, 이 또한 NF의 기도생활에서 사실일 것이다. NF는 삼위일체의 개별적인 인격과 사랑의 관계를 창조하기 위해 노력해야 한다: 첫째 인격First Person과 갖는 부모 관계, 예수와 갖는 형제애적 우정 관계, 그리고 성령과 갖는 배우자 관계가 그것들이다. 성인들 또한 NF의 모델로 삼을 수 있고 하나님과 좋은 관계를 맺고 있는 거룩하고 성숙하며 자기훈련을 잘 이룬 사람들은 NF가 하나님과 맺는 사랑의 관계를 육성시키는 일을 도울 것이다. 하나님과 갖는 아름다운 관계를 표현하는 예술 작품들 또한 NF의 기도를 도울 것이다.

❖ 어거스틴 기도 제안

기도 제안 #1 이사야. 43:1-5를 읽도록 하라

"야곱", "이스라엘" 이라는 말을 우리 자신의 첫 이름으로 바꾸라. 주님께서 이 말씀들을 직접 당신에게 하신다고 상상하라. 그 말씀들이 당신의 현재 상황에 무슨 의미를 갖는가? 그분이 당신에게 "두려워 말라" 고 말씀하실 때 무엇에 대해 말씀하고 계시는가? 당신은 무슨 두려움을 갖고 있는가? 불과 물은 고대인에게 두려움을 조장한 두 가지 큰 위험이었다. 당신은 당신의 삶에서 어떤 큰 두려움을 직면하고 있는가? 위험의 시기에 주님은 당신에게 무엇을 하라고 말씀하시는가? 이제 주님께서 당신에게 이렇게 말씀하신다고 상상하라: "두려워 말라. 내가 너와 함께 하리라." 당신은 오늘의 당신과 삶의 상황에서 어떻게 이 말씀이 사실이 되게 하겠는가?

기도 제안 #2 호세아 2:16~22를 읽도록 하라

하나님 혹은 예수께서 이 말씀을 당신에게 하고 계신다고 상상하라. 그 말씀들에서 당신은 무슨 의미를 이끌어내는가? 말씀들, 명사

들, 이름들을 바꾸어서 그것들을 당신의 현재 상황에 적용하라. 그리고 종이 위에 그 구절을 기록하라. 우편함에 가서 이 말씀들을 담고 있는 오늘 당신에게 송달된 개인 편지를 수령하라.

기도 제안 #3 요한복음 17장을 읽도록 하라

당신의 삶의 바로 이 순간에 예수께서 당신을 위해 개인적으로 하시는 기도가 될 수 있도록 그것을 다시 기록하라. 당신에게 적용되지 않는 무슨 말씀이든지 바꾸거나 생략하라. 만일 테입 레코드가 있으면 새 기도를 그 속에 녹음하라. 그런 다음 그것을 들으라. 눈을 감고 예수께서 오늘 당신을 위해 기도하고 계신다고 상상하라. 혹은 단순하게 그것을 당신 자신에게 천천히 읽어줄 수 있다. 그리고 예수께서 기도하시거나 이 말씀들을 당신에게 하고 계신다고 상상하라.

기도 제안 #4

에베소서 3:14~21의 기도를 택하여 2인칭(당신) 명사를 1인칭(나) 명사로 바꾸라. 당신 자신을 위한 기도가 되도록 새 기도를 기록하라. 그것을 천천히 암송하라. 당신이 할 수 있는 한 많은 의미를 그 말씀들에 부여하라. 모든 말과 구절을 맛보기 위해 노력하라. 이 기도가 당신의 현재 태도들에서 일어나는 어떤 변화를 당신에게 제시하는가?

기도 제안 #5 (요한복음 14:1~6)

이 구절을 읽은 다음 눈을 감고 예수께서 당신에게 이 말씀들을 하고 계신다고 상상하라. 그 말씀들은 당신에게 무슨 뜻을 갖는가? 당신에게 특별한 의미를 갖는 예수께서 하신 말씀들을 반복하

라. 그 말씀들을 사랑스럽게, 기쁘게 맛보라. 그 말씀들이 당신의 정신과 기억에 깊이 영향을 주기 위해 그 말씀들을 영적 일기에 기록하라.

기도 제안 #6 (마태복음 5:38~48)

이 구절을 여러 번 반복해서 천천히 읽도록 하라. 바로 이 순간 예수께서 당신에게 이 말씀을 하신다면 무슨 의미인지를 분별하려고 하라. 당신은 누구를 용서해야 할 필요가 있는가? 어떻게 당신의 한쪽 뺨을 치는 자에게 다른 쪽을 돌려대며, 5리를 가자고 하는 자에게 10리를 가며, 겉옷을 달라는 자에게 속옷을 주겠는가? 물질적 소유를 떠나서 예수께서 당신에게 하신 이 말씀들을 어떻게 당신의 다른 삶의 영역에 적용할지 자유롭게 느끼라.

기도 제안 #7 (이사야 54:4~14)

몇 분간 이 구절을 천천히 읽도록 하라. 하나님 아버지께서 이 말씀을 당신에게 하고 계신다고 상상하라. 무슨 뜻을 지니는가?

기도 제안 #8 (빌립보서3:7~16)

당신 자신을 바울이 보낸 편지를 받은 빌립보에 있는 사람들의 자리에 두라. 바울은 당신을 염두에 두고 이 편지를 쓰고 있다. 그는 당신의 처한 상황을 잘 이해하고 있다. 이 말씀을 어떻게 당신에게 적용하겠는가?

기도 제안 #9 (이사야58: 2~14)

가난한 자들에게 베푸는 정의와 자비가 가장 신빙성 있는 금식이다. 이 하나님의 말씀을 어떤 범위로 당신의 삶에 적용할 수 있겠는가? 당신은 당신의 빵을 주린 자들, 압제당하는 자들, 집 없고 헐벗은 자들에게 얼마나 더 나눌 수 있겠는가? 하나님께서 오늘 당신에게 이 말씀을 하고 계신다고 상상하라. 당신의 삶의 이 순간에 하나님께서 당신에게 요구하시는 것이 무엇인가?

기도 제안#10 (미가6:8)

"사람아, 주께서 선한 것이 무엇임을 네게 보이셨나니 여호와께서 네게 구하시는 것은 오직 정의를 행하며 인자를 사랑하며 겸손하게 하나님과 함께 행하는 것이 아니냐?" 이 말씀이 어떻게 당신이 갖는 하나님과의 관계와 이웃과의 관계를 요약하고 있는지를 숙고하라. 당신의 눈을 감고 이 말씀을 천천히 반복하라. 이 말씀을 당신 자신의 삶의 상황에 적용하려고 하라. 하나님께서 당신에게 요구하시는 것은 무엇인가?

기도 제안#11 (마태복음7:1~5)

예수께서 이 말씀을 오늘 당신에게 하고 계신다고 상상하라. 당신은 이 말씀을 어느 범위까지 적용하겠는가? 당신에게 요구하는 것은 무엇인가? 주님께서 당신의 삶에서 원하시는 변화는 무엇인가?

기도 제안#12(마태복음 18:21~35)

"너희가 각각 마음으로부터 형제를 용서하지 아니하면 나의 하늘 아버지께서도 너희에게 이와 같이 하시리라." 그들이 한 말과 행동으로 당신에게 상처를 입한 사람들을 생각하라. 마음속에 한 사람 한 사람을 떠올리면서 그들을 용서하고 그들을 위해 기도하라. 과거에 그렇게 했을지라도 다시 한 번 이 일을 반복하라.

기도 제안#13 (요한복음8:1-11)

"아무도 너를 정죄하지 않느냐?" "주님, 아무도 없습니다." "나도 너를 정죄하지 아니하노니 가서 다시는 죄를 짓지 말라." 당신이 아직도 지니고 있는 결점들을 생각하며 그것들을 하나씩 생각하라. 다른 사람들이 비판하고 비난할 것들을 상상하라. 그 대신 예수는 당신에게 말씀 하신다: "나도 너를 정죄하지 아니하노니 가서 다시는 죄를 짓지 말라." 이 말씀에서 당신이 느끼는 바는 무엇인가?

기도 제안# 14(마태복음25:31~46)

"이 작은 소자에게 한 것이 곧 내게 한 것이니라." 당신의 삶에서 가장 작은 자는 누구인가? 당신 아래 있다고 생각하는 자들은 누구인가? 알콜 중독자들, 마약 오용자들. 테러리스트들, 공상주의자들???? 칼커타의 마더 테레사Mother Teresa of Calcutta는 "가난한 자들의 곤궁에 찬 현장"에 임재하시는 주님에 대해 말한다. 만일 그리스도가 그들 한 사람 한 사람 가운데 계시다면 당신은 그들에게 무엇을 해야 하고 무슨 말을 해야 하는가?

기도 제안#15 (고린도전서13:4~8)

"사랑은 무례히 행치 아니하고 자기 유익을 구하지 아니한다. 사랑은 참는데 끝이 없고 신뢰하는 데 한계가 없으며, 희망하고 참아낸다". 이는 우리가 끊임없이 추구해야 할 이상(理想)이다. 자비 베푸는 일에 실패한 것을 예수께 가지고 가서 그분이 당신에게서 원하시는 바에 대해 물으라. "사랑"과 "자비"라고 기록된 말씀이 있는 구절마다 당신의 이름을 기록하라. 그 말씀들이 당신과 어떤 진정한 관련을 맺는가? 당신의 행위가 진정성 있기 위해 무엇이 필요한가?

기도 제안 #16 (빌립보서4:4~13)

"주 안에서 항상 기뻐하라. 아무 것도 염려하지 말라" 이는 성취하기 어려운 이상이지만, 우리가 끊임없이 추구해야 하는 목표다. 당신이 이 목표에 어떻게 도달할지에 대해 주님과 대화를 나누어라.

기도 제안 # 17(골로새서3:12~17)

"무엇을 하든지 주 예수의 이름으로 하라." 여기에 제시된 미덕들 가운데 당신이 가장 성취할 수 있다고 느껴지는 하나를 선택하라. 그것을 성취하는 것을 주님께 말씀드리라.

기도 제안 #18 (히브리서13:1~21)

"너희 동료 그리스도인들을 사랑하라." 당신의 교구 공동체에 속한 자들에게 왜 특별한 사랑을 나타내야 하는가? 당신이 지금 하는 것보다 더 사랑할 자는 누구인가? 당신은 어떻게 당신의 태도를 바꿀 수 있는가?

기도 제안 #20 (요한일서 4:7~21)

"만일 누구든지 하나님을 사랑하노라 하면서 제 형제를 미워하면 그는 거짓말쟁이라." 예수와 성경말씀에 의하면, 자기 동료를 미워하면서 하나님을 사랑한다는 것은 모순이다. 그것을 당신의 실제 사랑과 어떻게 연관시킬지를 숙고하면서 이 구절을 여러 번 읽도록 하라.

◆제6장◆
프란시스 기도와 영성
-SP 기질-

　13세기에 아씨시의 성 프란시스St. Francis of Assisi는 SP기질의 사람들에게 이상적인 유형의 영성을 소개했다. 아마도 ESFP였던 성 프란시스는 SP 기질의 표지를 나열했는데, 그것은 영Spirit이 부르는 어떤 방향에서 가고자 하는 개방적이고 의지적 태도로 특징지어진다.
　우리는 SP의 전형적인 개인주의의 시대에 살고 있기 때문에, 1982년 동안 기도 프로젝트에 참여한 대다수의 사람들이 프란시스 기도를 그들의 좋아하는 기도방식으로 채택한 것은 그리 놀라운 일이 아니다. 이는 프로젝트에 참여한 사람들보다 사람들의 10% 미만이 SP 기질이 아니었다는 사실에도 불구하고였다. 데비드 키르시에 의하면, 우리 나라의 일반 국민 가운데 약 38%가 SP기질에 속한다. 그러므로 이 유형을 이해하고 프란시스 기도를 사용하고 이용하는 방식을 배우는 많은 사람들은 유익을 얻을 것이다.

❖ SP(프란시스칸) 기질의 특성들

SP는 자유로워야 하고, 속박 받지 않으며, 그들의 내면의 영이 시키는 것이면 무엇이라도 할 수 있다. 내면의 영이 성령이며 단순히 인간의 영이나 악령이 아니기 위해 하나님께 하는 SP의 헌신은 극히 중요하다. SP는 충동적이며 규율에 속박당하는 것을 싫어한다. 그들은 그들을 자극하는 그 어떤 충동도 따르기를 원한다. 그들이 하나님의 뜻을 행하는 것은 중대사다. 그렇지 않으면 그들의 자유로운 영은 방향을 잃을 수 있다.

SP는 행동을 좋아하고 현상에 쉽게 싫증을 낸다. 그들은 위기-지향적이며, 복잡한 것을 잘 풀며, 일들을 물 흐르듯 매끄럽게 진행되게 한다. 그들은 분쟁 해결사이며, 협상가이며, 외교관이다. 그들은 위기가 존재하는 한 무제한적 에너지를 가지며, 조속히 그리고 극적으로 응답해야 할 때 일을 효과적으로 잘 처리한다. 그들은 유연하며, 사람들을 잘 사귀며, 개방적이고, 수용적이며. 자신들의 입장을 기꺼이 바꾸고자 한다.

그들은 과거나 미래에 대한 관심 없이 현재에 산다. SP에게 언제나 내일은 존재하지 않는다. 그들은 늘 새로운 것을 찾으며, 갈 수 있는 새 장소와 할 수 있는 새로운 일을 찾는다. 그들은 훈련을 싫어하고 단순히 행동하기를 바란다. 그들은 흥분을 잘 하고, 모험적이며, 도전을 좋아한다. 그들은 활동과 즐거움에 굶주림을 갖고 있다. 낙천적이며, 명랑하고, 마음이 밝고, 위트가 있고, 매력적이며, 도전을 받아 흥분하면 좀처럼 누그러지지 않는 열정을 드러내며 활기찬 삶을 산다.

SP가 방안에 들어서면 이내 공기가 맑아진다. 그들은 흥분이 일어날 수 있는 감각을 제공한다. 그들은 좋은 엔터테이너이며, 이야기보따리로 파티 같은 삶을 만들어낸다. 삶을 포괄적으로 살며, 장애물 가운데서도 생존할 수 있고, 오로지 잠시 의기소침할 뿐이다. 소설에 나타난 SP의 실례는 영화 "바람과 함께 사라지다"의 레트 버틀러Rhet Buttler의 모습이다. 다른 현대적인 실례는 엘비스 프레슬리Elvis Presley, 죠 나멧Jeo Nameth이며, 결코 사라질 수 없는 몰리 브라운Molly Brown, 제니 처칠Jennie Churchill, 그리고 릴리 랑트리Lillie Langtry를 거명할 수 있다.

❖ 프란시스 영성

프란시스 영성은 보통 사람들 가운데 매우 인기가 있는데, 이들은 타인을 위해 일하기 원하고 일할 필요가 있는 남녀들이다. 사랑의 봉사행위는 가장 효과적인 기도형식일 수 있다. 그러나 우리는 너무나 종종 형제애를 나타내는 것을 기도로 생각하는 데 게으르다. 만일 SP가 그/그녀의 삶의 초점을 하나님께 맞추고 하나님의 뜻을 행하는 데 헌신한다면, 이 모든 행위 뒤에는 자발적이며 비형식적인 찬양과 하나님과 갖는 대화가 뒤따른다. 프란시스 영성은 매우 낙천적이며, 어디서나 미(美)와 선(善)과 하나님의 사랑을 본다.

프란시스 기질에게 하나님의 창조 전체는 성경이다. 하나님은 모든 감각적인 인상sense impression-보거나, 듣거나, 느끼거나, 냄새 맡거나, 맛보는 모든 것-을 통해 그들에게 말씀하신다. 그러나 성경, 특히 예수의 생애를 담은 복음서는 감각적 지각적 사람에게 특별한 호소력을 갖는다. 아씨시의 성 프란시스는 성육신과 예수의 가르침과 모범의 참된 의미를 그리스도를 따르던 그 어떤 추종자들보다 더 잘 이해했다. 성 프란시스 같은 감각적-지각적 사람이 근본적으로 그들의 감각적인 인상을 통해 하나님과 접촉한다고 생각할 때, 성육신이 이 땅 위에 펼쳐진 하나님의 가시적이며 청각적이며 구체적인 임재이기 때문에, SP는 비유를 통해 예수의 생애와 교훈과 관계를 잘 맺을 수 있다는 결론이 도출된다. 그러므로 예수의 생애에 나타난 하나님의 성육신은 프란시스의 삶과 영성을 통합하는 중심이다.

그들이 지닌 성급한 행동과 관대함 때문에 SP는 큰 몸동작(제스츄어)을 좋아하는데, 그로 말미암아 그들은 하나님에 대한 그들의 헌신을 극적으로 표현한다. 이에 대한 아름답고 조화로운 실례는 아씨시의 프란시스가 교황들 앞에서 옷을 벗어서 그것을 그의 아버지께 넘겨준 것이다. 성 프란시스와 SP기질의 사람들의 삶에서 이 같은 극적이며 충동적인 행위의 실례들은 무궁무진하다.

보편적으로 SP는 과거나 미래에 관심을 표명하지 않는다. 그들은 과거에 대해서는 지혜롭고 용서하며, 미래에 대해서는 낙천적이며 희망적이다. 그들의 모토는 "카르페 디엠" *Carpe diem*, "오늘을 붙잡아라" 이다. 그러나 만일 그들이 하나님께 집중한다면, 로

마의 쾌락주의의 방식이 아니라 예수의 방식을 따른다: "내일 일을 염려하지 말라. 한 날의 괴로움은 그날에 족하니라" (마 6:34). 너무나도 자주 어떤 영웅이나 여걸을 따르는 데 매혹되기 때문에, 그들은 예수 그리스도나 그분의 형제인 아씨시의 프란시스를 모델로 삼는다.

SP는 상징적인 것에 잘 반응하지 않지만, 근본적으로 실재와 문자적인 것에 관심을 갖는다. 그러나 그들은 가치 있는 명분을 위해서 영웅적인 희생을 할 수도 있다. 그러므로 그들의 관대함은 다른 기질의 사람들이 감내할 수 없는 막대한 희생을 낳을 수 있다. 일단 목표가 지닌 가치를 확신하면 그에 대한 추구가 시작된다. SP는 현재를 결박하는 모든 결박을 기꺼이 포기하려 하며, 멀리 떨어진 이상을 좇느라고 탈선한다. 사도 베드로와 성 마가를 포함한 일부 위대한 성현들과 선교사들은 그들이 하는 일과 행위에 있어서 이 기질의 특성들을 보여준다.

❖ 프란시스 기질(SP)의 기도생활

프란시스 기도는 다섯 가지 감각을 충분히 이용하며, 유연하고 자연스럽게 이루어진다. 그것은 소위 우리가 "영으로 충만한 기도" spirit-filled prayer라고 부르는 것인데, 성령의 임재와 음성에 전적으로 개방한다. SP는 모든 창조 가운데 하나님을 볼 수 있기 때문에 그들은 꽃, 목장, 호수, 폭포, 산, 대양, 혹은 일출(日出)과 일몰(日沒) 같은 자연의 어떤 사건, 계절들의 변화에 대해 결실을 맺는 묵상을 할 수 있다. 예수의 생애를 고려할 때, SP는 예수의 교훈보다 사건에 더 집중한다. 그분의 탄생, 그분의 감추어진 생애, 그분의 세례, 그분이 일으킨 사건들, 그분의 수난, 죽음, 그리고 부활을 둘러싼 사건들은 SP의 특별한 흥미를 끈다. 예수께서 사용하신 비유들은 SP에게 더 큰 호소력을 지닌다.

그들이 하는 많은 기도는 소위 덕의 기도virtual prayer 혹은 선한 일의 기도prayer of good works다. 모든 기질 가운데 그들은 형식을 갖춘 긴 기도 기간을 필요치 않는다. 다른 모든 기질들이 매일 한 시간 이상의 기도를 필요로 하는 반면, SP는 일상적인 업무를 보는 동안에 20 내지 30분 간 기도할 수 있다. 그럼에도 불구하고 그들은 매일 최소한의 기도 시간을 할애할 수 있어서 하나님의 임재 앞에 살며 온종일 하나님과 연합된 삶을 살 수 있다.

기도하는 SP는 하나님에 대한 생각이 깨어있는 모든 순간을 지배하는 사실을 발견한다. 유명한 예수기도, "주 예수여, 이 죄인을 불쌍히 여기소서"와 다른 발설기도ejaculatory prayer를 쉽게 사용하며 모든 것-자연에서, 신적 섭리의 사건에서, 다른 사람들과 자신들 안에서-에서 하나님의 손길을 보며 하나님의 임재 앞에서 삶을 살아갈 수 있다. 복음서와 더불어 시편은 SP가 좋아하는 책이다. 그러나 간혹 기쁨, 찬양, 평화와 사랑으로 가득 찬 그들의 열정적인 본성 때문에, SP는 형식과 전통에 한정되지 않은 새로운 기도형식과 방법을 도입함으로써 격려 받아야 한다.

즉흥적인 기도를 할 수 있는 능력이 있기 때문에 그들은 카리스마적인 기도 집단에 소속할 수 있다. 그러나 성령께서 그들을 움직이실 때, 기도 집단에 속한 이 회원은 다시금 잘 변할 수 있다. 찬양에 더하여 SP에게 설득력을 지닌 성례전은 **기념축제**Celebration 이다.

그들은 선, 위대함, 사랑, 그리고 하나님의 능력을 축하한다.

감각적 지각적인 사람Sensing-Perceiving Person은 형식을 갖춘 기도formal prayer를 싫어하고 하나님과 자연스럽게 흐르는 비형식적인 대화를 선호한다. SP가 퇴수회를 가질 때, 하루 동안 그들과 하나님 사이에서 발생하는 모든 것들을 지도자와 나누면서 무엇이든 그들에게 충동을 일으키는 것을 행할 수 있는 자유를 주어야 한다. 만일 이그나시우스의 「영적 훈련」 같은 판에 박힌 일상을 따르도록 강요당하면, SP는 숨이 막히기 쉽다. 사실, 일상적인 것은 그들을 화나게 할 수 있다. 그래서 그들은 퇴수회에서 떠나 집으로 되돌아갈 수 있고, 퇴수회에 참여한 것을 불행으로 여길 수 있다. SP 기질의 사람에게 엄격한 스케쥴과 판에 박힌 기도를 강요하는 것은 시간 낭비일 수 있고, 결코 영적 열매를 맺을 수 없다. 기도 시간에 자유를 주면 줄수록 더 많은 열매를 맺기 쉽다. SP가 일단 하나님께 헌신하기로 결정했다면, 더 이상 헌신할 제물이 없다. 그러나 그것은 SP기질에 부합된 것이지 SJ나 NT 혹은 NF의 기도와 삶의 방식에 부합된 것은 아니다. 이 사실을 알지 못하고 SP에게 다른 기질이 따를 수 있는 모델을 강요하는 영적 지도자나 퇴수회를 이끄는 인도자는 아무런 성취도 이루지 못하고 도리어 해만 끼칠 것이다. SP는 성결에 대한 추구를 포기하거나 인도자의 지도를 포기하고 말 것이다.

SP는 짧은 범위의 프로젝트에 능통하다. 그들은 신속하고 즉각적인 결과를 보기 원한다. 그러므로 짧은 기간에 어떤 가치 있는 열매를 보여줄 어떤 영적훈련이 그들에 의해by 그들을 위해for 선택되어져야 한다. 가시적이고 청각적이고 구체적인 것에서 열매를 맺기 때문에, 그들은 그들 손과 도구로 일하기를 좋아한다. 퇴수회 기간 동안에 그들은 그들 손으로 할 수 있는 어떤 것-진흙 빗기, 만다라Mandara를 그리는 일, 크로키crochet나 베너banners를 짜는 일, 스톨stall을 제작하는 일, 혹은 예술적인 어떤 작업들 -을 받을 수 있다. 퇴수회 기간 동안 긴장을 푸는 방식으로 SP는 정원을 손질 한다든지 다른 물리적인 활동으로 퇴수회장을 도울 수 있다.

SP는 선물 주고받는 것을 좋아하며 받는 자들에게서 기쁨과 놀람의 반응을 보기 원한다. 기도할 때 SP는 악기 사용과 어떤 운동movement, 행위, 그리고 감각들을 사용함으로써 하나님에 대한 사랑을 드러내고자 한다. SP는 미에 대한 강한 감각을 드러내며 스스로의 노력으로 미를 생산할 필요를 느낀다. 성 프란시스는 마굿간 구유의 아기 예수와 경배하는 목자들의 상(像)들인 크리스마스 크레이쉬Christmas creshe를 만듦으로써 이것을 표현했다. 종이와 연필 작업은 SP에게 치명적일 수 있고 비생산적인 것이어서, 이와 같은 영적 여정(旅程)은 추천할 수 없다. 긴장을 풀기위해 SP는 숲속을 걷는다거나 힘이 덜 드는 활동을 필요로 한다

SP는 긴 기간의 침묵을 감당하지 못하기 때문에 30일 간에 걸친 이그나시우스의 「영적 훈련」을 추천할 수 없다. 그들이 지닌 특별한 영적 필요를 고려하여, 그와 같은 퇴수회를 위한 규칙이 융통성을 발휘할 필요가 있다. 만일 한 사람 이상의 사람들이 퇴수회에 참여한다면 함께 대화를 나누는 기간이 허락되어야 하지만, 다른 참여자들과는 말아야 한다. 만일 그들이 퇴수회의 침묵을 따르면

몇 가지 도전을 주어야 한다. 짧은 기간에 맺을 수 있는 어려운 목표를 세워 가시적인 결실을 거두는 것이다. 만일 그것이 충분한 도전을 주는 것이라면, SP는 계속적인 인내의 시간을 보낼 것이다.

퇴수회 기간이나 영성 지도를 하는 동안 SP에게 제시된 목표는 발생하는 모든 것들 안에 역사하시는 하나님의 손길을 볼 수 있기 위해 하루의 깨어있는 순간마다 하나님의 생각과 뜻을 갖도록 고군분투하는 것이다. 일단 그와 같은 목표의 가치를 확신하게 되면, SP는 목표가 성취되기까지 휴식을 취하지 않을 것이다.

❖ 프란시스 기도 제안

SP는 렉시오 디비나의 네 단계를 따르는 것이 유용함을 발견할 수도 있고 그렇지 않을 수도 있다. 그러나 다른 기질들이 이 SP 기도 제안을 사용할 때, 렉시오 디비나의 네 단계를 사용하도록 권한다.

기도 제안 #1.
당신의 십자가를 지고, 그 십자가를 강렬하게 바라보고, 그것을 느끼고 그에 입맞추라. 당신의 상상 속에서 첫 성 금요일로 돌아가라. 당신 자신을 십자가에 못 박히는 예수의 위치에 두라. 이는 바로 성 프란시스가 그의 생애 말엽 알베르노Alberno 동굴에서 했던 바다. 결과 그는 예수의 실제적인 상처인 스티그마Stigma를 그의 손과 발에 경험했다. 당신의 손과 발에 못이 박히고 있다고 상상하라. 예수께서 느끼셨던 찌르는 고통과 같은 고통을 느끼기 위해 노력하라. 수난과 십자가 처형에서 당신 자신을 예수와 동일시하라.

세 시간 동안 십자가에 매달려 옷은 벗겨져 모독하고 비웃는 군중 앞에서 발가벗겨져 있고, 가시관을 쓴 채 온 몸을 불사르는 고통 속에 하늘과 땅 사이에 서 있는 당신 자신을 상상하라.

왜 이런 무서운 고통과 고뇌를 받아야 하는가? 왜 생명을 소비해야 하는가? 예수는 지금 세상을 위협하는 악의 세력에 스스로를 바쳐 자신을 사랑의 희생으로 제공하셨다. 땅의 표면을 가로질러 내리면서 모든 것들을 휩쓸어가며 파괴하는 큰 홍수 같은 악의 엄청난 세력을 상상하라. 예수는 자신의 연약한 육체를 이 엄청난 악의 세력에 내주었고, 그 악의 모든 힘이 자신의 육체 안으로 파고들도록 허용하셨다. 악을 선으로 바꾸면서 그분은 이 악의 권세가 주는 영향력 속으로 스며들어가셔서 이 세상에 주는 악의 세력을 무력하게 하셨다(고전.1:23~25. 갈.6:14. 빌.2:5-8. 사.52:~53:13을 읽으라).

오늘 악의 수문(水門)이 다시금 인간을 삼키려 위협하고 있다. 핵전쟁은 현 세대와 전 미래 세대를 휩쓸 수 있다. 하나님은 예수께서 하신 것과 같은 방식으로 이 악의 세력에 자신을 내어 줄 사랑의 희생제물을 찾고 계신다. 우리는 우리 형제들의 구원을 위해 하나님께 사랑과 희생의 헌신을 기꺼이 드릴 영혼을 필요로 한다(비교: 사.53장). 역사의 이 중요한 순간에 우리 모두는 SP의 용맹이 지닌 어떤 것을 필요로 한다. 만일 예수의 모범을 따르고 우리의 형제 성 프란시스를 따른다면, 우리는 궁극적으로 부활과 완전한 기쁨을 경험하리라는 희망을 가질 수 있다.

기도 제안 #2

숲속이나 들길을 걸으면서 하나님의 사랑, 미, 권능, 지혜, 선, 균형을 찾아보라. 모든 역사적 사건에 자신을 계시하심을 인하여 하나님을 찬양하고 감사하라. 우리가 설명할 수 없는 하나님의 창조에 드러난 신비들-예를 들어, 세상 안에 있는 죄와 악의 문제를 생각하라. 그분의 지혜와 권능과 사랑이 분명히 드러나지 않아 볼 수 없을 때조차도 하나님의 지혜와 권능과 사랑을 신뢰하라(읽을 책; 시편 8편).

기도 제안 #3

다니엘서 3:26~90을 읽도록 하라. 하나님의 창조에 나타난 모든 아름다움을 인하여 하나님에 대한 당신 자신의 찬송시를 지으면서 30분을 보내도록 하라. 물리적 세계뿐만 아니라 내면세계, 우리 자신의 본성, 친구들의 아름다움도 포함시키라.

기도 제안 #4

이 세상에서 당신이 가장 사랑하는 사람을 생각하라. 다음 질문을 가지고 당신 스스로에게 질문하라: 당신은 그 사람 안에서 어떻게 하나님의 임재를 볼 수 있는가? 그다지도 많은 선하심, 은혜 등을 주심으로 인하여 하나님을 찬양하고 감사하는 데 얼마간의 시간을 보내라. 하나님께서 사랑의 은사를 주심으로 당신이 그를 사랑하게 되고, 그 사람이 당신을 사랑하게 됨을 인하여 하나님께 감사를 드리는 데 얼마간의 시간을 보내라.

기도 제안 #5

당신에게 안면 있는 자들 가운데 당신이 가장 사랑하지 않는 자를 생각하라. 하나님의 선하심, 사랑, 생명, 진리, 그 사람 안에 있는 아름다움을 보도록 하라. 그 사람 안에서 하나님의 임재를 육성하고 증가시키기 위해 당신은 무엇을 할 수 있는가? 기도는 항상 남을 돕는 길이다.

기도 제안#6

당신이 아는 어떤 특별한 사람이나 사람들에게 주신 하나님의 은사들에 대해 감사하는 축제를 계획하라. 그건 당신 가족 구성원 가운데 한 사람을 위한 생일 파티일 수 있다. 그것은 매우 단순한 것일 수 있다-예를 들자면, 어떤 날 오후나 저녁에 아이스크림과 케익을 주문할 수 있다. 축제는 하나님의 축복과 선하심과 사랑을 찬양하고 감사하는 것이 중심이 되어야 함을 확실히 하라(이 축제를 계획하고 진행한 것은 행동으로 하는 전형적인 프란시스 기도이다).

기도 제안 #7

바깥으로 나가서 두 그루의 나무를 바라보라. 한 나무는 당신이 닮거나 당신의 인생의 목표 같은 사람이며, 다른 나무는 어떤 방식으로든 지금 현재 당신 자신과 같은 사람이다. 지금 당신이 서있는 길에서 당신이 원하는 길 혹은 하나님께서 원하시는 당신의 길로 길을 바꾸기 위해 필요한 것들을 결단하라.

기도 제안 #8

당신 자신 안에서 발견하는 선한 특질들로 인하여 하나님을 찬양하고 감사하라. 당신은 이 특질들을 어떻게 충분히 발전시키겠는가?

기도 제안 #9

아름다운 일출과 일몰을 바라보라. 넘실거리는 대양의 파도, 산, 호수, 폭포, 나무, 잎, 벌레, 동물들을 관상하라. 만일 당신이 망원경을 갖고 있다면, 유성들 가운데 하나, 특히 토성이나 목성을 바라보라. 만일 당신이 현미경을 갖고 있다면, 잎이나 어떤 종류의 수정(水晶)을 들여다보라. 하나님의 창조를 관상할 때, 하나님의 아름다우심, 권능, 선하심, 사랑, 지혜에 대해 더 깊은 깨달음에 도달하도록 노력하라.

기도 제안 #10

필요에 처한 사람들을 위해 자비의 행위를 계획하라. 그런 다음 그것을 실천하기 위해 혼자서든 다른 이의 도움을 받아서든 실천하기 위해 힘쓰라.

기도 제안 #11

요양원에 있는 병든 자나 늙은 분들을 방문하여 그/그녀에게 하나님에 대해서 이야기하라. 떠나기 전, 이 사람과 함께 기도하며 하나님께서 그/그녀를 축복하시고 도와주시기를 구하라. 근처에 사는 병든 자나 늙은이들을 모른다면, 단순히 알려지지 않은 요양소를 찾아가서 사람들이 잘 찾아오지 않는 환자를 방문할 허락을 얻도록 하라.

기도 제안 #12

사랑하는 친구를 죽음으로 잃은 자나 그/그녀의 삶에서 일어난 비극으로 고통하는 사람에게 위로와 조의를 표하는 편지를 쓰라. 편지 내용에는 하나님에 대해 꼭 말하고 에베소서 3:14~21같은 기도를 하면서 편지를 봉하라.

기도 제안 #13

만일 당신이 베토벤Beethoven의 제9 심포니Ninth Sympony 3악장Third Movement을 갖고 있다면, 3악장을 듣도록 하라. 당신의 마음을 고양시키는 영적인 다른 클래식이나 비음성(非音聲) 음악을 듣도록 하라. 다른 제안을 하자면, 베토벤의 제5 심포니 4악장이나, 베토벤의 제3 피아노 콘체르토Third Piano Concerto, 와그너Wagner의 트리스탄과 아이솔드의 사랑스런 죽음Love and Death of tristan and Isold을 듣도록 하라.

기도 제안 #14

각 절의 의미를 새기면서 뉴먼Newman의 시 "부드러운 빛으로 인도해 주오" Lead Kindly Light를 듣도록 하라.

기도 제안 #15

프란시스 톰슨Francis Thomson의 시 "하늘의 사냥개" Hound of Heaven를 읽거나 다른 사람이 큰 소리로 당신에게 읽어주도록 하라. 할 수 있는 한 시(詩)의 많은 부분과 당신을 동일시하도록 하라. 하나님께서는 먹이를 결코 포기하지 않고 추격하는 사냥개처럼 당신의 영혼을 어떻게 추격하셨는가? 어떻게 당신은 당신 자신을 완전히 포기하고 하나님의 손에 올려놓을까? 시의 스탄자stanzas(스탄자는 시의 운율 가운데 하나: 역주)를 다시 한 번 읽도록 하라.

제7장
토마스 기도와 영성
- NT 기질 -

　토마스 아퀴나스가 추천한 방식이기 때문이 아니라, 아퀴나스가 그의 추종자들에 의해 널리 사용된 스콜라 방식으로 알려진 삼단논법 사고방식을 사용하기 때문에 우리는 토마스 기도Thomistic Prayer에 NT 기도 유형이라는 명칭을 부여했다. 이 기도 유형과 영성에 있어서 주요 강조점은 원인에서부터 결과에 이르기까지 사고의 질서정연한 진행에 있다. 합당한 결론에 도달하기 위해 합리적 사고의 진행에 대한 면밀한 주의가 요구된다. 그러므로 논리적 사고 훈련을 받지 않은 자들은 이 기도 유형을 대체로 기도로 여기지 않는다. 그들은 토마스 기도를 실질적인 기도라기보다는 연구나 숙고로 여긴다. 그러나 우리가 제시한 바대로 이 기도의 전체 방식을 사용한다면, 그리고 렉시오 디비나의 네 단계 모두-Lectio, Meditatio, Oratio, Contemplatio를 활용한다면, 네 가지 모든 심리 기능들이 포함될 수 있을 것이다.

데카르트 이후 서구세계를 지배하던 철학은 합리주의였다. 지난 이 4세기는 NT기질을 지닌 고도로 지적이며, 상상적이며, 합리적인 사람들의 활동기였다. 본성적으로 이 기질을 지닌 사람들이 공동체 내에서 지도적인 역할을 하기 때문에, 교회사에 있어서 트렌트 공회 이후 이 기도유형이 모든 기도 유형들보다 더 추천된 것은 쉽게 수긍할 일이다. 심지어 대부분의 예수회 영성가들은 「영적 훈련」을 합리주의 시대에 적용했다. 이 기도와 영성의 유형은 17세기부터 12세기 중반에 이르기까지 대부분의 카톨릭 저작가들에 의해 심화되었다.

실로 NT 기질을 지닌 2%의 사람들을 위해서만 아니라 우리 모두를 위해서도 이 기도 방식을 위한 여지가 있다. 우리는 이 추론적이며 이성적인 기도유형에 어느 정도 마음을 개방할 필요가 있다. 미덕이나 결점을 숙고할 때, 그리고 미덕을 가장 잘 실천하고 결점을 극복하기 위해 노력할 때 이 기도를 사용할 것을 적극 권장한다. 특히 참회와 화해의 성례전을 준비하는 데 사용할 것을 권한다.

❖ NT(토마스적) 기질의 특성들

NT기질을 지닌 사람들은 원인에서 결과를, 결과에서 원인을 추론하거나 질서정연한 사고체계를 갖고 문제에 접근하는 매우 논리적인 정신을 갖고 있다. 그들은 복잡하고, 명확하고, 도전적인 것에 이끌린다. NT는 진리와 진리에 대한 지식에서 흘러나오는 자유에 대해 큰 갈증을 느낀다. 그들은 이해하고, 파악하고, 설명하고, 예고하려는 엄청난 욕구를 지니며, 그로 말미암아 그들이 살고 있는 실재들을 통제한다. NT는 그/그녀가 시도하는 무엇이든-그것이 신성한 의무이든, 사업이든, 교회행정이든 환경을 재 정돈하려는 충동을 지니며 어떤 직업을 선택하건 대체로 리더가 된다. NT는 완전주의자가 되려는 경향을 지니며 그/그녀 자신의 실수뿐만 아니라 다른 이의 약점을 간파한다. NT의 마음에 최악의 흠은 어리석음과 무능이다. NT는 실수를 반복하는 것을 혐오한다. 그들은 처음 실수를 인내하지 못한다. 만일 그 실수를 반복한다면 파문된다. 그들은 그들이 설정한 높은 표준에 따라 살지 못하는 자신들과 다른 이들을 비판한다. NT는 실수에 대한 큰 두려움에 따른 부적합성에 대한 감각을 시시로 갖기 때문에 종종 자기의심에 빠지고 자신들에게 과도한 것을 요구한다. NT는 일중독에 빠지는 경향이 있고, 일할 때에도 놀 스케쥴을 짠다. 그들은 게임에서도 남을 능가해야 한다. 그들은 경쟁적으로 실수를 피하고자 한다.

감정Feeling이 NT의 열등기능이기 때문에 이 기질은 다른 이들과 관계 맺을 때 비인격적인 경향을 갖는다. 다른 이들과의 의사소통은 냉정하고, 명확하고, 논리적이고, 모호한 것을 서술하는 것을 꺼려한다. 그러나 너무나도 직설적이어서 누구든지 그들과 함께한 자들은 자신들이 어디 있는가를 이내 파악하게 된다. 그들은 종종 다른 사람들의 정서적 반응에 대해 주의를 기울이지 않으며, 상호관계에 무감각하며, 자신들의 냉담함이 다른 이들에게 어떤 영향을 주며 상처를 주는지 깨닫지 못한다. 강한 NT 면전에서 다른 이들은 자신들의 가치를 못 느낄 수 있다. 그들의 열등기능인 감정을 계발하기 위해 큰 집단에 참여하고 있는 구성원은 그들 자신의 감정이나 정서를 표현함으로써 NT가 공동체의 정서적 차원을 경험할 수 있도록 도울 수 있다. 그러므로 NT에게 필요한 것은 훌륭한 예전 기념축제liturgical celebration다.

그들의 천진난만한 지성과 잘 계발된 직관능력 때문에, NT는 빈번히 리더쉽의 지위를 떠맡는다. 그러므로 공동체에 미치는 그들의 영향은 이 집단이 일반적인 인구의 오직 12%라는 사실에서 추론하는 것보다 더 막대하다. 수많은 법률가들, 건축가들, 기획가들, 일반적인 조언가들은 NT 기질의 사람들이다. NT는 그들의 삶에서뿐만 아니라 다른 이들의 삶을 기획하는 것을 즐거워한다. NT에게 가장 문제가 되는 것은 앞으로 어떻게 될까이기에 매우 미래 지향적이며 과거를 죽은 것이나 지나가버린 것으로 여긴다.

NT는 힘, 다른 사람을 지배하는 힘뿐 아니라 자연, 아이디어, 미래를 지배하는 힘에 매혹된다. 그들은 모든 실재를 이해하고, 예견하고, 설명하고 그리고 통제하고자 하는 불타는 욕망을 갖는다. 힘에 대한 이 욕구는 유능competency에 대한 강한 필요와 NT의 삶과 행위 배후에 있는 비밀스런 동기다.

유능에 대한 욕망은 NT에게 지금 현재의 그들보다 더 개선되고 더 나은 사람이 되고자 하는 충동을 부여한다. 데이비드 키르시는 말 한다: "NT는 저지런 실수들에 대해 스스로를 괴롭히며, 자신을 개선시키고자 하는 굳은 결심으로 스스로를 책망한다. 그는 끊임없이 가진 기술들을 점검하고 매 시간 그의 지각적인 기질을 점검한다. 그는 그것이 인간적인 것이든 인간적인 것을 벗어난 것이든, 물리적인 것이든 형이상학적인 것이든, 그가 지닌 능력의 범주에 든 것은 모든 사물들과 사건들을 완전히 이해해야 한다.(부디 나를 이해해 주세요, 49페이지). NT는 새로운 지식, 기술, 그리고 능력을 배우는 일에 매우 신중하기 때문에 그는 종종 노력의 분야에서 뛰어난 효능을 성취한다. 무엇을 시작하건 NT는 통상 모든 것을 잘 해낸다.

❖ 토마스(NT) 영성

영성에 대한 토마스적 접근은 현대 물리학자나 과학자가 과학적인 신비를 푸는 것과 흡사하다. 예를 들자면, NT는 자기 훈련의 부족 배후에 있는 원인을 조사하고 미덕을 성취하는 필요한 단계를 취하기 위해서는 시간과 노력이 필요하다는 것을 인식한다. 그러므로 NT는 그/그녀 자신을 위해 목표를 설정할 수 있고, 조직적으로 그 목표수행을 추진해 나갈 수 있다. 정신의 모든 섬유는 게으름, 교만, 그리고 자기중심성을 정복하기 위해서, 그리고 자신의 삶을 하나님을 사랑하고 다른 이들에게 헌신하는 데 중점을 두는 자기훈련을 성취하기 위해 도전받을 수 있다. 논리적이며 단계적인 접근은 자기의지를 정복하고 자신의 삶을 하나님의 뜻에 굴복하기 위해 NT가 가진 모든 영적 무기고 안에 든 도구가 될 것이다.

NT는 SP의 자유로운 영, 충동적인 태도와는 대조가 되는 단아하고 질서정연한 영적 삶의 형식을 선호한다. NT의 이 태도는 오늘날의 비관적인 사회에서 충분히 인정받지 못한다. 그러나 개인의 영적 성장은 두 가지 균형을 이루어야 한다: 왜냐하면 NT의 신중한 목적에 대한 필요와 SP의 특성인 정동(精動)emotion의 유출을 필요로 하기 때문이다.

NT기질의 영성은 모든 초월적 가치인 진리, 선, 미, 일치, 사랑, 생명에 집중한다. 완전에 대한 엄청난 허기를 느끼며 그들의 궁극적 목적이 되는 하나님과 성결을 선택함으로써 NT는 이 목표 달성을 위해 초인간적인 노력과 에너지를 기꺼이 사용한다. 탁월한 실례는 아빌라의 테레사인데, 그녀의 삶과 활동을 추론하면 그녀는 NT였던 것 같다. 일단 그녀가 신성한 것을 선택하면 아무 것도 그것을 추구하고자 하는 그녀를 멈출 수 없다.

유능에 대한 NT의 욕망과 일치하여 NT기질은 고상한 영성의 궁방mansion 혹은 차원에 대해 특별한 매력을 갖는 것 같다. 성 요한의 NT 복음은 신비가들과 관상가들에게 항상 매력적인 복음이 되어 왔다. NT는 관상을 하나님께로부터 온 은혜와 선물로 인식하지만, 그들에게 부여된 하나님의 은혜와 협동하여 관상한다는 것을 안다. 차선이 최선이라는 것을 경멸하기 때문에, 그들은 자신의 삶과 일에서 완전한 진리와 확실한 것을 추구하며 그들 자신, 하나님, 신성한 것에 대한 온전한 진리에 도달하기 위해 열심히 일한다. 진리에 대한 이 강렬한 탐구와 추구는 그들의 전반적인 영적 생활의 색깔을 드러낸다.

❖ 토마스(NT) 기도

이 기질에 가장 잘 어울리는 기도 형식은 논리적, 합리적, 추론적인 묵상인데, 그에 의해 지성intellct은 어떤 결단이나 윤리적 요구의 형식으로 논리적인 결론이 도출될 때까지 한 개인을 하나의 전제proposition에서 다른 전제로 이끈다. 렉시오 디비나의 네 단계가 토마스 기도에 활용되어야 한다. 그러나 주요 강조점은, 한 개인이 메디타시오에 머물고 있는 동안 원인에서 결과에 이르는 질서정연한 사고의 진행이 될 것이다. 렉시오 부분은 직접 성경 읽기를 포함하거나 그렇지 않을 수도 있지만, 단순히 신학적인 숙고에 의해 더 발전된 성경의 계시된 가르침의 일부분으로 시작할 수도 있다. 그러므로 토마스 기도를 위한 주제는 권장된 어떤 미덕일 수도 있고, 계시에 의해 저주받은 어떤 결점일 수도 있다. 그러나 토마스 기도는 오로지 미덕에 대한 합리적인 숙고에 한정될 때 불완전하다. 한 개인은 지적인 숙고에 감정과 인격적인 관련을 갖고서 응답할 필요가 있어서 머리뿐만 아니라 마음도 포함한다. 또한 한 개인은 그의 직관기능이 새로운 통찰이나 영감에 기여하도록 하기 위해 정신적으로 조용히 머물러 있어야 한다. 그러므로 감각, 사고, 감정, 그리고 직관의 네 기능들은 토마스 기도를 할 동안 활성화 될 것이다. 그러나 항상 주요 흐름은 사고와 직관의 역할에 있을 것인데, 왜냐하면 이 기능들은 NT의 우월기능과 보조기능들이기 때문이다.

진리에 대한 NT의 추구와 일치하여, 토마스 기도 방법은 숙고를 위해 선택한 주제에 관한 전반적인 진리 획득을 추구한다. 개인은 실천될 미덕, 극복해야 할 결점, 완전해야 할 종교적 행위에 관하여 하나님께로부터 온 새로운 통찰들을 찾는다. 기도에 관한 책에서 토마스 기도방식은 자주 "추론적인 묵상" discursive meditation으로 명명된다. 정신, 의지 그리고 직관을 강조하고 활용하며, 이차적으로 감정과 감각을 사용한다. 감각은 한 개인이 묵상할 필요한 정보(데이타)를 수집하기 위해 사용되어야 한다. 반면 감정기능은 선택된 주제를 숙고함으로써 이루어지는 결단을 인격화하고 강화하기 위해 사용된다. 신성한 것은 단순히 진리를 파악하고 그것을 따르려는 의지로 말미암아 획득할 수 있다고 상상하는 펠라기우스적인 태도를 피하는 데 감정 또한 필요하다.

이 기도 유형에서 개인은 미덕이나 결점이나 신학적인 지식을 얻으며, 모든 가능한 면을 연구하며 "그 주위를 배회한다". 토마스 기도를 위해 선택한 주제를 충분히 파악하기 위해, 개인은 일곱 가지 보조적인 질문들 -무엇을, 왜, 어떻게, 누가, 어디서, 언제, 무엇의 도움을 받아-을 활용하도록 권장 받는다. 이 질문들 하나하나를 선택한 주제에 적용한다. 예를 들어, 한 개인은 그의 묵상을 위한 주제로 신앙의 미덕을 택할 수 있다. 그 후에 다음과 같은 질문을 던진다: 신앙은 무슨 의미를 갖는가? 신앙의 실천에는 무엇이 포함되는가? 신앙 추구를 정당화하는 이유는 무엇인가? 나는 왜 신앙을 가져야 하는가? 신앙의 가치는 무엇인가? 나는 신앙을 어떻게 실천해야 하는가? 신앙은 언제 어디서 실천되어야 하는가? 성경과 역사에서 신앙 실천의 실례가 되는 사람은 누구인가? 마지막으로, 나의 신앙 실천을 도와주는 도움은 무엇인가? 전반적인 실천은 한 개인이 어떻게 신앙의 미덕을 실천할지 합당한 결론을 내리는 것이다. 전통적으로 이 기도 유형의 요소들은 어떤 성경 구절 혹은 "영적 꽃다발" spiritual bouquet로 일컬어지는 것을 권장하는 것인데, 이는 센터링 기도Centering Prayer 혹은 발설기도ejaculatory prayer로 매일 반복된다. 이 "영적 꽃다발"은, 간혹 그렇게 명명되지만, 이른 아침 묵상하는 동안에 시작된 기도적인 숙고prayerful reflection를 하루 종일 지속하는 것이다. 기도 기간 중에 이루어지는 추론적인 숙고discursive reflection가 행동의 변화를 낳지 못하면 그것들은 토마스 기도로 간주될 수 없다. "회개" Metanoia나 회심conversion은 토마스 기도의 본질적 요소다. 새로운 통찰들에서 온 논리적 발걸음이 묵상하는 동안 받은 진리 안으로 들어가는 것은 개인의 삶에 필요한 변화를 만들어낸다. 이는 토마스 기도의 각 훈련에서 기대되는 실제적인 열매일 수 있고, 추론적인 묵상의 결과에서 채택된 하나 혹은 그 이상의 결단을 통해 표현된다.

❖ 오늘날의 세계에서 토마스 기도의 위치

토마스 기도와 추론적인 묵상은 제2차 바티칸 공회에서 힘든 시기를 맞았다. 그 가운데 하나는 트렌트 공회 이후와 합리주의 기간 동안 토마스 기도의 강조에 대해 발생한 정상적인 반작용이다. 우리가 진리의 한 면을 지나치게 강조할 때, 추(錘)는 자연히 과장된 진리를 거부하는 반대쪽으로 기울기 마련이다. 그러나 우리는 우리가 받은 유산의 중요한 부분을 잃지 않도록 매우 신중해야 한다. 이는 실로 NT기질을 지닌 12%를 위해서 뿐 아니라 우리 모두를 위한 기도 유형과 영성을 위한 자리이다. 우리 모두는 이 추론적인 기도 유형discursive form of prayer에 어느 정도 마음 문을 열어야 할 필요가 있다. 만일 우리가 렉시오 디비나의 네 단계를 사용한다면 올바른 균형이 이루어질 수 있다. 이런 방식으로 네 가지 기능들인 감각기능, 사고기능, 감정기능, 그리고 직관기능을 사용할 수 있다. 그리고 모든 기질들은 그 가운데서 몇 가지 가치를 발견할 수 있다.

토마스 기도에 반대하는 작금의 편견의 주요한 이유들 가운데 하나는, 특히 구세대 사제들이나 수녀들 편에서 이루어지지만, 이전에 신학도들과 수녀들이 사용하도록 권장하고 가르친 유일한 기도였다는 것이다.

NT기질에 속한 신학도나 신참자 가운데 오로지 소수를 제외한 대다수의 젊은이들은 이 기도 유형에 따른 꾸준한 다이어트를 감당할 수 없었다. 그들 가운데 대다수는 토마스 기도를 통해 열매를 맺을 수 없기 때문에 신성이나 고차원의 기도와 영성의 궁방으로 부름 받을 수 없었다. 이는 실로 불행한 일이었다. 이 기도유형을 따르는 동안 발생한 여러 가지 혼란과 공허감으로 인하여 생긴 죄책감은 이 그릇된 기도와 영성을 강요받은 것에 대해 나타내는 타당성 있는 내면의 거부로 여겨졌다. 이 실수는 모든 초보자들을 이렇게 구조화된 NT 기도 형식 안에 두려고 한 것이었다. 한 개인이 모든 기능들을 의식화하여 균형 있게 사용하면, 사고기능은 이 기도 유형을 파악하고 이용할 것이다. 기도 프로젝트에 참여하여 응답한 성직자, 수녀, 혹은 사람들 가운데 대부분의 사람들은 맨 처음 이 기도 양식에 거부감을 느꼈다고 피력했다. 그러나 일단 그 기도 속에 들어가면, 그들은 그로부터 얻은 열매로 인하여 즐거운 경이(驚異)를 경험했다.

이 기도 방식이 항상 비인격적인 객관적인 탐구가 되거나 혹은 연구 프로젝트가 될 수 있는 위험이 상존한다. 비록 분명한 사고가 이용되고 정동emotion과 감정feeling이 소홀히 취급되더라도, NT

와 우리 모두는 지적인 확신에 더하여 우리가 지닌 예민한 욕구들이 하나님의 사랑에 의해 동기부여 받아야 함을 생각할 필요가 있다. 만일 우리가 하나님과 하나님의 뜻에 대한 우리의 사랑 때문에 교훈에 이끌리지 않는다면, 우리는 결코 그 교훈을 실천적인 행동으로 옮길 동기부여를 받지 못할 것이다. 우리 각자는 우리의 결단을 수행할 필요한 은혜와 사랑을 얻기 위해 하나님과 갖는 기도 안에서 하는 인격적인 대화prayerful personal dialogue 속으로 들어갈 필요가 있다. 그러므로 토마스 기도에서 오라시오와 감정기능을 사용할 필요가 있다.

1982년에 시행된 기도 프로젝트 기간 동안 이루어진 설문에 대한 응답에서, 평신도나 성직자의 응답자 가운데 큰 무리가 토마스 기도에 반하는 명백한 편견을 드러냈다. 이는 참여자의 8%가 NT기질이었다는 관점에서 볼 때 어느 정도 납득할만하다.

그들 가운데 대부분의 사람들을 위해 토마스 기도는 진실로 그들이 지닌 기능들 가운데 별로 사용되지 않는 기능을 활성화하기 위해 여분의 정신적 에너지를 요구했다. 그러므로 우리는 토마스 기도를 매일같이 사용할 것이 아니라 이 기도에 투자할 충분한 에너지를 갖기 위해 휴식하며 준비해야 한다는 제안을 한다. 그러므로 개인의 영적 성장에 근본적인 공헌을 할 가장 보상 있는 기도 유형이 될 것이다.

❖ 토마스 기도 제안들

토마스 기도는 배타적으로 지적인 훈련인 "머리 여행" head

trip을 의미하지 않는다. 기독교의 가르침이 무엇인가를 정확히 분별하기 위해 우리의 지성과 일반상식(실제적인 판단)을 사용하는 것 외에 우리의 감정과 정동과 접촉하기 위해 우리는 또한 마음도 사용해야 한다. 성경의 가르침에 이끌리지 않으면, 우리는 그것을 실천에 옮기는 동기부여를 받지 못할 것이다. 지적 확신은, 우리의 삶의 방향이 신자다워야 함을 지적한다. 그러나 두 가지 다른 요소들-하나님의 은혜와 우리의 사랑과 욕구-이 그것을 추구하는 데 필수적이다. 하나님의 은혜를 얻기 위해 하나님 아버지 혹은 예수 혹은 성령과 나누는 기도 안에서 하는 대화prayerful dialogue가 모든 토마스 기도의 일부분이 되어야 한다. 그런 다음 우리는 우리가 내린 결단을 수행할 필요한 정신 에너지를 발휘하기 위해 우리의 사랑과 욕망의 감정을 일깨워야 한다. 토마스 기도가 주는 각 제안에서 부수적인 말들을 적용하라: 무엇을, 왜, 어떻게, 언제, 어디서, 무슨 도움으로.

기도 제안 #1 (누가복음.1:26-38)

믿음으로 인하여 위대한 성인으로 추앙받는 마리아의 믿음을 묵상하라. 믿음은 전적인 헌신과 우리의 삶을 하나님의 손 안에 놓는 것을 의미한다. 우리는 다른 이의 생애에서 믿음의 모범을 바라봄으로써 믿음의 의미를 이해할 수 있다. 수태 예고에서 모범이 된 마리아의 믿음의 특질들을 기록해 두라. 당신의 믿음을 마리아의 믿음과 일치시키려면 당신의 삶에 어떤 변화가 필요한가?

기도 제안 #2 (누가복음10:39~46)

그녀의 사촌 엘리사벳을 향한 마리아의 사역을 생각하라. 자신에 대한 어떤 생각도 없이, 마리아는 비이기적으로 첫 아이를 밴 늙은 여인에게 도움을 주기 위해 급히 달려가서 요한이 출생하기까지 거기 머물렀다. 마리아는 예수의 몸과 피를 엘리사벳과 스가랴의 집으로 가져간 첫 "성찬 사역"Eucharist Ministry을 한 것으로 볼 수 있다. 다른 사람들의 필요를 보다 더 잘 섬기기 위해 우리는 무엇을 할 수 있을까?

기도 제안 #3 (마가복음9:33~37)
영적 아동기: 단순성의 미덕들, 신뢰, 자비, 순수한 의도. 만일 우리가 천국에 들어가기를 원한다면 어린아이처럼 되어야 한다고 예수께서 하신 말씀의 의미는 무엇일까? 우리와 하나님과 갖는 관계에서 특히 필요한 작은 아이의 특질들은 무엇인가? 이 특질들 가운데 어떤 것이 당신의 현재 삶에서 강화되고 발전될 필요가 있는가? 만일 가능하다면 *The Autobiography of St. teresa, The Little Flower*의 "영적 아동기" 장을 읽도록 하라.

기도 제안 #4 (마가복음8:34~38)
십자가의 교리. 그분의 제자가 되려면 우리의 십자가를 지고 자기를 따르라고 주장하실 때, 예수는 무엇을 뜻하셨을까? 당신의 현재 삶에서 십자가들은 무엇인가? 당신은 그 십자가들을 예수께서 그분의 십자가를 지고 갈보리로 가신 것과 같은 방법으로 지고가고 있는가? 당신의 십자가들을 향한 당신의 현재 태도를 바꾸기 위해 필요한 것은 무엇인가?

기도 제안 #5 (마태복음10:39)
"자기 목숨을 얻는 자는 잃을 것이요, 나를 위하여 목숨을 잃는 자는 얻으리라."고 하신 말씀은 무엇을 뜻하는 것일까? 당신 자신 앞서 예수에 대한 관심을 두기 위해 당신의 삶에서 필요한 것은 무엇인가? 어떻게 자기훈련은 우리로 하여금 "진실로 우리가 누구인가?"를 발견하게 하고, "누가 진실로 우리인가?" 를 발견하게 하는가? 땅 위에서 우리의 궁극적인 목적은 무엇인가? 우리 자신을 만족시키기 위함인가, 아니면 하나님께서 주신 목적을 성취하는 것일까? 하나님께서 당신에게 요구하시는 사역은 무엇인가?

기도 제안 #6 (마태복음5:20~26과 요한복음2:13~17)

예수의 분노와 마태복음의 이 구절에서 예수께서 저주하시는 분노 간의 차이는 무엇인가? 왜 분노는 그렇게도 그릇되어 예수는 죽이라는 명령과 동등하게 취급하셨는가? 성 토마스는 분노를 우리가 가치 있다고 여기는 어떤 것에 대적하여 위협적인 태도를 취하는 어떤 이를 폭력적으로 공격하기 위한 욕구로 정의한다. 우리나라, 우리 가족, 우리 자신을 위한 방어를 정당화하기 위한 범위는 어디까지일까? 당신이 간혹 느끼는 분노는 예수의 분노처럼 정당화할 수 있는 분노인가, 아니면 산상수훈에서 저주하신 종류의 분노인가? 자신의 분노에 대해 우리는 무엇을 하고 있는가?

기도 제안 #7 (마태복음6:26~34)

하나님의 섭리에 대해 예수께서 가르치신 각 구절을 조심스럽게 연구하라. 그 가운데 어떤 것에 당신은 동의 하는가? 당신의 현재 삶의 방식에 적용될 수 없다고 생각하는 것은 무엇인가? 문자적으로 받아들이지 않으려고 하는 태도를 정당화할 수 있는 길은 무엇인가? 여기 그리스도의 가르침을 따르기 위해 당신의 삶에 필요한 것은 어떤 변화인가?

기도 제안 #8 (마태복음6:19~25)

예수께서 가르치신 이 교훈을 받아들이는 현실과 오늘의 세계가 가르치는 교훈과 어떻게 다른가? 참된 부(富)에 관한 그분의 가르침을 우리는 어디까지 뒤따라야 하는가? 어떤 방식으로 당신은 두 주인을 섬기려고 애쓰고 있는가? 당신의 삶에서 당신이 행하는 것, 그리고 당신이 어떻게 행하는지 그 방식을 결정하는 다른 주인들은 누구인가? 어디서 당신은 당신의 돈, 시간, 에너지를 소비하는가? 예수의 가르침과 더욱 일치하기 위해 당신의 현재 삶에 필요한 실제적인 변화는 무엇인가?

기도 제안 #9 (마태복음5:23~24)

"예물을 제단에 드리려다가 거기서 네 형제에게 원망들을 만한 일이 있는 것이 생각나거든 예물을 제단 앞에 두고 먼저 가서 형제와 화목하고 그 후에 와서 예물을 드리라." 당신은 예수께서 하신 이 명령을 기꺼이 문자적으로 받아들이려 하는가? 주일예배를 드리러 가기 전에 당신의 형제자매와 화해하지 못한 누구가 있는가? 당신은 그/그녀와 화해하려고 노력했는가? 당신은 해야 할 만큼 노력했는가? 하나님께서 원하시는 만큼 했는가? 당신과 화해하지 못한 사람을 진실로 사랑하는가? 당신과 불편한 관계에 있는 사람과 화해하기 위해 무엇을 더 할 수 있는가? '당신을 거스르는 일'이 사실이 아닐지라도(즉, 상상) 두 사람 사이에 이루어질 이해를 유발하기 위해 당신이 해야 할 일은 어떤 것인가?

기도 제안 #10 (마태복음13:44~46)

"천국은 마치 밭에 감추인 보화와 같으니 사람이 이를 발견한 후 숨겨두고 기뻐하며 돌아가서 자기의 소유를 다 팔아 그 밭을 샀

느니라." 당신은 어디서 하나님 나라의 감추어진 보화를 찾았는가? 그것을 소유하기 위해 모든 것들을 기꺼이 팔아치우겠는가? 당신은 충분하리만큼 하나님 나라의 감추어진 보화를 인식하고 있는가? 이 감추어진 보화, 값비싼 진주를 인식하기 위해 당신에게 필요한 것은 무엇인가?

기도 제안 #11 (마가복음10:35~45)

성경 구절을 조심스럽게 읽도록 하라. 예수는 무조건 야망을 저주하시는 것이 아니라, 단순히 첫째가 되고자 하는 자는 다른 사람들을 겸손히 섬기는 영역에 있어야 함을 그의 제자들에게 가르치신다는 사실을 주목하라. "너희 중에 누구든지 첫째가 되고자 하는 자는 모든 사람의 필요를 섬겨야 한다". 당신은 이런 종류의 야망을 가졌는가? 다른 이들을 더 잘 섬기는 일을 하기 위해 당신의 현재 삶에서 바꿀 필요가 있는 것은 무엇인가? 예수처럼, 당신은 어떻게 당신의 목숨을 다른 이들을 위한 몸값으로 주겠는가?

기도 제안 #12 (마태복음12:39. 누가복음14:7-11. 고린도전서4:7)

겸손의 미덕을 택하라. 겸손을 숙고하라. 그것은 무엇을 뜻하는가? 겸손과 진정함authenticity 사이를 연결하는 것은 무엇인가? "나는 마음이 온유하고 겸손하니 나를 배우라"고 말씀하실 때 예수께서 뜻하신 바는 무엇인가? 만일 당신이 어떤 훌륭한 영서(靈書)를 갖고 있다면 겸손의 미덕에 관한 글을 읽을 것이다. 성경에 있는 겸손했던 자들의 실례를 생각하라(모세, 마리아, 요셉). 당신은 과거에 어디서 겸손했는가? 겸손 하는 데 실패한 사례들은 무엇인가? 좀 더 겸손해지기 위해 당신의 삶에서 필요한 변화는 무엇인가? 오늘 겸손을 실천하기 위해 무엇을 하겠는가?

기도 제안 #13 (마태복음15:10, 사도행전13:48)

시기(猜忌)의 결점을 생각하라. 시기의 의미를 숙고하라. 성 토마스는 시기를 라이벌이나 동료의 성공에 대해 우리가 느끼는 악한 슬픔으로 정의한다. 당신은 시기를 느낀 적이 있는가? 언제? 왜? 그에 관해 당신은 무엇을 했는가? 다른 사람이 당신에게 시기한 결과 고통 했던 적이 있는가? 시기가 어떻게 예수의 죽음의 원인이었던가? 왜 사람들은 시기를 경험하는가? 왜 시기하는 사람들은 자신들이 시기하고 있음을 깨닫지 못하는가? 당신이 다른 사람들을 향해 은밀한 시기를 품고 있는지를 어떻게 알겠는가? 다른 사람을 시기하는 일을 피하기 위해 무엇을 해야 하겠는가? 사랑은 어떻게 시기와 상극인가? 당신 내면에 숨겨진 은밀한 시기를 찾는 일과 그것을 극복하는 데 주실 도움을 위해 하나님께 간절히 기도하라.

기도 제안 #14 (빌립보서2:4~8)

"너희의 태도는 그리스도의 태도와 같아야 한다". 성 바울이 하는 말이 그리스도의 태도인가?(우리는 우리 자신을 비워야 한다). 내 안에서 비워져야 할 것은 무엇인가? 바울은 우리가 종이나 노예의 형태를 취해야 한다고 말한다. 나와 함께 살고, 나와 함께 일하고, 나와 교제하는 사람들을 향한 나의 태도에서 비움emptiness은 정확히 무엇을 일으키는가? 예수의 겸손과 일치하기 위해 나의 삶에 필요한 변화는 어떤 것인가? 나 자신, 다른 사람, 하나님을 향한 그리스도 같은 태도를 부양하기 위해 내게 필요한 단계들은 무엇인가? 이 빌립보서 본문을 숙고하면서 당신의 양심이 계시한 무슨 결정이든지 그것을 수행할 은혜를 위해 하나님께 간절히 기도하라.

기도 제안 #15 (야고보서2:14~26)

　자비의 미덕. 가난한 자들, 고통당하는 자들, 필요에 처한 자들을 섬기기 위해 나는 어떤 노력을 하고 있는가? 세계의 가난한 자들, 필요에 처해 있는 자들, 그리고 고통 하는 자들을 위해 나는 무엇을 하고 있는가? 그들이 나의 형제자매들임을 나는 진실로 믿는가? 그리스도께서 나를 사랑하셨듯이 다른 이들을 사랑하라는 그리스도의 명령을 나는 성취할 수 있을까? "행함이 없는 믿음은 호흡이 없는 몸처럼 죽은 믿음이다".

　우리가 제시한 기도 제안 #12와 #13에 제시된 모델을 따라서 어떤 미덕이나 결점을 택하여 그것을 숙고하고 그에 대해 기도하는 토마스 방법을 사용할 수 있다.

◆제8장◆
기도할 때 사용하는 우리의 그림자와 열등 기능

　수많은 창조의 경이(驚異) 가운데 하나는 인간 본성에 감각, 직관, 사고, 감정의 네 가지 심리 기능을 부여한 것인데, 하나님은 인간을 영혼의 빛나는 밝은 면 뿐 아니라 물리적 실재의 차원에서 인식하고 기능할 수 있는 방식으로 창조하셨다. 네 가지 기능들 가운데 개별적인 각 기능은 물리적 실재의 외면세계와 관계할 수 있도록, 그리고 영혼의 내면세계와 관계를 맺을 수 있도록 개폐(開閉)되는 문(門)과 같다. 그러나 네 기능들은 구체적인 물리적 세계와 관계할 때보다는 실재의 초자연적 차원과 관계를 맺을 때 다르게 기능한다. 사실, 그것들은 상반되는 방식으로 기능한다. 외부의 의식세계와 직면할 때 기능하는 우월기능은 내면적, 초월적인 세계를 다룰 때 열등기능이 될 것이다. 그리고 그 역(逆)도 마찬가지인데, 외부세계를 다룰 때 기능하는 열등기능은 영의 내면세계와 관계할 때 우월기능이 될 것이다.

　　MBTI(The Myers-Brigs Type Indicator)는 우리가 외부세계에 반응할 때 발생하는 외부세계와 우리의 관계와 행동을 측정한다. 그러므로 보완 법칙을 따라서 MBTI 득점표 반대 면은 그림자shadow라고 부르는 우리의 감추어진 내면의 기질을 제시한다. MBTI 득점표는 잘 정돈되어 있어서 오른편(내향성, 직관, 감정, 인식)의 네 편향들이 근본적으로 영의 내면세계를 취급하면서 부수적으로는 외부의 물리세계를 다루는 반면, 왼편(외향성, 감각, 사고, 판단)의 네 편향들은 외부의 물리세계를 다룬다. 이는 뇌의 좌반구와 우반구에 관한 최초의 발견과 일치될 것이다. 사실, 네 가지 모든 편향들은 두 세계를 다루지만, 그것은 일차적이고 이차적인 선택의 문제다. 각각의 실례에서 이차적인 선택들은 그것들을 활성화하기 위해서 어느 정도 더 많은 정신 에너지를 우리에게 요구할 것이다. 그 다음 그것들은 우리의 열등기능과 제3기능 혹은 태도가 될 수 있다. 또한 이 이차적인 선택들은 우리가 지닌 그림자의 일부가 되며, 간혹 우리 본성의 무의식의 절반이 사용하는 기능과 태도다.

　　위의 도표에 대한 이해는 왜 내향성의 사람들Introverts, 직관적인 사람들Intuitives, 감정적인 사람들Feelers, 인식적인 사람들Perceiving persons이 통상 외향성의 사람들Extroverts, 감각적인 사람들Sensers, 사고적인 사람들Thinkers, 그리고 판단적인 사람들Judging persons보다 기도를 더 쉽게 하는가를 시사한다. 기도는 하나님이 거주하시는 영의 내면세계와 우리가 접촉할 때이다. 그러나 우리는 우리의 무의식적 자기unconscious self, 우리의 그림자가 우리의 의식적 자기conscious self의 대극이라는 사실을 잊지 말아야 한다. 그러므로 만일 외향성의 사람인 감각적인 사람, 사고적인 사람, 판단적인 사람이 그들의 그림자와 열등기능을 활성화하고 계발하는 시간을 갖는다면, 그들은 하나님과 영의 내면세계에 대해 더 큰 경험들을 가질 터인데, 그 경험은 진리, 선, 미, 정의, 사랑, 생명, 자유, 일치, 정신 에너지와 같은 초월적 가치를 내포한다. 영의 내면세계는 내향적인 사람, 직관적인 사람, 감정적인 사람, 그리고 인식적인 사람에게 친밀할 수 있어서 때로 그들은 구체적인 것을 간과하거나 놓친다. 궁극적으로 어떤 한 기질이나 성격 유형은 기도 마켓prayer market이나 내면적인 영의 세계에서 한 모퉁이를 차지하지 못한다. 모든 기질과 유형에게 성공적인 기도생활과 하나님과 갖는 건강한 관계에 대한 비밀은, 네 가지 모든 기능들과 네 가지 태도를 획득하고 활용함에 있어서 균형을 유지하는 것이다. 이는 우리의 그림자와 함께 일하고 네 기능들, 특히 열등기능과 제3기능들을 활성화하여 그것들의 개별적인 초월적 차원을 활성화함으로써 성취될 수 있다.

대부분의 사람들은 자신들의 그림자를 생각할 때 그것을 기도의 밝은 데로 가져올 것보다는 회피하고 감추어야 할 부정적이고 악한 무엇으로 생각한다. "그림자"라는 용어를 처음 사용한 칼 융에 의하면, 그림자의 80%는 우리의 무의식 깊은 곳에서 발굴되기를 기다리거나 의식생활에서 실행되기를 기다리는 금광석이다. 그의 후기 저작에서 융은 그림자를 인간 본성의 무의식의 절반으로 규명했다. 인간 정신human psyche의 무의식적 측면은 개인이나 사회에서 최선의 자원(資源)이기도 하면서 최악이기도 한, 원시적이며 미계발된 열등한 특질과 선을 위한 무제한적이며 실현되지 못한 특질 모두를 내포한다. 그림자는 의식화되어 사용되기를 기다리는 우리 내면에 있는 정신 에너지다.

35세에서 30세에 이르는 인생을 사는 인생의 첫 기간 동안, 우리는 개인의 우월적이며 보조적인 기능들을 훈련하고 계발하는 데 집중해야 한다. 30년 이후, 우리는 우리의 열등기능과 제3기능들을 더욱 충분히 계발하기 시작해야 한다. 이는 우리의 그림자를 신중하게 다루기 시작할 때이다. 기도할 때 그림자를 사용하는 과정을 시작하는 좋은 길은 개인의 MBTI 득점표의 대극에 있는 기질과 유형의 인물을 읽는 것이다. 예를 들어, 만일 INFP의 사람이라면, 그 사람의 그림자는 키르시 베이트의 책 *Please Understand Me* 〈부디 나를 이해해 주세요〉와 마이어 브릭스가 쓴 *Introduction to Type* 〈유형 개론〉과 *Gift Differing* 〈다른 은사〉에 묘사된 것과 같은 ESTJ 사람과 유사할 것이다. 이 상반적(相反的)인 기질과 유형에 묘사된 것들은 어느 정도 미계발되어 무의식 안에 남은 개인의 긍정적인 그림자가 지닌 특질의 일부다.

성인기(成人期)에 우리는 그림자의 이 특질들을 활성화하여 그것들을 초기에 계발된 개인의 무의식적 삶의 특질들과 균형을 이루도록 시도해야 한다. 그림자는 억압되고 부인당할 때 부정적이며 악이 된다. 하나님은 의식화 되어 선을 위해 사용되기를 준비하고 있는 그림자를 조정할 수 있는 충분한 정신 에너지를 우리에게 부여하셨다. 매일의 기도와 묵상은 수확을 기다리는 무르익은 그림자의 그 부분과 접촉하는 완벽한 시간이다. 우리가 지닌 개별적인 네 가지 기능들의 초월적 차원을 활성화함으로써, 특히 우리의 열등기능과 제3기능들을 활성화함으로써 에너지를 조종할 수 있게 된다. 본서의 부록II에서 우리는 각 유형의 그림자와 기도할 때 그림자를 어떻게 활용할지에 대한 아이디어를 제시하고 있다(그림자에 대한 더 진전된 논의를 위해 "*Our Shadow Always Follows Us*"〈우리를 항시 따라다니는 그림자〉와 미가엘Michael과 모리세이Morrisay가 쓴 *A Christian Psychology of Love* 〈사랑의 기독교 심리학〉제11장을 읽으라.

❖ 열등 기능의 초월적 차원

그가 쓴 글에서 칼 융은 자주 인간 정신의 "초월적 기능" transcendent function에 대해 말한다. 그가 말하는 초월적 기능이란, 네 가지 심리 기능 전체가 의식적이 되고 무의식적이 되어 물리적 실재들을 내면적인 영적 실재들과 일체화시키려는 경향을 의미한다. 이 책에서 우리는 MBTI의 네 가지 기능들보다 "기능"이란 용어의 사용을 제한하는 것을 선호한다. 그 대신 우리는 개별적인 네 기능들이 지닌 **"초월적 차원"**transcendent dimension이라는 말을 선호한다. 이 말은 감각, 직관, 사고, 그리고 감정이 하나님, 영, 진리, 신비, 일치, 자유, 사랑 같은 형이상학적, 영적 차원과 접촉하며 상징과의 통합을 통해 이 모든 형이상학적인 것들을 조명(照明)하여 우리의 의식으로 통합시키는 능력을 의미한다. 기도하는 동안 이 네 개의 각 현관문에는 영의 내면세계로 이끄는 은혜와 무의식적 정신 에너지가 있기 때문에 우리는 개별적인 네 기능들의 초월적 차원을 활성화하려고 시도한다. 그러나 열등기능과 제3기능(우리가 가장 효율적으로 활용하지 못하는 기능)들의 초월적 차원을 활성화하는 데는 특별한 주의가 있어야 한다. 왜냐하면 융에 의하면 대부분의 미분화된 정신 에너지는 삶의 무의식적이고 영적인 영역에서 이 두 현관문 배후에 감추어져 있기 때문이다. 우리가 우리의 그림자를 발견하는 곳은 이 곳이다.

Jung's Typology 〈융의 유형론〉에서 마리 루이스 폰 프란츠 Marie Louise von Franz는 말 한다: "열등기능은 인간의 무의식적 전체에 이르는 비밀 열쇠를 갖고 있다." 그러므로 만일 온전함, 성숙, 신성을 획득하기를 원한다면, 우리는 우리의 열등기능과 제3기능들과 함께 일할 필요가 있다. 그것들은 그림자의 깊은 영역에 감추어져 있기 때문에, 우리는 빈번하게 그것들을 계발하는 일을 무시한다. 우리는 오로지 자아(Ego: 우리의 의식적 삶의 초점), 그림자(shadow:우리의 내면의 자기의 무의식적 깊이), 그리고 하나님 사이의 활발한 관계를 조성하는 데 필요한 노력과 훈련에 기꺼이 들어서려고 할 때 온전함에 도달한다. 이 세 가지 사이에 좋은 파트너쉽이 이루어질 때 비로소 우리는 우리가 창조된 목적에 도달할 수 있다. 매일의 기도와 묵상의 목적은 이 작업관계를 획득하는 것이다.

열등기능은 항상 그것의 무의식적 내용 때문에 신비적인 특질을 갖고 있다. 우리의 의식적인 삶의 장비(裝備) 가운데서 가장 약한 지점인 반면, 그럼에도 불구하고 열등기능은 무의식적 잠재력의 창고다. 그러나 이 잠재력이 의식 표면으로 이동할 때까지 그것은 미분화된 채 남는다. 즉, 선한 방향으로 진행하거나 악한 방향으로 진행할 수 있다. 열등기능이 부인당하고 거부당할 때, 우리는 별일 없이 지내다가 기대치 않은 그림자의 분화(噴火)에 압도당하고 만다. 그런데 열등기능은 소홀히 취급당할 때 부정적인 경향을 지닐 뿐만 아니라 그림자의 악한 요소와 결합하는 경향 때문에 우리는 고통당할 수 있다.

열등기능을 의식함으로써 우리는 그것의 변형transformation에 착수할 수 있고, 그것의 강박적인 분화(噴火)와 어색함을 감소할 수 있다. 삶의 후반기를 사는 동안 우월기능과 보조기능들의 사용에 어느 정도 숙달한 이후, 우리는 열등기능이 빈번히 그 모습을 드러내는 것을 기대할 수 있다. 만일 열등기능의 잠재력을 계발한다면, 우리는 우리 자신을 위해 가능성의 새로운 세계와 삶에 대한 새로운 조망(眺望)을 창조해 낼 수 있다. 열등기능이 우리의 의식적인 통제를 받지 않고 작용하도록 허용된다면, 그것은 판도라 상자를 여는 것과 같다. 무의식의 내용은 상황을 뒤집는다. 다른 한편, 만일 우리가 열등기능을 억압하거나 부인하면, 무의식 속에 감추어진 풍부한 자원에 이르는 문을 닫는 것이다. 우리의 열등 특질들을 인정함으로써 우리는 고통, 투쟁, 그리고 갈등에 우리 자신을 노출한다. 그러나 열등기능을 의식에 통합하면 성숙한 인격의 표지가 되는 온전함과 균형으로 인도될 것이다.

일반적으로 우리의 열등기능의 결핍이 드러날 때 우리는 매우 과민해지고 쉽게 상처를 받는다. 이 지점에서, 그것이 감각, 직관, 사고 혹은 감정이든 아니든, 우리는 우리 자신에 대해 확신하지 못한다. 우리가 보조기능들을 통제할 때 열등기능에 대한 의식적인 통제를 할 힘을 갖지 못하며, 열등기능은 종종 고도의 정서적, 불규칙적, 혹은 유치한 행동으로 그 자신을 드러낼 것이다. 그것은 제 마음대로 행동하며 무의식과 보조를 맞추지 않을 것이다. 그러나 사용될 때, 열등기능은 일반적으로 정신 에너지의 막대한 지출을 요구한다. 우리는 빈번히 열등기능과 우월기능 사이에 못 박힌 우리 자신을 발견하는데, 우월기능은 종종 우리의 자아 중심성 egocentricity에 자리하여 우리가 지닌 더 연약한 기능들을 방해한다. 열등기능은 우리가 지닌 가장 큰 문제이며 가장 큰 도전이다.

무의식에 있는 모든 것들은 의식화되기를 진지하게 원한다. 그러나 하나님의 계획상 무의식의 각 요소가 의식화되기 위한 올바른 질서와 시간이 있다. 만일 우리가 감각, 직관, 사고와 감정의 네 관문을 무의식에 개방한다면, 우리의 의식적인 생활은 이내 홍수가 범람하거나 그에 압도당할 것이다. 이 상황은 정신증psychosis으로 명명된다. 이 문들은 하나씩 점진적으로 열려야 한다. 기도와 묵상을 위해 구별된 시간은 삶의 내면적인, 영적인, 무의식적인 영역과 접촉하는 이상적인 시간이다. 그러므로 기도는 무의식의 그림자로부터 오는 정신 에너지와 우리의 일상생활과 활동으로 들어가도록 육성하는 의지가 지닌 의식적인 능력을 적극적으로 활용하는 것으로 일컬어진다. 이것을 전통적인 방법으로 표현한다면, 기도는 우리로 하여금 우리의 내면적인 존재 안에 거주하시는 하나님의 영과 접촉하도록 하는 훈련이 될 것이다.

관상기도의 높은 차원 혹은 궁방에 거주하는 사람들조차 성령과 접촉하기 위해 기도하는 동안에 그들의 의식적인 능력을 사용해야 한다. 하나님을 믿지 않는 불신앙인들은, 그들이 비록 그것을 묵상이나 다른 말로 일컫는다 해도, 그들 또한 내면의 정신과 접촉하기 위해 우리가 부르는 기도를 의지해야 한다. 네 기능들의 초월적 차원을 활성화하면 우리는 하나님과 영의 정신적 능력과 에너지와 접축하게 될 것이다. 우리가 기도와 묵상을 위해 구별한 시간 동안에 열등기능과 제3기능들을 사용하면 실천의 새로운 차원이 우리로 하여금 다른 방식으로 하나님과 내면적인 실재들을 볼 수 있도록 허용할 것이기 때문에, 그것은 우리에게 가치 있는 신앙경험을 제공해 줄 것이다. 열등기능에 대해 말해 온 정도로 제3기능에 대해 말할 수 있을 것이다.

네 기능들 가운데 어떤 것이 우리의 열등기능이며 어떤 것이 제3기능인지를 어떻게 분별할 수 있는가? 부록II에서 우리는 성격의 열다섯 가지 유형을 다루기 위해 우월한 다른 기능들을 제시함으로써 편의를 제공할 것이다. *Gift Differing* 〈다른 은사〉에서 이사벨 브릭스 마이어스는 당신의 MBTI 득점표로부터 이 다른 기능들을 분별하는 과정을 설명한다. 또한 한 개인의 열등기능을 결정하는 일을 돕기 위한 몇 가지 질문들이 있다. 광범위하게 사용될 때 어떤 기능들이 나를 가장 힘들게 하는가? 순조로운 기능을 위해 언제 나는 절대적인 평화와 안정을 얻는가? 언제 나는 쉽게 혼란에 빠지는가? 피곤할 때 사용하기에 어떤 것이 가장 어려운가? 언제 나는 가장 부정적이 되며 어디서 실수를 많이 범하는가? 어디서 나는 가장 확신을 갖지 못하는가? 부록I에 제시한 개별적인 기능들의 특질을 살펴보면 어떤 것이 나의 약점을 드러내는가? 위의 질문들에 응답할 때, 어느 편의 기능이 간혹 발생하는가는 아마도 당신의 열등기능을 시사하는 것일 것이다. 두 번째로 드러나는 빈번한 응답은 당신이 지닌 제3기능일 수 있다.

❖ 감각기능의 초월적 차원을 활성화하기

감각기능의 초월적 차원은 개인의 상상에 의해 활성화된다. 그리고 만일 올바르게 사용된다면, 프란시스 기도와 이그나시우스 기도방식은 활성화를 이루어 낼 것이다. 적극적인 상상active imagination을 사용함으로써 우리는 우리의 그림자에 문을 열며 몇 가지 화해 상징reconciling symbol의 출현을 허용한다. 한 순간 이 상징은 하나님에 대한 새로운 차원의 통찰을 계시할 수 있다. 감각적인 이미지들images, 비교들comparisions, 유비들analogies, 그리고 비유들parables을 통해 우리는 하나님의 신비에 대한 더 나은 이해로 나아간다.

예를 들어, 미와 자연의 힘에 대한 관상은 우리가 하나님의 신비를 이해하도록 도울 어떤 상징이나 통찰에 대해 문을 열게 할 것이다. 이에 대한 기억할만한 경험은 나이가라 폭포를 방문한 것일 수 있다. 폭포 아래서 힘 있게 쏟아지는 물결 가까이 이르면 하나님의 무한한 권능을 한층 깨닫게 된다. 이런 생각에 잠기게 된다: "내가 여기서 보고 듣는 이 전능한 모든 힘은 하나님의 권능에 비하면 망망한 대해의 물 한 방울에 불과하다". 폭포 아래 있는 시간은 그 이후에도 기억에 남는 믿음으로 충만한 아름답고 힘 있는 경외와 기도 경험이 된다. 우리가 일몰이나 일출을 바라볼 때 유사한 일이 발생한다. 일출은 매일의 출생 상징인 반면, 반복되는 일몰은 죽음의 상징이 될 수 있다. 만일 개인이 이 자연현상을 관조(觀照)하는 동안 하나님의 은혜에 마음을 조율한다면, 그는 삶과 죽음의 관계와 부활의 약속을 보다 더 잘 이해하게 된다. 놀라운 일은 우리가 수천

번의 일출과 일몰을 볼 수 있으며 매 시간 삶과 죽음의 상징이 더욱 생생하고 의미 있어진다는 것이다.

하나님과 초월적인 것에 대한 새로운 이해 또한 개인이 아름다운 한 편의 음악에 귀를 기울이거나 대양의 파도를 볼 때 바라볼 때, 혹은 눈으로 뒤덮인 산을 관조할 때 일어난다. 현대적인 영상물, 특히 천천히 돌아가는 영상물은 감각의 초월적 차원을 쉽게 활성화한다. 몇 가지 노력을 기울임으로써 우리는 보기, 듣기, 만지기, 맛보기, 냄새 맡기의 다섯 가지 감각의 초월적 차원을 활성화할 수 있다. 그러므로 감각기능은 관문이 되는데, 그 문을 통해 내면세계 안으로 들어 온 영적 통찰이 의식적으로 현존하게 된다.

흥미롭게도 제3기능 혹은 열등기능이 감각Sensing인 사람들은 초월적 차원을 활성화하는 쉬운 시간을 갖는다. 감각이 우월기능 혹은 보조기능일 때, 개인은 감각적인 사소한 것들의 강타로 방향을 잃는 경향이 있고, 그는 자신을 강타한 감동impression을 감지한다. 그에 반해 감각이 열등기능이거나 제3기능일 때 나타나는 경향은 밖에서 들어온 사소한 것들을 삭제하고 무시하고 실재의 중심부로 향한다. 너무나도 많은 사소한 것들에 의해 혼란을 느끼는 대신, 개인은 신속하게 그리고 간편하게 내면적인 미, 힘, 질서, 조화, 창조를 통하여 빛을 발하는 하나님의 온전하심을 바라본다. 물리적 우주의 천체든지 단 한 개의 세포가 지닌 대우주를 관상하든지 간에 이는 진실일 것이다. 그러나 몇 가지 특별한 노력으로, 그/그녀의 우월기능 혹은 보조기능이 감각인 사람들은 그것의 초월적 차원을 활성화하여 기도에 사용할 수 있다. 예를 들어, 기계적인 행동을 하는 감각적인 사람들, 장미꽃을 말하고 폭포에 귀를 기울이고, 켄

버스나 다른 물건 위에 그림을 그리는 감각적인 사람은, 지속적이며 리듬을 지닌 감각-과부하(過負荷)로 말미암아 종종 그의 적극적 상상을 하나님의 신비에 대한 관상이나 초월적 가치들 가운데 하나에 대한 관상으로 오인하는 것을 발견할 것이다.

❖ 직관기능의 초월적 기능을 활성화하기

네 기능들 가운데 직관의 초월적 기능은 아마도 내면세계와 하나님과 영의 초월적 실재와 접촉하기 위해 활성화하기가 가장 쉽다. 직관의 근본적인 목적은 무의식에서 발생하는 상징들을 포착하는 것이기 때문에, 기도하는 동안 직관을 사용하는 것은 비교적 쉬울 수 있다. 그러나 만일 직관이 우월기능이거나 보조기능이라면, 개인은 외부로부터 오는 수많은 상징들을 단절하고 실제로 중요한 상징들을 인식할 수 있는 능력을 계발해야 한다.

직관은 진리의 대극을 병합하는 이 상징들이나 이미지들을 파악한다. 직관은 정(正)thesis과 반(反)antithesis 사이의 균형을 유지하는 합(合)synthesis을 발견한다. 그 다음 새로운 에너지와 은혜가 생산된다. 개인의 창조적인 상상을 활용함으로써 의식과 무의식 사이에, 물리적인 것과 영적인 것 사이에, 하나님과 피조물 사이에, 자연과 은혜 사이에 균형이 이루어진다.

직관의 초월적 차원은 감추어진 미래의 베일을 벗기며, 우리로 하여금 시간의 표징을 읽게 하고, 우리의 삶의 미래의 방향과 미래의 가능성을 분별하게 한다. 시간, 여가, 인내의 기다림은 하나님

그리고 우리와 하나님과의 관계에 새로운 통찰을 제공하는 영감을 만들어내기 위해 창조적인 상상을 허락할 것이다. 직관은 우리로 하여금 우리와 다른 이들, 가깝고 먼 미래에 대한 하나님의 뜻을 분별하게 하며, 하나님의 섭리와 사랑의 보살핌을 보게 하며, 우리 자신과 공동체 안에 아직 실현되지 않은 선을 위한 미계발된 잠재력을 경험하게 한다.

물리적이며 합리적인 것을 선호하고 영적인 것과 형이상학적인 것을 반대하는 현대의 편견 때문에, 직관을 제3 혹은 열등기능으로 갖는 사람들은 그것을 두려워할 수 있고 그것의 초월기능을 활성화하기가 힘들 것이다. 중요한 것은 개인의 주의(注意)를 요구하는 갑자기 떠오르는 통찰들에 관심을 기울이는 것이다. 만일 그 통찰들이 소홀히 취급당하고 신중히 받아들여지지 않는다면, 그것들은 우리의 일상적 삶을 채우는 감각적인 이미지들sensible images의 혼란 속에서 사라져버린다. 이 영감들은 신속히 떠올랐다가 사라지기 때문에 땅에 떨어지기 전에 붙잡을 필요가 있다. 지나가듯 현존할 때 붙잡는데 실패한다면, 그것들은 자취를 감추어버리고 영영 사라져 버린다. 그것들을 놓치지 않기 위해 나타나는 순간 기록해 두기를 권한다.

직관의 초월적 차원을 활용하거나 계발하기 시작하는 최선의 방법 가운데 하나는 꿈에 주의를 기울이는 것이다. 꿈은 무의식의 소리인데, 밤마다 우리에게 자신을 드러낸다. 꿈 언어Dream language는 항상 상징 언어language of symbols이며, 그것들의 의미를 분별하기 위해 우리는 직관기능을 필요로 한다. 꿈은 잠자리에서 잠을 깨는 즉시 규칙적으로 그리고 의식적으로 기록해야 한다. 그런 다음 기도로 가져가서 우리로 하여금 한 가지 혹은 다른 초월적 가치를 이해하도록 도울 수 있는 어떤 통찰을 발견하여 하나님과 우리 자신의 내면의 자기와의 관계를 깊이 있게 할 수 있어야 한다. 꿈을 기억하지 않는 사람들은 일 하는 동안 창조적인 상상을 활성화할 다른 방법을 사용할 수 있다. 단순히 그가 하는 긍정적인 사역에서 거룩한 가족Holy Family이나 예수와 더불어 헌신적 환상devotional fantasy 속에서 하루를 보내는 것은 창조적인 상상을 활성화하는 것이다. 다른 방식은 음악의 도움을 받거나 혹은 도움 없이 심상(心象)imagery을 사용하는 것이다. 인도자나 친구의 도움을 요구하는 ISP(Initiated Symbol Projection, 창의적인 상징 투사)에서 집단 무의식의 보편적, 우주적 상징은 참여자의 심상 활동 안으로 투사된다. 2차 세계 대전 말엽, 유럽에서 심리학자들에 의해 계발된 ISP는 고도로 훈련된 전문가들을 요구하지 않고서도 잘 계발된 직관을 가진 자의 도움으로 수행될 수 있다. 그는 또한 다른 사람들의 복지에 대해 신뢰할만하고 진지한 관심을 가져야 한다. 그러나 그는 과정에 익숙하여 다른 상징 프로젝트를 통해 다른 사람을 인도할 수 있어야 한다(Roberto Assagioli, M.D, Psycho-Synthesis, Viking Press, 1971 pp.287-303을 참조하라)

어거스틴 기도 방식은 직관의 초월적 기능을 활성화할 수 있는 최선의 기도 유형이다. 여기서 강조점은 우리의 삶에서 영적 진리를 더욱 실제적으로 만드는 상징이나 통찰을 발견하는 데 있다. 우리는 두 가지 대극 진리들이나 가치들을 어떻게 화해시킬지를 이해할 수 있다-예를 들어, 죄인들을 위한 정의와 자비, 진리와 긍휼, 관대함과 엄중함, 직면과 비폭력 등이다. 우리는 또한 크리스챤의 종교적 행위에 사용된 상징들, 특히 예전에서, 즉 하나님과 인간 본성을 연결하는 성육신이나 죽음과 부활을 연결하는 **파스칼 신비**

Pascal Mystery를 연결하는 상징들을 숙고해야 한다, 직관의 초월적 기능을 활용함으로써 우리는 우리가 사용하는 신앙의 표현들에서 의미를 발견할 수 있다.

❖ 사고 기능의 초월적 차원을 활성화하기

사고기능의 초월적 차원을 통해 우리는 우리 자신에 대한 관계, 그리고 하나님과 맺는 우리의 관계에서 하나님의 진리와 정의에 대한 더 깊은 이해에 도달한다. 사고가 초월적 차원에서 작용할 때, 그것은 모순되고 반대되는 진리들을 한데 묶는 통합 상징unifying symbol을 포착한다. 개인은 복잡한 문제를 단순하게 하며, 단순한 용어로 다른 사람들이 그것들을 이해하도록 돕는다. 사고는 의식적 차원과 무의식적 차원의 두 차원에서 작용하지만, 두 차원에서 동시적으로 힘을 발휘할 수 없다. 우리는 사고의 의식적 차원의 속도를 낮추어서 사고의 무의식적, 초월적 차원이 작용하도록 필요한 여유를 정신에 부여한다. 일단 이런 일이 발생하면, 우리로 하여금 일단의 상이한 사실들이나 진리들을 통합하는 공분모(共分母)를 보게 하는 갑작스런 창조적 통찰들에 대해 놀라게 될 것이다.

사고가 열등기능일 때, 사고의 초월 기능이 활성화될 때인 기도하는 동안 그것은 강력한 영향을 행사할 수 있다. 개별적 진리들의 미궁 속에서 상실되기 보다는, 통합 상징 혹은 통합 진리는 많은 진리들을 통합할 수 있다. 환언하면, 우리는 다양한 진리들을 내포하고 있는 복잡한 문제를 단순하게 할 수 있고, 그것들을 통합하고 그것들 사이에 있는 차이들을 연결해 주는 어떤 것을 인식할 수 있다.

그 다음 이 통합 상징은 그 어떤 것을 받아들여 그것을 명확히 한 다음 다른 사람에게 빛을 던져줌으로써 개인에게 기쁨을 가져다주는 새로운 진리의 경험이 된다. 전체의 합synthesis은 외부에서 들어온 모든 사실들과 사소한 것들 없이 획득된다. 우월적인 사고기능을 가진 사람은 이것을 모욕할지 모르지만, 단순하게 보일지라도, 그를듯하지만 논리적인 결론은 그럼에도 불구하고 이루어짐을 인정해야 할 것이다.

토마스 기도 유형은 사고기능의 초월적 기능을 활성화하는 데 사용될 수 있다. 토마스 기도의 목적은 계시된 진리 안으로 깊이 들어가서 진리의 대극을 통합할 화해를 만들어내거나 통합할 화해 상징reconciling symbol이나 통합 상징unifying symbol에 대한 인식을 허용하는 것이다. 성경의 주제들을 읽고, 연구하고, 교리나 윤리에 대해 숙고하고, 양심을 시험하는 개인의 태도를 사려하는 행위는 사고기능의 초월적 차원을 활성화하는 길이다. 예를 들어, 개인은 어떻게, 왜, 전능하시고, 모든 사랑이시며, 모든 선이시며, 모든 지혜이신 하나님이 이 세상과 세상 안에 편승하고 있는 우리에게 그다지도 많은 악을 허용하는가 하는 문제에 대해 사려할 수 있다. 만일 우리가 사고의 초월적 차원을 활성화하는 데 성공한다면, 우리는 이 명백한 모순적인 현실에 대한 통찰을 받아들일 수 있다. 진리에 대한 이 급작스런 조명은 기쁨, 자유, 그리고 평화를 가져다 준다: "너희가 진리를 알지니 진리가 너희를 자유케 하리라" (요.8:32). 토마스 기도가 사고와 직관을 활용하기 때문에, 그것은 하나님의 진리, 세계, 그리고 우리가 가진 종교가 갖는 진리에 대한 가장 새롭고 가치 있는 자원이다.

❖ 감정기능의 초월적 차원을 활성화하기

감정기능의 초월적 차원은 한 개인이 선, 사랑, 그리고 자비의 초월적 차원을 단순한 비인격적인 신앙 도그마(敎義)dogma로서가 아니라 인격적인 방식으로 경험하도록 돕는다. 감정기능은 그것이 하나님이든 예수든 혹은 다른 인간이든 외관(外觀)을 통찰하며 내면적인 인격의 가치를 인식한다. 다른 사람들을 사고팔 수 있는 노예나 물건으로 취급하며 짐승이나 영혼이 깃들지 않은 물건처럼 사용하는 합리주의자들, 폭군들, 그리고 억압하는 자들은 인간됨의 이 차원을 무시한다. 그러나 일단 다른 사람의 인격적 차원을 파악한다면, 우리는 다른 사람의 자유, 존엄성, 그리고 독립을 존중할 것이다.

감정의 초월적 기능을 통해 우리는 하나님, 예수, 그리고 성령을 살아있는 인격으로 삼는데, 우리가 관계를 맺는 인간 존재이듯 이분들은 인격적 실재다. 그 다음으로 이 초월적 차원은 우리로 하여금 하나님과 우리 사이에 사랑을 주고받는 경험을 가능하게 한다. 감정이 우월기능일 때, 기도에 그것을 활용할 때 발생하는 문제는 한 개인이 다른 많은 감정들에 압도당하는 것이다. 그 반면, 감정기능이 열등기능이거나 제3기능일 때, 진실로 무엇이 중요한 것인지를 걸러 내어 그것을 혼란스런 정서의 대양에 표류시키지 않고 하나님과 우리의 관계에 적용하는 길은 보다 쉽다. 감정기능의 초월적 차원을 활성화할 때, 우리는 온유함이나, 엄중함, 관대함이나 직면, 정의나 자비에 대해 반응하는 하나님의 부르심의 방향을 본능적으로 알아차린다.

의식적 차원에서 감정은 사랑, 기쁨, 평화, 인내, 온유함, 관대함을 통해 작용한다. 무의식적 차원에서 감정기능은 개인이나 집단의 기분과 감정, 그리고 하나님을 포함한 무의식적, 영적 힘의 변화를 포함한다. 그러므로 자신들의 감정기능을 억압하거나 무시하는 사람들은 기도나 신앙 나눔 집단과 같은 대소집단에 참여함으로써 초월적 차원에서 그들의 감정을 활성화하는 데 도움을 받을 수 있다. 예를 들어, 훌륭한 성찬 예전 경험은 그들로 하여금 그들의 감정기능을 해방하도록 도울 것이다

네 가지 기도 방식들-어거스틴 기도, 프란시스 기도. 이그나시우스 기도, 그리고 베네딕트 기도-은 감정기능의 초월적 차원을 활성화할 수 있다. 만일 대화와 열망인 권장된 **오라시오**와 **컨템프라시오**를 추가하는 데 주의를 기울인다면, 토마스 기도 또한 사용될 수 있다. 어떤 이는 기도의 목적이 하나님, 예수, 그리고 생명과 인격적 관계를 맺는 것이기 때문에 감정기능의 초월적 기능을 활성화하는 것이 모든 기도의 기본적인 목표라고 말할지 모른다. 이것은 종교와 기도가 의미하는 모든 것이다-하나님의 인격과 맺는 사랑의 연합의 경험으로 우리를 인도하는 것이다. 만일 주님의 성령의 은혜에 우리 자신을 개방하면, 네 심리 기능들과 태도들에 대한 인식은 관계의 온전하고 새로운 차원, 지식, 그리고 우리 자신과 다른 이들 뿐만 아니라 초월적 가치와 하나님에 대한 이해를 낳을 것이다.

◆ 제9장 ◆
기질과 예전 기도

　하나님과 하나님의 일들을 생각할 때, 우리는 우리가 살고 있는 물리적 세계를 초월하는 말로 표현할 수 없는 누미노제적 실재들 numinous realities을 다루고 있는 것이다. 우리는 이 영적 실재들을 묘사할 그 어떤 방법을 갖지 못하며 메타포(은유), 비교, 유비, 혹은 우리가 상징으로 부르는 이미지들을 의지할 수밖에 없게 된다. 그러므로 땅 위에서 이루어지는 하나님과 어떤 관계는 반드시 상징들의 사용을 내포할 것인데, 그야말로 그것은 초월적인 것들이 그 자체를 우리의 의식 생활에 표현하는 납득할만한 수단이다. 예수는 하나님과 우리의 관계에 관하여 말씀하시려고 할 때 끊임없이 상징들을 사용하셨다. 그분이 가르친 교훈에서 예수가 사용한 상징들의 실례는 하나님을 "아빠" Abba 혹은 "아버지" Daddy라고 부른 것이나 "하나님 나라", "하늘 잔치" 같은 메타포를 사용한 것이나, "밭에 감추인 보화", "씨 뿌리는 자"와 "겨자 씨 비유" 같은 것들이다. 예수의 비유들은 하나님에 대한 상징들과 하나님과 우리의 관계로 확대된다.

상징들은 들을 수 있고(성경 말씀들), 볼 수 있고(성만찬 축제에 참여한 믿음 공동체), 만질 수 있고(십자가 처형), 맛볼 수 있고(성만찬의 빵과 포도주), 혹은 냄새 맡을 수 있다(타오르는 향냄새). 개별적인 상징에 더하여 우리는 또한 하나님의 생명과 연합을 이루는 과정을 표현하고 우리의 종교적 믿음의 실천을 설명할 일련의 상징적인 사건을 사용한다. 우리는 이것을 신화myth라고 부른다. 유감스럽게도 많은 사람들은 신화를 오로지 상상 속에 존재하고 객관적인 실체가 없는 단순한 전설로 생각한다. 웹스터 사전the Webster's Dictionary에 의하면, 전설은 신화의 이차적 의미이지 우리가 여기서 사용하는 의미가 아니다. 의례나 예전을 통해, 신화는 공동체의 생명을 하나님의 생명과 이루는 조화 속으로 인도하기 위해 거듭 서술된다. 가장 잘 알려진 그리스도교 신화는 삶, 죽음, 그리고 부활의 전 과정을 재생하는 **파스칼 신비**Pascal Mystery다. 성만찬은 이 파스칼 신비를 재생하고 실제화 하기 위해 우리가 사용하는 의례다. 파스칼 신비 이야기를 반복하여 되풀이함으로써 신앙 공동체는 옛 것에 대한 죽음과 삶의 새롭고 더욱 초월적인 차원으로 부활하는 과정의 일부가 된다.

신화는 그것을 듣고 그에 참여하는 자들의 정신과 마음에서 활성화된 집단적이며 살아있는 상징들을 통해 생생하고, 능동적이고, 효능 있고, 생산적인 새로운 은혜와 새로운 정신 에너지가 된다. 공동 예전의 주요 목적은 이 집단적 상징들을 살아있게 하는 것이다. 회중이 그들의 종교 역사의 신화들을 재생하기 위해 모일 때, 예전에서 사용된 상징들과 의례들은 효능 있고 실제적이어서, 참여하고 있는 구성원들이 구원사의 일부가 될 수 있어서 신화를 그들의 삶의 일부로 만든다.

진정한 종교 상징들은 그 상징이 정신과 의지, 감정, 그리고 삶을 움직일 수 있느냐 없느냐에 따라 죽을 수도 있고 살아날 수도 있다. 오늘날의 수많은 크리스챤들을 위해 예전에서 사용되는 상징들은 살아있는 상징이 아니어서 더 이상 그들의 삶에 영향을 주지 못하며 그들의 삶을 변화시킬 수 없다. 우리가 믿는 교의(敎義)dogma와 우리가 경험하는 살아있는 신앙의 상징 사이에는 큰 차이가 있다. 교의는 우리의 신앙 대상을 설명하려는 합리적인 시도인 반면, 살아있는 상징은 우리에게 하나님 경험을 가져다준다. 상징들은 삶을 신앙의 도그마 속으로 밀어 넣어 그것들은 실제적이고 의미 있게 된다. 상이한 인간의 기질들은 어떤 기능이 우월하며 열등한 기능인지에 따라 다른 방식으로 상징들을 파악하기 때문에, 기질들에 대한 지식은 우리의 종교적 상징들과 예전에 이르기까지 삶을 회복시키는 작업에 큰 도움을 줄 것이다.

❖ 성만찬의 상징들

거룩한 성만찬은 마치 예수께서 땅 위에서 그분의 삶을 사는 동안 하늘 아버지와 연합된 것처럼 크리스챤들이 땅 위에서 하나님과 연합을 이루기 위한 기회를 부여하기 위해 예수께서 제정하셨다.

크리스챤에게 성만찬은 예수의 초림과 최후의 재림 사이에서 예수와 접촉하고 예수를 통해 하나님과 접촉하고 관계를 유지하는 주요한 길이다. 부활하신 주님과 갖는 성만찬적 연합Eucharistic union은 네 가지 살아있는 상징들인 **공동체, 말씀, 십자가, 식사**에 의해 성취된다. 이 네 상징들은 감정(공동체). 사고(말씀), 감각(십자가), 그리고 직관(식사)의 네 가지 심리 기능들과 상응한다. 이 네 상징들을 통하여 부활하신 주님의 임재를 경험하기 위해 각 기능의 초월적 차원은 활성화 되어야 한다. 그렇지 않으면 그 기능에 상응하는 특별한 상징은 생명력 없이 남겨질 것이며, 예전에 참여하는 자들에게 아무 소용이 없을 것이다.

네 상징들은 또한 네 가지 기본적인 인간 기질의 영적 필요에도 반응한다. 공동체 경험은 특히 SP(프란시스적) 기질에 호소력을 지닌다. 하나님의 말씀은 진리를 추구하는 NY(토마스적) 기질의 관심을 고조시킨다. 생생한 십자가 재생은 역사적으로 의식하는 SJ(이그나시우스적) 기질을 매혹시킨다. 의례 식사ritual meal의 종말론적 차원은 미래지향적인 NF(어거스틴적) 기질에 도전을 준다. 그러므로 훌륭하게 이행된 성만찬 의례는 부활하신 예수의 임재를 경험하려는 회중을 위해 네 가지 다른 길들을 제시한다. (1) 우리는 신앙 공동체의 모임을 통해 예수의 임재를 기념한다("두 세 사람이 내 이름으로 모인 곳에 나도 있느니라." 마.18:20) (2)우리는 성경에 기록된 하나님 말씀을 관상한다. 성 어거스틴은 우리가 성만찬의 빵에 참여할 때 그리스도와 연합을 이루는 것처럼, 성만찬에서 하나님의 말씀을 선포할 때 성령의 임재 안에서 선포한다고 말했다. (3)우리는 십자가의 파스칼 신비를 기억한다.("너희가 이 떡을 먹고 이 잔을 마실 때마다 그가 오실 때까지 그의 죽으심을 전하는 것이니라." (고전.11:26)(4)우리는 거룩한 주의 만찬Holy Communion의 의례 식사를 통해 하늘나라에서 이뤄질 영원한 잔치를 기대한다.

만일 성만찬이 부활하신 주님과 우리 자신의 지상의 연합을 일으키고 유지하려면, 예전에서 사용되는 이 네 가지 주요 상징들은 단순히 생명 없는 표지가 아니라 살아있는 상징들이 되어야 한다. 상징들은 관계기능corresponding function의 초월적 차원이 활성화될 때마다 되살아난다. 우리가 이 초월적인 차원을 활성화하면 할수록 성만찬 축제는 더더욱 생동감 있고, 의미 있고, 은혜 충만할 것이다. 다른 기질들이 다른 기능보다 한 기능의 효율적 차원을 활성화하기가 쉽다는 것을 알기 때문에, 훌륭한 성만찬 축제가 성찬의 네 가지 기본적인 상징들을 통해 네 기능들의 사용을 진작시킬 수 있도록 우리는 노력해야 한다. 그렇지 않으면 회중 가운데 있는 어떤 이들은 감동을 받지 못할 것이다. 인간 기질에 대한 지식과 네 가지 심리 기능들 각각이 지닌 초월적 차원을 활성화할 다른 방법에 대한 통찰은 이를 성취하는 것을 도울 것이다.

성만찬을 부활하신 주님의 임재에 대한 훌륭한 경험이 되게 하는 것이 목회자와 사제 위에 부과된 주요한 짐이다. 그러므로 그의 임무는 성만찬적 축제와 설교가 네 가지 기질이 지닌 상이한 영적 필요를 채워준다는 사실을 아는 것이다. 성만찬 의례를 집례하는 자는 상이한 각 기질들이 다른 방식으로 영향을 받는다는 것을 깨달아야 한다. 그가 하는 설교에서, 그는 네 기능들과 네 기질들 각각에 호소하는 어떤 메시지를 전달하기 위해 특별한 노력을 해야 한다. 예를 들어, 만일 그의 메시지가 논리적인 것이라면 그것은 사고가 지배적인 기능인 사람들이 가진 공명 현(共鳴絃)을 울릴 것이다. 만일 그의 음성이 유쾌하고 잘 조절된다면, 감각적인 사람들은 더욱 쉽게 그의 설교를 알아들을 것이다. 만일 그의 신실성과 열정이 그렇고 그렇다면, 감정적인 사람들과 직관적인 사람들은 그에게 반응하지 않을 것이다. 더욱이 만일 신학적인 개념들이 제시된다면, NT들은 만족할 것이다. 만일 전통과 교리 발전사를 들려준다면, SJ의 주의와 관심을 끌 것이다. 만일 독서가 어떻게 오늘날의 한 개인의 삶과 연관되는지에 대해 언급하면, NF들은 귀를 기울여 경청할 것이다. 반면, 만일 자기부인의 극적인 행위와 선교에 대해 말한다면, SP들은 정서적으로 그리고 정신적으로 반응할 것이다.

❖ 감정기능과 신자들의 공동체

성만찬에 현존하는 기본 상징은 예수 그리스도를 그들의 주와 구세주로 영접하여, 그분의 삶, 죽음 그리고 그들을 구원하기 위해 다시 살아난 부활을 믿는 세례 받은 사람들의 **공동체**다. 성만찬 집례자나 인도자와 최소한 한 사람 이상의 사람들로 구성된 신자들의 회중 없이 완전한 성만찬을 갖는 일은 불가능하다. 고대 교회법은 목회자와 사제는 홀로 성만찬을 집례해서는 안되며 반드시 회중과 더불어 시행해야 함을 밝히고 있다. 복음서에서 예수는 말씀 하신다: "두 세 사람이 내 이름으로 모인 곳에 나도 함께 있느니라." (마.18:20). 크리스챤 신자들의 모든 모임에서 부활하신 주님의 임재에 대한 믿음은 이전에 있었던 성령 강림으로 소급되는 그리스도교의 본질적인 상징이다.

인간됨의 가치를 파악하는 감정기능은 공동체 경험을 갖기 위해 기능을 발휘해야 한다. 감정기능의 초월적 차원은 성찬에 참여한 회중이 그들의 영으로 충만한 공동체 안에서 부활하여 살아계신 주님의 임재를 경험하도록 활성화되어야 한다. 감정이나 정동은 예수 그리스도의 실제적 임재를 경험하기에 충분치 않다. 하나님의 선물인 믿음과 은혜 또한 현존해야 한다. 그러나 합리적인 감정기능의 초월적 차원이 없는 신앙과 은혜는 공동체를 탄생시키지 못할 것이다. 감정기능이 활성화된 초월적 차원 없이는, 그것은 각 신자 안에서 인격이신 하나님과 그리스도의 임재와 관련을 맺어주는 것인데, 공동체의 상징은 죽은 상징이 된다. 그러므로 한 주간에 걸친 개인적인 기도 기간 동안 목회자나 사제는 회중이 주님과의 친밀함을 계발함으로써 미리 예전을 준비하도록 할 필요가 있다. 만일 모두가 그들의 개인기도 시간 동안 우리 주 예수 그리스도와의 관계를 발전시키기 위해 열심히 노력했다면, 성만찬 예전 축제는 모인 회중의 강한 감정을 울릴 것이며 하나님 임재의 놀라운 경험을 제공할 것이다. 미리 준비된 주님의 임재와 공동체에 대한 감각은 성만찬 축제를 매우 실제적이고 힘 있게 할 것이다. 퇴수회에 참여한 사람들이 서로 낯설어 하고 무거운 침묵이 감돈다할지라도, 아름다운 공동체 경험은 참여자들이 갖는 은혜가 될 것이다. 그리고 함께하는 그 공동체 축제에서 그들은 그들 가운데 임재하시는 주 예수 그리스도께서 임재하시는 새롭고 놀라운 경험을 갖는다.

이 공동체 경험을 묘사하는 핵심 단어는 기념축제celebration다. 성령 충만한 크리스챤들이 성만찬을 위해 어디에 모일지라도 우리 모두가 주 예수 그리스도에 대한 좋은 소식을 듣고 믿는 의미에서, 믿음 안에서 이루어지는 하나됨의 축제가 일어난다. 그리스도교 장

레식조차도 죽음의 축제가 아니라 부활에 대한 믿음의 축제가 된다. 네 가지 모든 기질들과 열여섯 가지 성격 유형들은 공동체 축제 경험을 필요로 하며, 또 그것을 즐길 수 있다. NT기질이 대체적으로 고도로 계발된 감정기능으로 인간됨과 공동체의 가치를 가장 잘 이해하기 때문에, 회중 속에 있는 NT는 이 공동체의 상징이 예전이 거행되는 동안 생명력 없고 무용(無用)하기 보다는 생동감 있고 활동적임을 알아야 할 특별한 책임을 갖는다. 감정이 그들의 우월기능이거나 보조기능인 SJ는 공동체의 상징을 살아있게 하고 스릴있는 방향으로 NF를 도울 수 있다. 반면, 감정기능이 열등기능이거나 제3기능인 SJ는 그들의 우월적인 감정을 활성화하기 위해 공동체 축제를 필요로 하는 NT와 같다. 추측컨데 SJ가 공동체 경험을 가장 필요로 한다. 이는 더더욱 분명한 사실인데, 만일 성만찬의 이 차원이 존재하지 않을 경우, SJ는 이내 그들의 발걸음을 돌려 성만찬 집회에 참여하는 일을 중단한다.

2차 바티칸 회의(Vatican II) 이전에는 공동체의 성만찬 상징이 지닌 힘이 상실되었다. 대부분의 카톨릭 신도들에게 미사는 하나님과 개인적인 만남이었다. 수많은 훌륭한 카톨릭 신도들은 미사에서 하나님과 접촉하는 자신들의 개인적인 방법을 계발했고, 가장 성공을 이루었던 자들은 예전의 개혁에 대해 분노했다. 미사가 진행되는 동안 개인적인 헌신을 허용하는 대신, 교회는 크리스챤 공동체의 실재를 경험했다고 주장했다. 2차 바티칸 회의의 개혁 이래, 우리는 공동체의 성만찬 상징에 새로운 활기를 부여하는 성공을 이루었다. 여전히 여러 모로 그에 대한 수많은 반대가 존재하며, 부활하신 주 예수 그리스도의 임재에 대한 살아있는 경험을 일으킬 수 있는 상징을 만들기 위해 해야 할 일들이 즐비하다.

여기서 우리는, 공동체의 상징을 살아있는 상징으로 만들 최상의 방식들 가운데 하나는 감정기능의 초월적 차원을 활성화하는 것인 바, 거기는 목회자나 사제로부터 시작하여 성찬 축제를 돕는 자를 포함한 전체 회중이 참여한다. 그러나 개인의 감정기능을 활성화하기 위해 주일 아침을 기다리는 것은 너무 늦다. 한 주 내내 매일의 기도시간 동안 목회자 혹은 사제와 회중은 하나님과 친밀을 유지하는 데 집중할 필요가 있고, 그들의 감정기능을 의식적으로 표현함으로써 다른 사람들을 향한 합리적 태도에 집중할 필요가 있다.

❖ 사고기능과 하나님의 말씀

공동체 다음으로 성만찬에 임재하는 가장 분명한 상징은 성경에 들어있는 하나님 말씀에 대한 이해다. 예전을 위해 공동체가 모인 직후, 성경봉독이나 선포가 뒤따른다. 성경의 모든 말씀은 하나님과 하나님의 진리의 임재와 능력의 상징이다. 그리고 올바르게 설명되고 이해될 때, 이 말씀들은 하나님의 살아있는 임재의 참된 경험이 된다. 말씀 봉독과 설교자는 하나님의 말씀을 "풀어서" 선포함으로 모인 회중이 납득할 수 있어야 한다. 그리고 예전에서 행하는 하나님의 말씀 선포는 모든 사람의 협동을 요구한다. 공동체의 각 구성원은 주의 깊게 그리고 온 마음을 다하여 경청해야 할 뿐 아니라 가정에서 미리 성경을 연구함으로써 말씀의 예전적 선포를 준비할 책임이 있다.: 말씀의 예전적 선포에 접근하는 회중 가운데 그 누구도 사전의 준비 없이는 자신을 학대할 뿐 아니라 나머지 회중을 또한 학대하고 있는 것이다.

하나님의 말씀을 살아있게 하고 의미 있게 하기 위한 사고기능의 의식적 차원conscious dimension of Thinking Function은 성경 주석, 성경 역사, 그리고 성경 지식을 담고 있는 다른 자원을 연구함으로써 활성화된다. 그러나 사고의 초월적 차원은 진리의 초월적 차원에 문을 열어야 하는데, 그럴 때 비로소 진리의 초월적 차원에 계신 하나님은 우리를 더 깊은 내면의 영적 지혜로 인도하신다.

성경은 단순히 인간의 말 이상이기 때문에 하나님의 말씀이라 일컫는다. 성경은 초월적 하나님으로부터 온 메시지다. 인간의 말은 본질상 유한하고 제한적인 반면, 하나님은 무한하시고 제약받으시지 않는다. 하나님이 인간과 의사소통할 때, 그분은 자신을 우리 인간의 차원에 맞도록 조정하셔서 인간의 말과 언어를 사용하신다. 성경에 기록된 인간의 말은 분명하고, 문자적이며, 인간의 감각보다 더 풍부한 의미를 갖는다. 그러므로 우리는 하나님의 말씀의 참된 의미를 올바르게 해석하기 위해 우리의 사고기능의 초월적 차원을 활성화할 필요가 있다. 우리는 말씀의 더 깊은 영적 의미를 분별하기 위해 성경을 "탐구할" 필요가 있다. 이를 성취하기 위해 우리는 신적 은혜, 믿음, 지식 그리고 네 가지 모든 기능의 초월적 차원의 활성화를 통한 이해를 필요로 한다.

그러므로 NT기질을 가진 사람들이 새로운 삶을 이 두 번째 성만찬적 상징인 말씀 안에 주입하는 데 가장 큰 공헌을 해야 할 기대를 갖는 것은 자연스런 일이다. 실제로 성만찬이 진행되는 동안 하나님 말씀의 선포가 크리스챤 공동체 구성원 각자의 심금을 울린다면, 모든 기질들과 기능들은 해야 할 역할이 있다. 성 바울은 하나님의 말씀을 책망하고, 교훈하며, 회개하게 하며, 거룩하게 하는 두

날 가진 예리한 칼에 비유한다. 만일 말씀 상징the symbol of the Word이 진실로 살아있다면, 그것이 지닌 힘에 대한 풍부한 증거들이 회중들 편에서 회개와 회심 경험으로 드러날 것이다. 기독교 역사에서 말씀 상징은 진실로 살아있어 수천만 명의 사람들이 회심한 경험을 갖고 있다. 예를 들어, 영국의 존 웨슬레John Wesley와 사무엘 웨슬레Samuel Wesley, 인도의 성 프란시스 사비에르St. Fransis Xavier, 우리나라의 요나단 에드워드Jonathan Edward, 그리고 이탈리아의 아씨시의 성 프란시스St. Francis of Assisi다.

말씀의 성만찬적 상징The Eucharistic symbol of the Word은 말씀예전의 선포에만 국한되는 것이 아니라 성만찬 축제 전체를 통해 사용된 다른 말씀에도 존재한다. 왜냐하면 은혜가 충만하고 의미 넘치는 성만찬은 회중이 참여할 수 있는 적당한 노래가 있을 때일 수 있다. 또한 카톨릭과 개신교는 성만찬 기도Eucharistic Prayer의 말씀들, 특히 성찬 제도에 관한 말씀들이 빵과 포도주 아래서 믿음으로 선포될 때 주 예수의 임재를 살아있는 실재로 만들 수 있는 힘을 지니고 있는 사실을 믿는다. 말씀의 살아있는 상징에 대한 우리의 반응을 묘사할 수 있는 핵심 단어는 신성한 진리에 대한 관상이다. 말씀 상징이 진실로 살아있을 때면, 언제나 성찬 공동체는 항상 자신들이 살아계신 하나님의 진리의 능력과 현존에 대한 관상 안에서 "소멸" 됨을 발견할 것이다.

❖ 감각기능과 십자가

그리스도교 초창기부터 성만찬은 십자가 위에서 죽으신 예수의 죽음의 파스칼 신비를 선포하는 것으로 간주되어 왔다. 성 금요일의 사건 후 12년 내지 13년이 채 되지 않아, 고린도 교회에 편지를 써 보내면서 바울은 말 했다: "이 떡을 먹고 잔을 마실 때마다 그가 오실 때까지 그의 죽음을 전하는 것이니라"(고전11:26). 카톨릭 신학은 미사를 "피 흘림 없는 십자가 희생the unbloody sacrifice of the cross으로 정의했다. 복음서에서 예수는 그분이 따르기로 선택한 비폭력의 길, 그리고 그분의 제자들이 또한 따라가야 할 길을 표현하기 위해 십자가 상징을 사용하셨다.

모든 상징들은 성만찬에서 십자가 상징을 살아있는 힘으로 삼고 유지하기 위한 역할을 한다. 우리는 십자가의 참된 의미에 관해 생각해야 하며, 십자가 위에서 당하신 예수의 수난을 우리 것으로 삼기 위해 우리의 감정기능을 활성화할 필요가 있다. 우리의 직관 또한 우리로 하여금 십자가의 감추어진 신비를 이해하도록 도울 것이다. 그러나 감정기능은 우리가 이 십자가 상징과 십자가에 처형에 대해 깊이 숙고할 때 가장 영향을 받을 것이다. 십자가 처형과 연관된 표면적인 고통은 이 세상의 악의 문제를 해결하기 위해 예수 그리스도에 의해 소개된 새로운 삶의 방식을 상징화하는 의미가 있다. 현재, 지금 여기서 사는 감각적인 사람들은 그리스도께서 사신 이 삶의 차원을 그들 자신의 삶 속으로 통합하도록 가장 잘 준비된 유형이다. 그러므로 우리는 십자가의 영적 가치를 이해하기 위해 우리의 감각기능의 초월적 차원을 활성화할 필요가 있다.

십자가 상징은 고대인들의 신화에서뿐만 아니라 현대인들의 꿈 속에도 여전히 나타나는데, 이는 고대의 상징과 밀접하게 연관되어 있다. 인류역사를 통하여 용(龍)의 상징은 지상에 있는 인간과 대결하고 있는 악의 세력을 표현해 왔다. 창세기 3장에서 악의 세력은 뱀으로 나타나는데, 그것은 고대의 용의 또 다른 우회적인 형태다.

이교도(異敎徒)의 긴 역사를 통해 용을 다룰 최상의 방식은 그것을 죽이는 것이었다. 그리고 구약성경 대부분의 페이지를 통하여 악을 향한 유사한 태도를 우리는 본다. 악의 폭력은 검(劍)의 폭력과 만났고, 그럼으로써 악의 세력은 당분간 중립적이 되었다. 악의 용을 다루는 이 방식의 가장 극적인 실례는 가나안 땅에 들어갔던 여호수아와 이스라엘 백성의 잔혹함에 있다. 그러나 "용을 죽이는" 이 방식은 악을 제거하고 평화를 건설하는 데 효력을 발생하는 것으로는 결코 증명되지 않았다. 불가피하게 용은 그 다음 세대에서 부활하여 계속해서 선에 대항했다. 그리고 폭력의 새 물결은 다시 한 번 악의 세력을 중립화했다. 이야말로 땅 위에서 악의 세력과 투쟁하는 끊임없는 인간 종족의 경험이 되어 왔다.

"십자가의 역설" Paradox of the Cross을 통한 수난과 죽음으로 예수는 용을 정복하는 새로운 길을 열으셨다. 그분은 사랑의 선으로 자신을 용에게 내어주어 자신을 죽이도록 허락하셨다. 악의 세력은 성 금요일에 예수를 정복했다. "용"은 하나님이시며 인간이신 예수 God man을 죽음 속에 집어넣음으로써 선한 세력에 대해 승리를 거두었다. 그러나 하나님은 최후의 말씀을 금요일에 하신 것이 아니라 부활 주일에 하셨다. 최후의 말씀은 십자가 위의 죽음이 아니라 부활하신 주님의 새롭고, 영광스럽고, 죽음 없는 생명이었다. 그러므로 십자가 상징은 땅 위에 있는 악의 문제를 해결하는 하나님의 궁극적인 답변으로 인간 역사 안에 소개되었다. 영속하는 평화의 길인 희생제물이 이 세상에 제공되었다.

"용"을 직면하고 정복하는 이 새로운 길은 너무나도 혁명적이어서 개인이 원수를 대하고 악을 직면하는 전통적인 방식과 확연히 달랐다. 기독교 초기 몇 세대만이 실로 그것을 신중히 택했다. 초기 300년 간 순교자들은 자신들을 희생제물로 드렸고, 그 결과는 서방과 동방 이교도에 대한 정복이었다. 그러나 4세기에 콘스탄틴으로 시작하여 중세기와 현시대를 통하여 우리는 다시 한 번 용을 죽이려는 이교도적 방식으로 되돌아갔다. 크리스챤인 성 조지St. George와 용의 전설에서 이 고대의 이교도 신화를 되살렸다. 그리고 기독 기사(騎士)가 활동하던 세기에 십자가는 그리스도교의 원수를 죽이는 검이 되었다. 성전(聖戰)들이 하나님과 예수의 이름으로 자행되었다. 성 어거스틴으로 시작한 신학자들은 정의로운 전쟁을 수행할 조건을 고안해냈다. 대부분의 크리스챤들은 다른 모든 방법이 실효를 거두지 못할 때 곧장 악을 정복하기 위해 폭력 사용을 정당한 것으로 받아들였다. 이제 그것은 자신들의 땅과 권리를 지키기 위해서는 검을 사용할 애국적인 의무가 되었다.

십자가는 여전히 교회 꼭대기와 여타의 종교적인 건물들 위에 우뚝 서 있다. 그리고 미사는 여전히 "십자가의 피 흘림 없는 희생"으로 선포되고 있다. 그러나 모든 실제적인 목적을 위해서, 그리고 대부분의 크리스챤들에게 있어서, 4세기 이후 십자가는 이 세상에서 악의 용을 다루는 하나님의 방식으로서의 상징적 의미를 상실하고 말았다. 우리는 여전히 "십자가를 지고 예수를 따른다"고 말하고 있지만, 그리스도 같은 삶을 살기 위해 개인 개인이 경험해야 할 고독으로 사용한다. 십자가 상징은 완전히 죽지 않았지만, 예수께서 그에 대해 부여하신 의미는 크게 약화되었다. 놀랍게도 비기독교도인 마하트마 간디Mahatma Gandi는 십자가의 완전한 상징을 재발견했고, 희생에 관한 예수의 가르침을 현 세계에 다시금 소개했다. 간디가 실천한 악을 정복하는 비폭력 방식은 진정한 크리스챤 희생제물의 모든 요소를 내포하고 있다. 간디는 그의 "사타그라하" Satagraha(참된 힘)는 예수 그리스도의 교훈과 모범에 근거한 것이라고 말하기를 주저하지 않았다. 간디의 모범을 따라서 마틴 루터 킹 쥬니어Martin Luther King.Jr 또한 이 땅에서 자행되는 인종차별의 악을 철폐하기 위해 비폭력을 사용했다. 이제, 핵으로 말미암는 전 세계적인 대량살상의 가공할 위협에 직면하여, 희생제물은 세계평화를 유지하기 위한 크리스챤의 해결방식으로 제시되고 있다. 용을 죽이려고 노력하는 대신에 우리 자신이 죽는 대가를 치루고서라도 우리는 사랑과 진리, 선과 비폭력에 의해 용을 변화시키도록 도전받고 있다. 우리는 예수께서 갈보리에서 가르치시고 실천하신 십자가 상징을 재발견해 온 것 같다.

   죽으시기 전날 밤, 예수는 크리스챤 공동체에 한 가지 수단인 성찬을 제공하셨고, 모든 후세대가 계승할 십자가 상징을 선포하셨다. 만일 이 세 번째 상징이 성찬예전에서 살아나고 의미 있어진다면, 오늘날 우리는 우리의 십자가와 희생(정신)을 지고 용을 정복하는 크리스챤의 방식을 따를 은혜와 힘과 용기를 받게 될 것이다. 그러나 이런 일이 발생하기 위해 네 가지 심리기능의 초월적 차원이 활성화 되어 성만찬을 거행하는 동안 경험될 필요가 있다. 우리는 예수의 십자가 처형의 단순하며, 외면적이며, 감각적인 외형 이상을 보아야 하며, 십자가를 세상의 악을 정복할 수 있는 아가페 사랑의 상징으로 보아야 한다. 우리의 감정기능에 의해 우리는 예수께서 행하시고 그들의 존엄성을 존중하신 것처럼 우리 원수들을 사랑하는 힘을 활성화해야 한다. 우리는 십자가를 악의 문제를 해결하는 진리의 화해 상징으로 인식하기 위해 사고기능의 초월적 차원을 활성화해야 한다. 우리는 우리 자신의 인간적인 열쇠 구멍 비전을 통해서보다는 직관기능을 통해 하나님의 관점으로 악의 문제를 볼 수 있다.

이 세 번째 상징인 "십자가"를 묘사하는 핵심 단어는 **기억** commemoration이다. 예수의 죽음에 대한 단순하고 경건한 기억 이상으로, 예전적 기억liturgical commemoration은 오늘날의 사람들이 십자가의 파스칼 신비의 끊임없는 일부가 되게 하기 위해 과거에 있었던 일을 "현재화"하는 의미를 지닌다. 진정한 성찬예전 축제는 우리로 하여금 갈보리 위의 예수의 희생제물을 새롭게 경험하도록 한다. 그리고 만일 이 세 번째 상징인 십자가가 진실로 살아 있다면, 예전에 참여하는 사람들은 예수의 모범을 따라 이 세상의 악의 권세를 대항할 사랑의 희생제물로 자신들을 제공할 은혜와 정신 에너지를 받는다. 회중 속에 있는 SJ는 기억의 이 차원을 이해하고, 인식하고, 유지할 첫 번째 사람들이 되어야 한다. 그러므로 그들은 다른 기질의 사람들이 십자가의 예전적 기억의 참된 의미를 경험하도록 도울 책임을 걸머진다. 그러나 만일 우리가 모든 삶을 십자가의 성만찬적 상징으로 회복하려고 한다면 모든 기능들과 기질들은 거기에 공헌할 것이다.

❖ 직관기능과 의례 식사

진정한 성찬 예전의 네 번째 상징은 우리가 사후에 초대받을 천국 연회의 기대를 뜻하는 **의례 식사**다. 죽으시기 전날 밤, 예수께서 행하신 첫 성만찬은 우리가 주의 만찬Lord's Supper이라고 부르는 의례 식사다. 의례 식사를 사용함에 있어서, 예수는 하나님의 임재, 우정, 그리고 선택받은 백성들의 연합을 표현하는 성스런 식사 컨텍스트로 사용되었던 두 가지 유대전승을 따르셨다. 이들 가운데 처음 것인, 하나님의 끊임없는 보호와 임재를 기념하는 유월절 식사는 3천 년 이상 유대인과 이스라엘 백성에게 종교적 상징이 되어 왔다. 예수의 공생애 기간에 유대인들 또한 다른 의례인 **베라카**Berakah를 가졌었는데, 이는 규칙적인 가족 식사가 시작될 때 빵 한 덩어리를 축성lift up하여 축복한 뒤 모든 가족에게 나눠주는 것으로 구성되었다. 식사 끝 무렵, 공동 포도주 잔을 축성하여 테이블에 둘러앉은 모든 식구가 나눠 마셨다. 빵과 포도주의 축복으로 가장(家長)은 그의 백성을 구원하시는 하나님의 전 구원 역사를 회상했다. 유대인들은 베라카에 참여할 때마다 그것을 믿었고, 그들의 조상들의 하나님을 그들을 위해 한결같이 일하시기 위해 실제로 그리고 진실로 현존하시는 하나님으로 삼았다.

유대인들이 베라카와 유월절 의례 식사를 통하여 야웨를 실제로 그리고 참으로 그들을 위해 임재하시는 하나님으로 삼은 것처럼, 대부분의 크리스챤은 초기부터 성만찬 식사가 부활하신 주 예수를 실제로 그리고 참으로 그들에게 임재하시는 것으로 만든다고 믿었다. 최초의 그리스도교 공동체는 주님의 만찬 의례 식사를 실제로 크리스챤 유월절 식사로 고백했고, 그럼으로써 그리스도를 믿는 신자들은 이스라엘 백성들이 애굽에서 건짐 받은 것처럼 죽음의 사자로부터 건짐 받을 수 있다고 믿었다.

그러므로 기억의 의례 식사는 그것을 통하여 부활하신 주님이 초기 그리스도인들의 모임에서 경험된 관계 상징relational symbol이 되었다. 우리는 첫 부활 주일 저녁에 엠마오 도상의 두 제자들이 빵을 떼면서 예수를 알아보았다는 말을 듣는다. 수 세기에 걸쳐 대다수의 크리스챤은 성만찬 식사에서 빵과 포도주의 외형 아래 실재하는 부활하신 그리스도의 실제적 임재를 믿어왔다. 유감스럽게도, 우리가 행하는 성만찬 축제에서 성연회(聖宴會)가 지닌 많은 상징이 사라지고 말았다. 교회 밖의 사람들은 보통 행하는 주일 예전을 성연회나 식사로 알아차리는 것이 힘들 것이다. 먹고 마시는 이 상징 가운데 유일하게 생존하는 것은 "거룩한 성찬" Holy Communion에서 간혹 얇고, 동그랗고, 흰 와퍼를 입에 넣거나 손바닥에 올려놓는 것이다. 많은 교구에서 회중은 컵에 가까이 가는 것이 금지되고 있다. 가장 생생하고 창조적인 상상초차도 천국 연회에서 이루어질 연회의 모습을 보는데 어려움을 갖는다.

최후 만찬에서 예수께서 성만찬을 제정하셨을 때 그분의 제자들에게 말씀하셨다: "내가 아버지의 나라에서 새 것으로 마실 때까지 포도나무에서 난 것을 마시지 않을 것이니라"(마.26:29). 요한복음에서, 예수는 또한 이 의례 식사를 영원한 생명에 대한 기대(企待)로 말씀 하신다: "내 살을 먹고 내 피를 마시는 자는 영생을 가졌고 마지막 날에 내가 그를 다시 살리니 내 살은 참된 양식이요 내 피는 참된 음료로다"(요.6:54-55). 인간 정신human psyche의

미래를 내다보는 능력인 직관은 성찬에서 이 기대의 차원을 인식하기 위해 필요하다. 성만찬 식사는 천국에서 우리와 하나님과 부활하신 주 예수와의 영원한 연합의 전조를 뜻한다. 우리가 성찬의 빵과 포도주를 먹고 마실 때 그것과 우리가 연합되듯이, 직관적으로 그리고 상징적으로 우리는 여기 이 땅 위에서 성만찬 식사를 통해 미래에 천국에서 예수와 연합하는 것을 경험해야 한다: "우리가 축복하는 바 축복의 잔은 그리스도의 피에 참여함이 아니며 우리가 떼는 떡은 그리스도의 몸에 참여함이 아니냐"(고전. 10:16).

직관기능의 초월적 차원을 활성화함으로써, 우리는 성만찬을 가질 때마다 그것을 부활하신 주님이 그분 자신의 부활한 몸과 피를 가지고 우리를 새롭게 하고 강하게 하기 위해 이 땅에 오시는 것으로 경험할 수 있어야 한다. 어떤 크리스챤은 인간의 몸을 먹고 인간의 피를 마시는 생각에 반대한다. 그들이 깨닫지 못하는 것이 있는데, 그것은 우리가 물리적인 살과 피를 먹고 마시는 것이 아니라 영광을 입으신 그리스도의 부활체와 가장 친밀한 방식으로 연합한다는 것이다. 신적 은혜와 믿음을 통해, 우리의 직관의 초월적 차원은 이를 파악하고 수용한다. 우리는 성만찬을 요한복음의 마지막 장에 묘사된 부활하신 주님이 디베랴 바다에 돌아오신 일과 동일한 경험으로 볼 수 있다. 제자들에게 그물을 던지라고 말씀하신 후, 부활하신 예수는 제자들에게 배를 바닷가에 대게 하시고 고기와 빵 식사로 그들을 섬기셨다. 말씀 예전 동안, 부활하신 주님은 우리에게 "고기를 잡기 위해 그물을 던질 것"을 가르치시기 위해 우리 가운데로 돌아오신다. 그래서 빵과 포도주의 의례 식사에서 예수는 천국을 향한 신앙순례를 위해 우리를 새롭게 하고 강화하신다. 은혜 충만한 성찬 제도를 통해, 우리는 미래의 왕국에서 이뤄질 천국 연회를 기대하는 경험을 가질 수 있다.

　제2차 바티칸 회의의 의례 개혁 덕분에 우리는 다시 한 번 공동체와 말씀의 살아있는 상징들을 경험할 수 있다. 또한 희생제물에 대한 새로운 이해와 수용은 새로운 의미를 십자가 상징에 부여할 수 있다. 그러나 방법들은 성스런 식사의 상징 안으로 새 생명을 삽입해야 한다. 직관 이외에도 다른 세 가지 기능들-감각, 사고, 그리고 감정-은 그것들의 초월적 혹은 보조기능으로 감정을 갖고 있기 때문에, 첫 째 호소는 감정의 초월적 차원을 일깨우는 것이어야 한다. 예를 들어, 우리는 성만찬 앞에서 빵을 떼는 상징을 더욱 선명하게 할 수 있다. 큰 성찬 빵이 사용될 수 있다. 그런 다음, 성찬 식사 국면을 더욱 생생하게 하기 위해 회중이 보는 가운데 빵을 축성하여 쪼갤 수 있다: "떡이 하나요 많은 우리가 한 몸이니 이는 우리가 다 한 떡에 참여함이라."(고전.10:17). 더욱이 회중은 단순히 그들의 입술을 잔에 대기 보다는 축성된 포도주 잔에 충분히 참여할 수 있게 해야 한다. 즐거운 맛이 나는 포도주를 선택하고 충분한 양을 준비하여 포도주의 달콤함과 흥분시키는 따스함을 모든 회중으로 하여금 느끼게 해야 한다. "주의 달콤함(선하심)을 맛보아 알지어다."

　예배 혹은 미사 때 설교자는 공동체 식사가 함축하는 의미와 전통을 설명함으로써 회중 구성원 모두의 사고기능의 상징-창작 차원symbol making dimension을 활성화할 수 있다. 그렇게 되면, 모든 사람은 친구들과 식탁에 앉아 있는 상징적 의미를 활성화할 수 있다. 식탁에 앉아서 다른 사람과 함께 먹는 행위는 보편적으로 우정과 식탁-동료table-mates를 동등한 자로 용납하는 표지로 인식된다. 과거에는 이 이유 때문에, 수많은 남쪽 백인들은 흑인들이 같은 식탁에 앉거나 그들이 머물고 있는 같은 방에 기거하는 것을 허용하지 않았다. 의례 식사인 성찬은 우리의 친구가 되시고 식탁-동료가 되시고자 하는 예수 그리스도의 뜻과 원하시는 바를 분명히 드러낸다. 부활하신 후 사도들과 함께 먹고 마신 것처럼, 그리스도는 지속적으로 우리를 성찬 식탁에 친구로 받아주신다. 그분은 우리를 그분의 식탁에 초대하시며, 성찬에 참여하는 행위를 통하여 우리는 하늘에서 이뤄질 천국 연회 자리를 확신한다.

사고기능 또한 우리에게 부수어져서 화덕의 열기에 구워질 수많은 밀가루 알맹이의 상징을 숙고할 것을 권한다. 수많은 구성원을 통해, 우리는 또한 그리스도의 몸이 되기 위해 부수어져 구워야 할 필요가 있다. 짓이겨져 발효되어 포도주가 될 수많은 포도 알맹이처럼, 우리 역시 예수 그리스도의 한 몸이 되기 위해 우리 자신을 동료 인간들에게 주는 낮아짐과 고난을 경험해야 한다.

성찬이 거행되는 동안, 환대hospitality를 드러내기 위해 전 세계적으로 사용되는 유사한 의례를 회상함으로써 감정 기능 또한 음식 상징과 관련하여 활성화될 수 있다. 손님이 방문할 때 주인은 통상 마시는 것과 먹을 것을 제공할 예상을 한다. 주인이 제공하는 이 베풂과 손님이 받아들이는 수용은 우주적으로 환대와 우정의 상징으로 인식된다. 사람은 원수로 간주하는 사람에게 그와 같은 환대를 베풀지 않는다. 더욱이 두 사람의 적대자 사이에 화해가 이뤄질 때, 이를 표현하는 보편적인 상징은 커피를 함께 마시거나, 음료수를 함께 마시거나, 다른 어떤 방식으로 음식을 나누어 먹고 마신다. 이와 같이 성찬 식사는 빵과 포도주에 함께 참여함으로써 이루어지는 우리를 향한 하나님의 사랑과 하나님을 향한 우리의 상호적인 우정을 표현하는 상징 행위이다. 그것은 또한 우리 이웃에게 사랑과 우정을 실천하는 우리의 의도를 표현하는 상징적 행위가 된다.

❖ 결론

수세기 동안 성찬이 수많은 사람들을 위한 은혜의 자원과 성화(聖化)의 수단으로 지속되어 온 것은 성만찬이 지닌 힘이 결단코 완전히 상실될 수 없다는 충분한 증거다. **공동체, 말씀, 십자가**, 그리고 **의례식사**는 항상 모든 성만찬 축제에 현존한다. 그러나 현대인들이 이 네 가지 상징들의 의미를 충분히 파악하지 못함으로 인하여 은혜와 많은 정신 에너지가 상실되어 왔다. 현대 심층 심리학depth psychology이 발견한 상징의 힘과 계속된 관심은 성만찬이 지닌 상징들의 힘을 복구시키는 데 기여해야 한다. 흥미롭게도, 칼 융은 미사의 상징의 힘에 이끌려 긴 논문 Transformation Symbolism in the Mass 〈미사에서 사용되는 변형 상징〉를 썼다.

네 가지 개별적인 심리 기능들과 기질들은 현대 예전의 갱신을 위해 독특한 기여를 하고 있다. 우리가 하는 개인기도 기간 동안 각 기능의 초월적 차원을 사용하는 일에 유능해질수록, 우리는 주일 예전을 살아계신 하나님과 부활하신 주 예수 그리스도의 임재와 힘에 대한 참된 경험으로 만드는데 기여할 수 있을 것이다. 이와 더불어, **공동체, 말씀, 십자가** 그리고 **의례 식사**의 네 가지 상징들은 우리에게 하나님과의 연합, 부활하신 예수와의 연합, 그리고 산 자와 죽은 자의 성도들의 공동체와 연합하는 경험을 제공해 줄 것이다.

❖ 결어

서론에서 논한 바와 같이 "기질과 기도의 관계에 대해 본서에서 말한 모든 것은 어떤 단서들과 함께 받아들여져야 한다." 우리가 추천한 것은, 우리 모두가 나름의 특별한 배경과 경험을 가진 독특하고 유일무이한 사람이기 때문에 모든 사람들에게 적용될 수 없다. 그러나 수많은 사람들이 여기서 발견한 제안들로부터 유익을 얻었기 때문에, 저자들은 그들이 발견한 것과 결론들을 광범위한 청중에게 제시하는 데 긍지를 느낀다. 더욱이 1982년의 기도 프로젝트에 의해 야기된 큰 흥미로 우리는 다양한 페이퍼들을 하나의 페이퍼로 모을 필요를 느꼈다. 그 주제에 대한 더 많은 정보에 대한 요구가 매일 원근각처에서 쇄도하고 있다. 그러므로 이러한 관점과 그 주제에 대해 출판된 자료가 거의 부재하기 때문에, 우리는 지금의 본서를 출판하고자 하는 소명을 느낀 것이다.

우리가 갖는 희망은 본서가 주제에 관한 흥미를 더욱 유발시켜서 장차 많은 사람들이 그에 더 큰 기여를 하게 되는 것이다. 영성, 기도, 그리고 그것들이 성격 유형과 심리 기능과 갖는 관계에 대해 더 많은 지식을 갖고자 하는 굶주림과 갈증은, 오로지 많은 사람들이 그들의 지혜와 경험을 그 주제에 적용할 때 채워질 수 있다. 우리는 특히 7장에서 제시한 기도 제안들이 가지는 가치에 대한 평가를 받는 데 신경을 곤두세우고 있다. 당신은 그 어떤 자료라도 The Open Door INC,. P.O Box 855 Charottesville, Virginia 22902로 보낼 수 있다.

주의를 기울여야 할 점은, 묘사된 어떤 기도 유형과 영성 유형에 따른 결과다. 렉시오 디비나는, 만일 구송기도oral prayer 행위와 균형 없이 사용된다면 너무 지나친 내성(內省)이라는 결과를 낳을 수 있다. 이그나시우스 유형의 영성은 복음서에서 예수께서 철저히 저주하셨던 바리세주의나 극단주의를 경계하는 것이어야 한다: "이 백성이 입술로는 나를 공경하되 마음은 내게서 멀도다"(마.15:8). 프란시스 유형의 영성에 있어서, "선행"이나 펠라기우스주의Pelagianism의 이단은 개인이 경계해야 할 극단이다. 자유하는 영은 자기훈련을 실천해야 하며 매일같이 하나님과 함께하는 형식을 갖춘 시간을 소비해야 한다. 그렇지 않으면 선행은 단순한 세속적인 인본주의, 오늘날 대다수의 미국인이 갖고 있는 우월종교로 전락할 것이다. 어거스틴 유형의 영성은 마니주의Manicheaniusm 이단에 대해 깨어있어야 하는데, 어거스틴은 그것의 희생물이 되었다. 우리는 영의 일들에 마음을 빼앗겨 몸을 소홀히 여기고 육의 일을 악으로 생각할 수 있다: "하나님이 그 지으신 모든 것을 보시니 보시기에 심히 좋았더라"(창.1:31). 토마스 유형의 영성은 매우 강성적인 영성의 유형이 되기 쉬워서 구원을 위한 요구사항들을 과장하여 많은 사람이 천국 가는 것을 부인하는 얀센주의Jansanism에 희생될 수 있다. 그러므로 종교와 기도는 NT가 사색으로 신성한 꿈sanctity dream에 대해 설계한 모든 의무를 따르는 자들만을 위한 엘리트들의 운동이 된다. 선한 어떤 것을 열광주의의 극단으로 가져가서 더 이상 유익을 끼치기는 커녕 오히려 잠재적인 해를 끼치는 위험은 항상 존재한다. 여러 가지 성격 유형을 갖고 작업한 나머지 우리가 갖는 경험으로부터 확신을 얻었기에, 본서에서 우리가 제시하는 제안들은 여러분 대다수의 심금을 울릴 것이다. 잠시 동안 그것들을 활용하는 가운데 어떤 기도 유형이 당신의 성격에 적합한지를 발견할 때까지 기도의 다른 유형들을 가지고 실험하도록 하라. 그러나 한 가지 기도 유형으로 질식되는 일을 허용하지 말라. 여분의 정신 에너지와 노력을 요구하는 기도형태를 실천하기 위해 노력하면서 최소한 다른 종류의 기도가 지닌 풍부함을 즐기도록 하라. 당신이 하는 수고는 상당한 보상을 받을 것이다.

✦부록I✦
당신의 유형을 발견하기

　기본적인 태도와 기능들의 특질에 대한 다음의 윤곽은 MBTI에 접하지 않은 자들에게 도움이 될 것이며, 또한 이미 성격 유형을 분석하는 이 도구에 응한 자들과 득점이 경계선에 있거나 미심쩍은 자들에게도 도움이 될 것이다. 어쨌건 우리가 가진 희망은 이 요약을 통해 당신이 이 성격 속성 배후에 있는 근본적인 특성들에 대해 더 나은 이해를 얻는 것이다. 만일 가능하다면, 우리는 독자들이 여기서 설명한 방식으로 열다섯 가지 성격 유형 가운데 자신의 유형을 결정하기를 권한다.

　여덟 가지 그룹 가운데 어떤 네 가지를 당신에게 적용할 것인가를 결단함에 있어서 아래에 묘사된 편향들preferences가운데 각 쌍에 관한 서술을 읽고 난 다음, 어떤 것이 당신의 보편적인 행동방식인지를 발견하라. 우리 모두는 여덟 가지 모든 영역에서 어느 정도 능력을 갖고 있지만, 네 쌍 가운데 한 쪽으로 치우치는 경향이 있다. 당신은 당신의 성격 유형을 완성하기 위해 선호하는 편향들의 네 쌍 각각을 한 문자로 끝내야 한다. 여덟 문자 가운데 열여섯 가지 가능한 조합이 있다: **ESTS, ESTP, ISTJ, ISTP, ESFJ, ESFP, ISFJ, ISFP, ENTJ, INTJ, ENTP, INTP, ENFJ, ENFP, INFJ, INFP**.

네 가지 기본 기질들(NT, NF, SP, SJ) 가운데 당신은 어느 편에 속하는지를 결정하기 위해 당신의 네 문자 성격 유형의 두 번째 문자를 취하라. 그것은 S나 N이 될 것이다. 만일 그것이 S이면 당신의 성격 유형의 네 번째 문자를 취하라. 그것은 J나 P가 될 것이다. 그래서 당신은 두 문자 SJ나 SP를 갖게 될 것이다. 만일 당신의 두 번째 문자가 N이라면 성격 유형의 세 번째 문자를 취하라. 그것은 T나 F가 될 것이다. 다시 한 번 당신은 두 문자 NF나 NT를 갖게 될 것이다. 그러면 이것들은 네 가지 기본 기질들을 구성한다: **SJ**(이그나시우스 형태), **SP**(프란시스 형태), **NT**(토마스 형태), 그리고 **NF**(어거스틴 형태).

◆ 외향성

- 근본적으로 외부세계에 관심을 두며 다른 사람을 지향하며 한 개인이 행하거나 말하는 데 대해 누군가가 반응하는 데 관심을 둔다.
- 주변에 사람 두기를 좋아한다.
- 통상 많은 친구와 안면을 갖는다.
- 쉽게 새로운 경험으로 뛰어든다.
- 외부적인 일에서 에너지와 자극을 받는다.
- 스트레스 아래서 다른 사람들과 접촉을 필요로 한다.
- 문제를 해결함에 있어서 "떠오르는 묘안을 따르자"라고 말한다.

- 홀로 있을 때 지루함을 느낀다.
- 다양성과 행동을 좋아한다.
- 매우 사교적이고 훌륭한 사귐가이며 훌륭한 환호가이다.
- 자신들을 먼저 소개하며 낯선이를 좀처럼 만나지 않는다.
- 다른 사람이 하는 일에 관심을 기울이며 그것들에 대해 생각한다.
- 처음 만나는 사람들에게 그들의 개인사와 조상들의 역사를 말한다.
- 기록하기 보다는 말하기는 선호하고 답장을 천천히 쓰지만 전화에 답하는 일은 일등이다.
- 그들의 지배기능을 외부세계에 돌리고 쉽게 이해에 도달한다.
- 대단한 대화가이다.
- 복잡한 상황을 감내하지 못한다.
- 통상 계약의 깨알같은 작은 글씨를 읽는다.
- 세심한 일에 능숙하며 사소한 것에 익숙하지 않다.
- 자기부인의 감각을 찾는데 어려움을 느끼며 미래의 선을 위해 현재의 즐거움을 희생하기를 꺼린다.
- 즐거움의 감각을 필요로 하며 감각적 즐거움에 대해 높은 기대감을 갖는다.

◆ 사고 유형

- 객관적인 근거를 토대로 판단하고 결정한다.
- 가슴보다는 머리의 지배를 받는다.
- 합리적이고 논리적이며 직설적이다.
- 정의, 권리, 개혁, 정책에 있어서 일관성에 많은 관심을 갖는다.
- 정당하게 취급받기 원한다.
- 실행이나 행정을 감당하는 직위에 익숙하다.

− 논쟁하는 것을 좋아하며 모든 문제의 핵심에 도달하고자 한다.
− 논쟁에 익숙하고 갈등에 의해 과도하게 혼란스러워 하지 않는다.
− 게임이나 경쟁에서 이기는 것을 좋아한다.
− 비판하고, 책망할 수 있고 걱정없이 다른 사람들을 해고할 수 있다.
− 비인격적인 되는 경향이 있고, 때로는 의식하지 않은 채 다른 사람에게 상처 상처줄 수 있다.

◆ 판단 유형

− 가능한 한 일들이 정돈되고, 마무리 되고 밝히 드러나는 것을 좋아한다.
− 계획되고 질서정연한 삶을 산다:구조를 좋아한다.
− 스케쥴을 따르고 기한 마감 회합을 좋아한다.
− 계획을 허락할 시간을 미리 알고싶어 한다.
− 통상 모든 일을 행하는 데 명확한 시스템을 갖고 그것을 줄곧 따른다.
− 대체적으로 모든 일에 신속하고 시간을 준수한다.
− 최후 시간의 일거리를 싫어한다.
− 긴 쇼핑 여행을 싫어하며, 필요에 부합하는 첫 번째 물건을 구입한다.
− 일을 끝마칠 때 강한 성취감을 갖는다.
− 적극적이며 결단력이 있고 일을 처리해 나갈 수 있다.
− 일 중심적이며 객관에 의한 경영을 따른다.
− 그들의 뜻을 다른 사람에게 강요하는 경향을 가지며, 그들이 사는 세상을 통제하려고 한다.
− 대부분의 일에 대해 통상적으로 일관된 견해와 입장을 취한다.

- 어떤 주제들에 대한 놀라운 정보를 축적한다.
- 항상 새로운 사실들에 대해 수용적이며, 세상이 그들에게 영향 끼치는 것을 허용하지 않는다.

◆ **내향성**

- 근본적으로 영의 세계와 다른 사람들에 대한 자신의 반응에 관심을 둔다.
- 홀로 있는 시간을 필요로 하며 사람을 만나는 일과 후에 지친다.
- 팔아야 할 생산품의 가치를 깊이 확신하지 못하면 훌륭한 세일즈맨이 아니다.
- 어떤 새로운 것에 뛰어들기 전에 쉬기를 좋아하고 서서히 사태를 살피며 첫 인상을 신뢰하지 못한다.
- 내면을 살피는 경향이 농후하며 주관적이다.
- 조용히 일하기를 선호하고 다른 사람이 곁에 있으면 쉽게 혼란에 빠진다.
- 낯선 군중들 가운데서 외로움을 느낀다.
- 내면생활을 사적인 것으로 유지하며 친한 친구와 있을 때를 제외하고 감추어 둔다.
- 그들의 부수적인 기능을 세상을 보는데 사용하며 우월 기능은 그들의 내면을 살피는 데 사용한다.
- 외부 사항에 대해 독립적이며 그들 자신의 내면의 양심을 따르는 것을 선호한다.
- 스트레스 아래서 스스로 벗어나기를 추구한다.
- 문제를 해결할 때 "다시 한 번 생각해보자"라고 말한다.
- 대화에서 통상 자신에 관해서 보다는 다른 일들에 관해 말한다.

- 미래의 가능성에 대해 사색하기를 좋아하며 미래에 일어날 사건을 기대한다.
- 뜻밖에 찾아오는 빈번한 예감, 영감. 통찰력을 갖는다.
- 상상력이 풍부하며 창조적이며 혁신적이다.
- 판에 박힌 일을 싫어하고 새로운 기술을 배우는 것을 선호한다.
- 에너지와 열정을 토하며 일한다.
- 신화, 꿈, 상징, 은유, 비견을 사랑한다.
- 통상 계약의 깨알같은 작은 글씨를 읽는다 .
- 세심한 일에 능숙하며 사소한 것에 익숙하지 않다.
- 자기부인의 감각을 찾는데 어려움을 느끼며 미래의 선을 위해 현재의 즐거움을 희생하기를 꺼린다.
- 즐거움의 감각을 필요로 하며 감각적 즐거움에 대해 높은 기대감을 갖는다.

◆ 감정 유형

- 개인적인 가치를 토대로 결정하며 이 결정을 뒷받침할 논리적 이유를 찾기 위해 힘쓴다.
- 통상 기술적이며 개인적인 상황들을 다룸에 있어서 전략적이다.
- 사람들에게 즐겁지 않은 것을 말하기 싫어한다.
- 머리나 논리의 지배를 받기보다는 가슴과 감정의 지배를 받는다.
- 따뜻한 마음을 갖고 있고, 용서하고 감정적이며, 깊은 느낌을 가질 수 있다.
- 갈등을 피하려고 애쓰며, 자연히 갈등을 해결하는 데 익숙하다.
- 사실보다는 사람에게 관심을더 갖는다.
- 찬양과 긍정을 필요로 한다.

- 무시당하고 간과되고 잊혀질 때 깊은 상처를 받는다.
- 사람들의 복지에 관계된 이유 때문에 지원자들로부터 재정후원 받는 데 익숙하다.
- 다른 사람들의 감정과 정서를 다루는 데 불편을 느낀다.
- 찬양을 다루는 데 힘들어 한다.

◆ **인식 유형**

- 유연성이 있고 개방적이다: 더 많은 자료를 찾기 위해 쉬지 않고 노력한다.
- 최후 결정을 쉽게 내리지 않는다.
- 종종 최후의 결정을 내릴 순간을 기다린다.
- 즐겁지 않은 일을 연기할 수 있다: "두고 보자"고 말한다.
- 데드라인을 싫어한다.
- 빠듯한 스케쥴 때문에 발에 쥐를 느낀다.
- 즉흥적이며 자유로운 삶을 산다.
- 위기 지향적이며 위기가 발생하면 어떤 방향으로든 갈 준비가 되어 있다.
- 위기에 의해 야기된 최상을 것을 그들 내부에 갖는다.
- 일들을 유연하고 정리되지 않은 채로 남겨두는 것을 좋아하여서 최후 시간에 변경할 수 있다.
- 기대치 않은 것을 즐기며 놀라는 것을 사랑한다.
- 윈도우 샵을 좋아하며 유용한 모든것을 보기까지 그것을 구매하는 데 어려움을 갖는다.
- 결정을 하지만 잘 지키지 못한다.
- 취소할 수 없는 결정을 요구하는 요구하는 우편에 답장하는 데 느리다.

편향들의 각 쌍의 어떤 면이 당신의 삶의 유형을 드러내는지 결정하도록 노력하라. 당신이 택한 네 문자는 다음 네 가지 편향들 각각에서 선택한 것으로 이루어진다.

(F)외향성의 사람 ──────── (I) 내향성의 사람
(S)감각형의 사람 ──────── (N) 직관형의 사람
(T)사고형의사람 ──────── (F) 감각형의사람
(J)판단형의 사람 ──────── (P) 지각형의사람

이것이 당신의 성격 유형이다. 만일 당신이 네 쌍 가운데 어떤 한 편을 선택할 수 없다면 당신은 도표의 오른편, 즉 내향성이나, 직관형이나, 감정형이나, 지각형의 사람에 부합할 수 있다.

우리나라에서 사회, 교육, 산업, 군사, 그리고 행정기관의 삶의 길은 어느 정도 이 성격 유형 스케일의 왼편에 근거한다. 즉 외향성, 감각형, 사고형, 판단형 유형이다. 그러므로 만일 MBTI에서 당신의 득점표가 중간에 있거나, 만일 위에 제시한 것 가운데 당신이 어느 것에 부합한지에 관해 결정하기 힘들다면, 당신의 내면적 선택 혹은 편향은 스케일의 오른편일 수 있다. 탐구하고 숙고하는 가운데 많은 세월이 흐른 뒤에 이사벨 브릭스 마이어는 이 결론에 도달했다. 그녀의 이론은, 스케일의 오른편에 있는 자들은 공적(公的) 시인(是認)의 물결을 거슬러서 수행하도록 강요당하는 것이며, 만일 누군가가 자신이 중간에 있는 것을 발견한다면, 본성상 우리는 오른편으로 기운다고 보아야 할 것이다. 이 결론은 어느 편향에 속하는지를 결정하는 데 어려움을 갖는 대부분의 상황에서 옳다는 것이 증명되었다.

◆부록 II◆
열여섯 유형을 위한 기도 제안

ESTP 유형의 기도
(기본 기질=SP)

우월기능: 감각   보조기능: 사고
열등기능: 직관   제3 기능: 감정

ESTP들은 예측할 수 없는 행동의 사람들이지만, 자원(資源)을 가진 장려자이자 실용주의자이다. 진실로 그들은 하나님의 영광과 그들의 이웃의 복리를 위한다면, 그들이 하는 일은 기도라고 말할 수 있다.

ESTP들은 다른 유형의 사람들처럼 형식을 갖춘 많은 기도를 필요로 하지 않는다. 그러나 만일 그들이 하는 일이 옳은 관점에서 되어진다면, 그들은 진리, 정의, 자선, 그리고 다른 사람이 지닌 인격적 가치에 대해 인식하고 진지하고 도덕적인 헌신을 해야 한다. 빈번히 이 유형의 사람은 깊은 헌신을 하는 것이 힘들어서 이는 그들의 집중을 필요로 하는 영역이다. 그렇지 않으면 그들은 힘에 대한 그들 자신의 욕구와 열망으로부터 하나의 신god을 만들어낼 것이다. ESTP는 이따금 긴장 아래 사는 것이 어려워서 어떤 희생을 치루고서라도 스트레스를 회피하려고 애쓰며, 심지어 다른 장소나 관심으로 도피함으로써 그렇게 한다. 이 유혹을 정복하기 위해 그들은 규칙적인 자기훈련과 자기희생의 실제적인 관리양식을 필요로 한다.

일하고, 운전하고, 기타 다른 일을 하는 동안 기도하는 일 외에도 ESTP는 매일 최소한 30분 동안의 형식을 갖춘 기도와 묵상을 필요로 한다. 베네딕트의 렉시오 디비나는 이 일상적인 기도를 위해 추천된 형식이 될 것이다. 이는 한 구절이나 짧은 페이지가 개인의 필요에 부응하기까지 성경을 몇 분간 읽으면서 시간을 보내는 것을 의미한다. 그리고 읽은 성경을 자신에게 적용하기 위해서, 그리고 하나님께서 당신에게 말씀하시고자 하는 것을 숙고하면서 10분 내지 15분을 보낸다: "주님은 어떤 말씀을 내게 주시는가?" "주님께서는 내가 무엇을 행하기를 원하시는가?" "나는 주님의 말씀에 어떤 반응을 해야 하는가?" 숙고는 기도 기간의 심장이 되어야 하며 겸손, 통회, 감사, 관대함, 탄원, 찬양 등의 기도가 뒤따라야 한다. 끝으로, 마지막에 가서 개인은 그분의 말씀 계시에 대해 하나님께 영광을 돌리고 감사하기 위해 몇 분을 보내야 한다. 그런 다음 침묵하면서 잠시 동안 하나님의 임재 안에서 쉼을 갖는다.

교부 바질 페닝톤Father Basil Pennington이 가르친 센터링 기도Centering prayer는 ESTP의 기도생활에 또 다른 도움을 준다. 그러나 꽤 긴 시간 동안, 프란시스 유형의 기도는 대부분의 ESTP를 위한 "빵과 버터" 기도가 되기 쉽다. 동시적인 기도와 찬양과 감사는 바쁜 일과 가운데서 하나님과 긴밀한 연합을 유지하기 위해 하루 동안 지속되어야 한다. 홀로 있을 때, 기도와 노래를 반복하고 소리 높이 해야 한다.

훌륭한 공동체 경험은 ESTP의 영적 성장에 필수적이며, 주일 예배에서 가질 수 있다. 그러나 만일 이 공동체 경험이 부족하면, 이 경험들은 다른 곳에서, 예를 들면 기도 그룹에서 가질 수 있다. ESTP들은 그들의 믿음을 다른 사람들과 나누고자 하는 욕구와 필요를 갖고 있으며 다른 사람들이 그들의 신앙여정을 자신들과 나누기를 원한다. 커실로 운동Cursillo Movement은 ESTP에게 팀 형성, 그룹 재회, 그리고 월간 울트리아Monthly Ultria에서 뿐만 아니라 주말 동안 크리스챤 공동체 경험을 제공할 수 있다. 통상 ESTP들은 하나님께 경배 드리는 노래와 찬양을 좋아한다. 이것을 훌륭한 크리스챤 배경에서 실천하는 것이 중요하다.

ESTP의 영적 경험은 대게 그들 자신의 개인적인 기도에 대한 극적인 응답들 같은 세미한 삶에 관심을 둔다. 그들은 빈번히 하나님의 임재, 하나님의 사랑, 그리고 하나님의 보호를 경험할 수 있다. 또한 ESTP는 심지어 멀리 동떨어져 있는 사람들과 사건들에 대해서도 ESP(Extra Sensory Perception. 특별한 감각 지각)와 깊이 있고 직관적인 지식을 경험할 수 있다.

ESTP에게 매력적인 성경은 구약성경에 있는 송영Canticles of Praise(예를 들어, 다니엘 3:26-90)과 찬송시Psalms of Praise, 요한복음 그리고 예수의 생애에 대해 행동 지향적으로 묘사하는 마가복음이다.

ESTP 그림자의 잠재력을 계발하고 인식하기

당신의 유형과 상반되는 INFJ 성격의 기본 속성에 대해 친숙하도록 하라. 당신의 직관기능과 감정의 제3기능을 어떻게 충분히 사용하지 않는가를 생각하라. INFJ 유형의 인물에 대해 읽을 때, 특히 무엇이 당신의 행동과 하는 일의 습관적 방식과 다르다는 충격을 주는가? 기도하는 동안 이 새로운 속성들과 관계 방식이 어떻게 당신의 일상생활에 나타날 수 있는지를 생각하라. 토마스 방식의 기도적인 숙고prayerful reflectiond를 사용함으로써 당신이 얻기 원하는 INFJ의 특질 하나하나를 기도하면서 묵상하며 당신 자신에게 질문하라: 무엇을, 왜, 어떻게, 언제, 어디서, 누가, 무슨 도움을 받아?.

ESTP가 기도에서 숙고해야 하는 그림자 특질들은 다음 질문들에 반영되어 있다:
(1) 삶의 각 상황을 숙고할 때 집중의 깊이를 실천하라.
(2) 당신 자신의 감정을 인식하라: 따스함, 이해, 긍휼, 동정심을 통해 그것을 표현하라.
(3) 다른 사란들의 필요와 감정에 민감하라: 이기적인 경향을 극복하기 위해 노력하며 다른 사람들의 필요를 생각하라.
(4) 다른 사람들과 갖는 관계에서 가능한 한 따스함을 보이라.
(5) 논리뿐만 아니라 인간적인 가치에 근거하여 결정하기를 배우라.
(6) 손에 잡히는 사실 너머를 보고 잠재력과 미래의 잠재력을 생각하라.
(7) 하나님에 대한 신뢰와 하나님의 사랑의 보살핌에 대한 당신의

신뢰를 깊게함으로써 긴장을 갖고 사는 것을 배우라.
(8) 주요한 프로젝트를 완성하기 위해 계획을 세우고, 조직하고, 실행하라.
(9) 뒤따르는 세미한 것들을 개인적으로 돌봄으로써 시작된 프로젝트를 완성하는 데 주의를 기울이며 다른 사람에게 미루지 말라.
(10) 헌신과 관계에 성실하라.
(11) 훌륭한 청취자가 되고, 알려져야 할 것들에 대해 아는 척 하지 말라.
(12) 때로 홀로 있는 것을 즐기는 법을 배우라.

ISTP 유형의 기도
(기본적인 유혹=SP)

우월기능: 사고   보조기능=감각
열등기능: 감정   제3 기능=직관

ISTP들은 매우 실천적이며, 사리가 분명하며, 영향력이 있고, 조용하며, 준비성이 있고, 객관적이며, 사실적이다. 그들은 숙련공이며 장색(匠色)이다. 그들은 대게 탐구하는 일에 익숙하며 그들이 탐구하는 대상을 추구하는 데 지치지 않는 열정을 지닌다.

ISTP들은 기도보다 행동을 선호하며 일하는 동안 사용할 수 있는 기도 방식을 찾을 필요가 있다. 하나님 임재의 실천 기도(하나님은 우리와 늘 함께 계신다는 것을 기억하며)와 예수기도는 이 유형에 적합하다. 우리는 로렌스 형제Brother Lawrence의 저서 *Practice of the Presence of God* 〈하나님 임재를 연습하라〉를 연구할 훌륭한 저서로 추천한다. 이 책은 일상생활에서 일어나는 사건에서 하나님을 경험하도록 도울 것이다.

깊은 사고와 집중을 잘 하기에, ISTP들은 형식을 갖춘 기도를 실천하면서 매일같이 최소한 30분을 보낼 수 있다. 이 기도는 단순히 침묵하며 주님과 함께 하는 것으로 이루어질 수 있다. 사실 ISTP들은 주말 예배의 침묵 예전Silent Liturgy을 선호한다. 그들은 대중기도와 개인 기도에서 유익을 얻기 위해 자기훈련 뿐만 아니라 구조를 필요로 한다.

그들은, 영적체험은 커실로Cursillo나 편안함을 느낄 수 있는 다른 그룹 같은 영으로 충만한 공동체 안에서 발견될 수 있다는 사실을 기억해야 한다.

ISTP들은 또한 다른 이들로부터 받는 감사와 이해를 필요로 하므로, 만일 함께 나눌 수 있는 같은 마음을 가진 대그룹이 있다면 최소한 한 사람의 신뢰할만하고 영적인 친구와 동료가 필요하다. ISTP들은 잘 수행되고, 질서 있고, 훌륭한 영적 나눔을 가지기만 한다면 그런 기도 그룹에 속하여 유익을 얻을 수 있다.

성 베네딕트의 렉시오 디비나, 프란시스 유형의 기도, 그리고 성 이그나시우스의 「영적훈련」은 형식적인 기도 기간 동안 사용할 수 있는 적합한 기도 유형이다. ISTP들은 자신들을 복음서 배경 안에 두기 위해 이그나시우스가 추천하는 감각적 상상력sensible imagination을 활용할 수 있지만, 끝에 가서는 묵상에서 어떤 실질적인 열매를 이끌어내야 한다.

　만일 렉시오 디비나가 사용된다면, 기도 기간의 절반은 성경구절의 의미나 영적인 독서의 의미를 묵상하는 데 보내야 한다. 아마도 약 5분을 실제 독서에 사용할 수 있다. 개인은 다음 15분 동안 곰곰이 생각할 수 있는 어떤 가치 있는 생각을 얻기에 충분할 만큼 독서해야 한다. 그런 다음 간구, 겸손, 통회, 감사, 결단, 헌신이 뒤따른다. 마지막으로, 개인의 의식 속으로 깊이 침잠하기 위해 새로운 생각을 허용할 결단 전에 몇 분이 주어져야 한다.

　프란시스 유형의 기도는 특히 ISTP들에게 호소력을 갖는다. 기도를 위한 제안은 시골 길을 걷거나 혹은 공원에서, 혹은 호수 주변을 거닐며, 혹은 바닷가에서 예수를 상상하는 것이다. "나는 예수께 무엇을 말씀드릴 수 있으며 예수는 내게 무슨 말씀을 하실까?" 이 순서를 바꾸는 일은 전적으로 자유로우며 동시적이다. 이런 종류의 배경이나 대화는 특히 ISTP들에게 호소력을 갖는다.

　ISTP들은 새롭고 다른 기도 방식을 사용하는 데 자유로워야 하며 하나의 기도 방식에 매여서는 안 된다. 그들의 감정의 열등기능과 제3의 직관기능을 활성화하기 위하여 어거스틴과 토마스 기도가 한 주에 최소한 한 번은 사용되어야 한다. 더욱 어려운 기도 유형은 어거스틴 유형일 것이다. 기도 구조가 단순하면 할수록 ISTP들은 그로부터 더 많은 유익을 얻는다. ISTP들은 일들을 보살피기 위해 하나님을 신뢰하는 것을 배워야 한다.

ISTP 그림자의 잠재력을 인식하고 계발하기

유형 상 당신의 반대편인 ENFJ 성격의 기본 속성들에 친밀하라. 당신의 감정의 열등기능과 직관의 제3기능을 어떻게 충분히 사용할 수 있는가를 생각하라. ENFJ 유형의 사람을 읽을 때, 특히 당신의 행동의 습관적인 방식과는 다른 면과 관련하여 무엇이 당신에게 충격을 주는가? 기도하는 동안 어떻게 이 새로운 속성들과 관계 방식이 당신의 일상생활에서 드러나야 할지에 대해 생각하라. 토마스가 하는 기도적인 숙고prayerful consideration 방식을 사용함으로써 ENFJ가 지닌 특질에 대해 묵상하며 스스로에게 질문하라: 무엇을, 왜, 어떻게, 언제, 어디서, 누가, 무슨 도움을 받아서?

ISTP가 기도할 때 생각해야 할 그림자 특질을 생각하며 다음 질문들을 숙고하라.
(1) 다른 사람들에게 따스함과 동정심을 보여라: 친절하고 전략적이 되라. 당신의 인격의 감정 측면을 계발하고 다른 사람들 앞에서 감정을 공개적으로 표현하라.
(2) 친밀한 우정을 계발하고 그들과 함께 매 주마다 우선적인 시간을 보내라.
(3) 다른 사람들에 대한 책임을 느끼라.
(4) 약속과 헌신에 충실하라.
(5) 마음에 썩 들지 않고 가치 없어 보여도 협동하라.
(6) 다른 사람들의 견해가 지닌 가치를 보도록 힘쓰라: 토의할 때 동의하지 않는 점을 불쑥 말하기 전에 동의하는 점을 언급하라.
(7) 당신에게 동의하지 않는 사람들을 참으라.
(8) 예감, 영감, 통찰력, 가능성에 대해 마음을 개방하라. 그것들을

따르고 탐구하라. 분명한 사실들 배후에 있는 잠재력을 찾으라.
(9)작업장이나 다른 곳에서 불필요하게 보이더라도 다른 사람들이 따르는 규율과 내규를 기꺼이 따르라.
(10)가정, 직장, 공동체 안에서 조화를 창조하라.
(11)어떤 모임이나 집단의 리더가 되도록 지원하라.
(12)어떤 이벤트, 행동, 프로젝트를 준비하는 데 시간을 가져라. 그리고 처음부터 끝까지 그것을 따르라.
(13)다음 주를 위한 스케줄을 짜고 그에 유념하라.
(14)소홀히 여겨왔던 어떤 일상적인 것들을 새로 시작하라.

ESTJ 유형의 기도
(기본 기질= SJ)

우월기능=사고   보조기능=감각
열등 기능=감정   제3 기능=직관

ESTJ들은 반응을 잘 나타내고, 질서정연하며, 현실적이고, 보수적이고, 시종일관하다. ESTJ들은 표준 기능 절차Standard Operating Procedure를 좋아하며, 확립된 질서 보존을 추구한다. 기도 생활에서 그들은 디바인 오피스Divine Office같은 전통적인 기도를 선호한다. 그러나 그들은 로자리Rosary를 어렵게 여길 수 있다. 그 까닭은 한 번에 신비에 대한 묵상과 기도 두 가지를 할 수 없기 때문이다. 그들은 또한 단조로운 반복에 쉽게 혼란을 느낄 수 있다. 그러므로 그들은 개인기도 시간에 보다 자발적이며 대화할 수 있도록 시도해야 한다.

　예전에 관한 한, ESTJ들은 지속적으로 변하지 않는 것을 선호한다. 그리고 많은 ESTJ들은 제2차 바티칸 회의 이래 이루어진 빈번한 변화에 자신들을 적응시키는 것을 어렵게 여긴다. 기본적으로 실제적이고 법과 질서의 사람들이기 때문에, 그들은 결코 교회의 규율을 따르지 않을 것이며 내면적으로 동의하지 않더라도 권위에 충성할 것이다. ESTJ들은 무엇보다 확립된 질서를 보존하고 건강하고 균형 있는 질서를 유지시키고자 한다. 그들은 특히 타당한 권위에서 비롯되지 않은 어떤 급작스런 변화를 거부할 것이다.

　ESTJ들은 매일 홀로 기도하는 일에 30분을 보낼 필요가 있다. 이 기간 동안 그들은 다른 사람들이 사용하는 기도에 더하여 마음에서 우러나는 자발적인 기도를 하려고 노력해야 한다. 성 이그나시우스의 「영적훈련」은 그들의 영성생활에 큰 도움이 될 것이다. ESTJ들은 자신들을 복음서 현장 안에 투사하여 예수께서 그들에게 말씀하시고 그 다음으로 그들이 예수께 말씀드리는 것을 상상하기 위해 감각적인 상상력을 사용하도록 자신들을 훈련시켜야 한다. 성 이그나시우스가 추천한 바와 같이, 그들은 예수의 생애에서 일어난 사건들을 관상하여 그들의 삶에서 어떤 열매를 이끌어내도록 고군분투해야 한다. 미와 결점에 대한 논리적 숙고와 묵상하는 토마스의 유형 또한 ESTJ들을 위해서는 유용한 방식이다. 영적독서에서 묵상, 기도, 그리고 관상에 이르는 질서정연한 진보과정을 갖는 베네딕트의 렉시오 디비나는 ESTJ들에게 호소력을 가질 것이다. ESTJ들은 나눔과 주고받는 지원 때문에 기도 그룹에 속하는 것이 도움 된다는 것을 알 것이다. 외향적인 그들은 훌륭한 기도생활과 그들의 영적 여정의 성장을 유지하기 위해 다른 사람들의 지원을 필요로 한다. 이와 유사하게, 그들은 주일에 거행되는 성만찬이 의미 있기 때문에 공동체와 회중 참여의 좋은 경험을 필요로 한다.

모든 ESTJ가 주말의 카슬리오에 대한 경험을 자기고 그 팀에 참여하는 것은 바람직하다. 주말의 카슬리오 기간 동안 공동체가 경험하는 기도의 영적 체험, 특히 매일 거행되는 성만찬은 ESTJ의 영적성장을 위한 풍부한 자원이 되어야 한다.

만일 ESTJ들이 매일 한 시간의 기도를 한다면 그들은 깊은 위로, 지원, 도움 그리고 하나님의 사랑의 돌보심 안에서 쉼을 갖는다는 것을 느끼는데, 결과적으로 이는 내적 평안과 하나님께 가까이 있는 느낌을 줄 수 있다. 그와 같은 체험들은 매우 갑자기 일어날 수 있지만 삶의 과정에서 드물다. 그러나 이런 은혜의 순간으로부터 받은 위로와 힘은 ESTJ로 하여금 성결과 구원의 길로 들어서게 할 수 있다. ESTJ들은 꾸준히 성령의 임재에 마음 문을 열어야 하며, 하나님의 뜻과 일치하는 삶을 위해 자신들의 삶의 방향을 기꺼이 변경해야 한다.

어거스틴 기도 유형은 열등기능과 제3기능의 사용을 요구하기 때문에 아마도 ESTJ에게 힘들 것이지만, 최소한 한 주에 한 번 이 기도 형식을 사용할만 하다. 프란시스 기도 유형은 그들에게 실질적인 기도로 보여지지 않겠지만, 만일 사용한다면 큰 영적 유익을 얻을 것이다.

ESTJ의 그림자를 인식하고 계발하기

유형 상 당신의 반대편인 INFP 성격의 기본 속성들에 친밀하라. 당신의 감정의 열등기능과 직관의 제3기능을 어떻게 충분히 사용할 수 있는가를 생각하라. INFP유형의 사람을 읽을 때, 특히 당신의 행동의 습관적인 방식과는 다른 면과 관련하여 무엇이 당신에게 충격을 주는가? 기도하는 동안 어떻게 이 새로운 속성들과 관계 방식이 당신의 일상생활에서 드러나야 할지에 대해 생각하라. 토마스가 하는 기도적인 숙고prayerful consideration 방식을 사용함으로써 ENFJ가 지닌 특질에 대해 묵상하며 스스로에게 질문하라: 무엇을, 왜, 어떻게, 언제, 어디서, 누가, 무슨 도움을 받아서?

ESTJ가 기도할 때 생각해야 할 그림자 특질을 생각하며 다음 질문들을 숙고하라.
(1) 논리적이며 이성적인 것보다는 감정, 충동, 예감을 따르라.
(2) 다른 사람을 즐겁게 하는 데서 기쁨을 찾으라. 다른 사람들의 감정에 대해 예민하라.
(3) 다른 사람들의 강점 곧 칭찬, 공정에 대해 고마움을 표현하라: 교정을 필요로 하는 것보다 잘된 것을 더욱 자주 언급하라.
(4) 다른 사람들에 대한 당신의 감정을 계발하고 표현하라. 특히 당신의 가족, 배우자, 그리고 자녀들에게 그렇게 하라.
(5) 다른 사람들에게 열정, 따뜻함, 동정심을 보이라
(6) 다른 사람들에 대해 쉽게 결론 내리지 말라.
(7) 판단을 보류하고 성급한 판단을 피하라.
(8) 다른 사람들의 가진 관점에 귀를 기울이되, 특히 뒷 말하지 않는 자들에게 하라.

(9) 프로젝트의 사소한 부분을 수행에 옮기지 않는 자들에게 인애하라.
(10) 실제적인 활용 부분이 없지만 당신이 배울 가치 있는 어떤 주제든 연구하라.
(11) 선에 대한 가능성과 미계발된 잠재력을 찾으라.
(12) 한 주간에 하루를 설계하지 말고, 계획을 세우지 말고 열어두라. 여행을 가거나 하루를 비워두라.
(13) 당신 자신의 관점보다 다른 사람의 방식과 관점에 개방적이 되라.
(14) 표준 기능 절차(Standard Operating Procedure)에서 기꺼이 이탈하려고 하라.
(15) 때로 당신이 원하는 것보다 다른 사람이 원하는 바를 따르라.

ISTJ 유형의 기도
(기본 기질=SJ)

우월기능=감각   보조기능=사고
열등기능=직관   제3 기능=감정

ISTJ들은 신중하고, 조용하며, 철두철미하고, 질서를 존중하며, 논리적이며, 사실적이다. 그들은 의무 지향적이며, 모든 것을 조직적으로 하며, 솔직하며, 엉뚱하지 않는 사람들이다. 그들은 시간을 존중하는 조직의 보호자이며, 변화에 저항하며, 본성상 보수적이다. 그들은 강한 감정과 정서를 다루는 것을 힘들어 하며, 결정을 필요로 할 때 초긴장 상태에 들어간다. 그들은 어떤 조직에 힘이 될 수 있고, 그들이 가진 강한 확신으로 카리스마를 지닌 지도자가 될 수 있다. 교황 요한 바울2세가 ISTJ 유형이다.

내향적이기 때문에 ISTJ는 매일 홀로 하나님과 귀중한 시간을 보낼 필요가 있다. 성 이그나시우스는 ISTJ이기 때문에, 「영적훈련」이 ISTJ 기질에 호소력이 있다. ISTJ는 자신을 한 참여자로 성경의 장면 속에 투사하기 위해 감각적 상상력을 계발해야 한다. 예를 들어, 성 이그나시우스는 ISTJ가 자신을 예수가 출생할 때 마굿간에서 마리아와 요셉 그리고 목자들 사이에 이뤄지는 대화를 들으며 아기 예수를 지켜보는 한 남종 혹은 여종을 상상할 것을 제안한다. 이그나시우스는 항상 권면으로 그의 묵상을 끝 맺는다: "관상에서 어떤 실제적인 열매를 이끌어내라".

영적 독서, 묵상, 오라시오, 그리고 관상의 과정으로 이뤄지는 성 베네딕트의 렉시오 디비나는 마찬가지로 ISTJ의 기도를 위한 질서 정연한 형식을 제공할 것이다. 특별히 ISTJ에게 유익한 성경은 마태복음, 이사야, 사도행전, 시편, 출애굽기, 민수기, 그리고 신명기가 될 것이다. ISTJ는 기술을 배우고자 하는 큰 필요를 갖고 있고, 성경이나 다른 여타의 것들을 통해 하나님께 "귀를 기울이는 예술"art of listening을 계발한다. 그러므로 「영적훈련」을 사용하는 지도 퇴수회Directed Retreat는 하나님께 귀 기울이는 이 훈련을 배우고 계발하는 수단으로서 도움이 될 것이다.

그들이 가진 열등기능과 제3기능의 초월적 차원을 활성화하기 위해, ISTJ는 최소한 하루에 한 번 어거스틴 유형의 기도를 사용하기 위해 노력해야 한다. 그렇게 하면 자칫 억압되고 미분화된 상태로 남아 있을 감정 기능과 직관 기능을 계발하는 데 도움을 줄 것이다. 토마스 기도 유형과 프란시스 유형의 기도는 그들에게 좀 쉬운 형태로 제공되어야 하며, 최소한 하루에 한 번 사용되어야 한다.

디바인 오피스Divine Office와 로자리Rosary는 갖추고 있는 구조 때문에 도움이 될 수 있다. ISTJ는 기도의 바탕 공식set formulae을 좋아할 수 있지만, 자신과 하나님과의 연합을 파괴하는 판에 박은 습관을 방지하기 위해 두 서너 달이나 이따금 그것을 변경할 필요가 있다.

ISTJ들은 홀로 기도하면서 큰 성취를 이룰 수 있지만, 최고도의 기도 경험은 대게 공동체와 회중 경험congregational experience을 통해 온다. 그러므로 그들은 기도 그룹에서 도움을 발견할 수도 있고 그렇지 않을 수도 있다. 그러나 주 마다 같이 만나서 기도하고 숙고하는 같은 마음을 가진 친구들로 모인 소그룹을 찾을 수 있기 때문에 「커실로 위크앤드」를 강력하게 추천한다.

감정을 표현하는 데 어려움을 느끼기 때문에 ISTJ들이 영적 일기 spiritual journey를 계속 쓰려고 노력하는 것은 좋은 일이다. 일기를 쓰는 일은 두 가지 능력을 계발하게 한다: 질서 정연과 영적생활에서 진보가 이루어지고 있다는 것을 깨닫는 것이다.

ESFP 유형의 기도
(기본 기질=SP)

우월기능=감각　보조기능=감정
열등기능=직관　제3 기능=사고

　ESFP는 태생적인 지도자이자 훌륭한 엔터테이너이며, 매우 매력적인 인격 소유자이며, 쉽게 대중을 매혹한다. 사람들은 그들을 주변에 두는 일을 즐긴다. 어디로 가든지 그들은 따뜻함, 흥분, 낙관주의를 가지고 간다. ESTP들은 분위기를 살리는 자이며, 흥분을 좋아한다. 그들은 충동적이며, 종종 발을 그릇된 곳에 들여놓는다.

　이 기질에게 중요한 것은 사람들과 함께 하는 것이며, 다른 사람들과 행동을 함께 하는 것이다. ESTP들은 동료애와 그룹이 주는 격려 때문에 기도 그룹을 즐긴다. ESTP들은 카슬로 위크앤드Cursillo Weekend를 즐길 것이며 그것의 성공에 기여한다. 그들은 관대하며, 사람과 사물을 있는 그대로 수용하고 최대한 이용하려고 한다. 그들은 다른 사람들을 섬기는 것을 좋아하며, 하나님이나 그들의 동료에게 관대함을 나타낼 수 있다.

　ESTP들은 종교의 외양-점화된 촛대, 십자가 상, 성화, 상, 향 등-이 그들의 영적성장에 도움 된다고 생각한다. 그들은 영적생활-하는 일들, 오랜 금식, 그리고 철야-에서 다소 충동적일 수 있다. 극적인 토마스 기도 유형은 자발적인 찬양기도와 감사와 더불어 그들이 선호하는 형식일 수 있다.

　그러나 ESTP들이 매일 홀로 기도하고 하나님과 접촉하는 일은 중요하다. 그들은 하나님께 말하고 듣는 데 하루에 30분은 보내야 한다. 성 베네딕트의 렉시오 디비나는 특히 이 유형에 적합하다. 성경을 읽는 영적 독서로 시작하거나 종교적인 일들을 다루는 다른 책을 읽고, 묵상하고, 그 의미에 대해 숙고하고 읽은 것을 자신에게 적용한 후, 받은 통찰과 삶을 고칠 결단, 선, 사랑, 영광 그리고 하나님의 이름의 아름다움에 대해 감사로 끝낸다.

ESFP들은 예수 그리스도의 수난을 아주 잘 이해하므로 로자리의 슬픈 신비Sorrowful Mystery of the Rosary가 도움 되는 것을 알 수 있다. 그들은 다른 이를 위해 희생하고자 하는 극단적인 관대함을 갖는다. 구약성경 전반에 퍼져 있는 찬양시들Canticles of Praise, 특히 용광로 속에 있는 세 사람의 히브리 청년들에 대한 찬송시(단 3:26-29)는 그들 마음속에 있는 반응 현(絃)을 울릴 것이다. 태양에 대한 성 프란시스의 커실로와 하나님에 대한 다른 유사한 찬양기도는 ESTP 기질에게는 가장 보상 있는 기도다. 아씨시의 성 프란시스는 아마도 ESFP이다.

ESFP들은 그들이 한 중보기도에 대한 직접적이고 극적인 응답을 통해 하나님을 경험한다. 그들은 또한 성 프란시스처럼 자연 안에서, 특히 동식물의 활기찬 본성 안에서 하나님을 느끼고 경험한다. 그들 스스로를 다른 기도 유형들-토마스, 어거스틴, 그리고 이그나시우스 유형에 노출하는 훈련을 통해 큰 유익을 얻을 수 있다.

ESFP 그림자의 잠재력을 인식하고 계발하기

유형 상 당신의 반대편인 INTJ 성격의 기본 속성들에 친밀하라. 당신의 감정의 열등기능과 직관의 제3기능을 어떻게 충분히 사용할 수 있는가를 생각하라. INTJ유형의 사람을 읽을 때, 특히 당신의 행동의 습관적인 방식과는 다른 면과 관련하여 무엇이 당신에게 충격을 주는가? 기도하는 동안 어떻게 이 새로운 속성들과 관계 방식이 당신의 일상생활에서 드러나야 할지에 대해 생각하라. 다음과 같은 질문들-무엇을, 왜, 어떻게, 언제, 어디서, 누가, 무슨 도움을 받아서?-을 당신 스스로에게 하면서 토마 유형의 기도적인 숙고prayerful consideration 방식을 사용하면서 당신이 얻기 원하는 INTJ의 각 특질에 대해 묵상하라. ESFP가 기도할 때 생각하고 숙고해야 할 그림자 특질들은 다음의 제안들 일부나 전체에 반영되어 있다.

(1) 직관, 예감, 번쩍 떠오르는 생각을 신뢰하는 것을 배우라.
(2) 새로운 아이디어를 신뢰하는 것을 배워서 위험을 무릎쓰고 그것들을 소개하라.
(3) 어떤 목표나 목적을 추구하는 일에 한 마음을 계발하라.
(4) 상황, 문제 혹은 결단의 부정적인 면과 긍정적인 면, 어두운 면과 밝은면에 대해 균형 있는 관점을 확립하라.
(5) 어떤 가치 있는 프로젝트를 위해 기꺼이 홀로 행동하고 홀로 있을 의미를 계발하라.
(6) 외면상 불가능하게 보이는 어떤 것과 씨름하는 정신의 힘을 계발하라.
(7) 어떤 중요한 주제에 대해, 그리고 한 개인 자신의 삶의 방향에

대해 결단성과 한 마음을 보여라.
(8) 결단하기 전에 상황을 분석하는 논리적 접근법을 계발하라.
(9) 조직하는 책임과 프로젝트를 완성하는 책임을 가져라.
(10) 당신의 행동과 결정이 오랜 뒤에 가져올 결과를 생각하라.

ISFP들은 실재적인 깊이와 두려움으로 가득 찬 하나님의 임재를 경험할 수 있다. 그들은 그들에 대한 하나님의 인격적인 사랑에 대해, 그리고 하나님은 그들에게 그분의 임재에 대한 감각적인 경험과 사랑의 돌보심을 기꺼이 주시려고 한다는 확신을 갖고자 한다. 하나님은 자신이나 다른 사람들의 내면과 육체를 치유하려는 기도에 응답하시는 은혜를 주신다. 기도 그룹의 안수를 통한 성령세례는 ISFP들에게 매우 실제적이며 생동적인 경험이 된다.

ISFP를 위한 성경구절은 다음 구절이 될 것이다: "주 안에서 항상 기뻐하라. 내가 다시 말하노니 기뻐하라. 너희 관용을 모든 사람에게 알게 하라. 구주께서 가까우시니라. 아무 것도 염려하지 말고 다만 모든 일에 기도와 간구로 너희 구할 것을 감사함으로 하나님께 아뢰라. 그리하면 모든 지각에 뛰어난 하나님의 평강이 그리스도 예수 안에서 너희 마음과 생각을 지키시리라" (빌4:4-7).

ISFP들은 자발적인 찬양과 감사로 이루어진 프란시스 기도 유형이 호소력을 지님을 알게 될 것이다. 그러나 렉시오 디비나 뿐 아니라 이그나시우스와 어거스틴 기도 형식 또한 그들에게 가치 있고 유용할 것이다. 오로지 토마스 기도 유형은 어려울 것이다. 그러나 충분한 휴식과 여가 시간이 있을 때 이 기도 형식을 사용하려는 노력이 있어야 할 것이다. 그렇게 사용하면, 그들의 열등기능의 초월적 차원은 느닷없이 신성한 진리에 이르는 아름답고 새로운 통찰을 그들에게 계시할 것이다. 그러므로 그들은 이전에 혼란스럽고 복잡하게 보였던 것을 단순화할 수 있다. 일단 성공적으로 경험한다면, 토마스 기도 유형 또한 그들에게 매력적일 것이다. 그들이 지닌 예술 정신과 자유 정신 때문에 그들의 영성은 감각적인 예술의 외면 형태-음악, 그림, 춤, 꽃꽂이, 조각-로 표현될 수 있다.

ISFP의 그림자가 지닌 잠재력을 인식하고 계발하기

유형 상 당신의 반대편인 ENTJ 성격의 기본 속성들에 친밀하라. 당신의 사고의 열등기능과 직관의 제3기능을 어떻게 충분히 사용하고 있지 않는가를 생각하라. ENTJ유형의 사람을 읽을 때, 특히 당신의 행동의 습관적인 방식과는 다른 면과 관련하여 무엇이 당신에게 충격을 주는가? 기도하는 동안 어떻게 이 새로운 속성들과 관계 방식이 당신의 일상생활에서 드러나야 할지에 대해 생각하라. 다음과 같은 질문들-무엇을, 왜, 어떻게, 언제, 어디서, 누가, 무슨 도움을 받아서?-을 당신 스스로에게 하면서 토마 유형의 기도적인 숙고prayerful consideration 방식을 사용하면서 당신이 얻기 원하는 ENTJ의 각 특질에 대해 묵상하라. ISFP가 기도할 때 생각하고 숙고해야 할 그림자 특질들은 다음의 제안들에 반영되어 있다.

(1) 어떤 프로젝트를 조직하고 실행하라. 목표와 목적을 설정하라: 스케쥴을 준비하라: 시간골격을 계발하라: 그런 다음 스케쥴에 바짝 달라 붙으라.
(2) 어떤 프로젝트나 아이디어를 따르는 데 있어서 일관성을 갖고 엄격하라.
(3) 만기(晚期)가 주는 압력아래서 당신이 일하도록 요구하는 어떤

업무를 취하라.

(4)분석하고 추리하는 데 논리적이 되려고 하라.

(5)당신에게 동의하지 않는 사람들에게 확신시키기 위해 노력하라: 기꺼이 반대하라: 그러나 침묵할 뿐 아니라 공개적으로 당신이 가진 확신을 견고히 붙잡으라.

(6)연구할 주제를 선택하고 좋은 결과가 나올 때까지 유지하라.

(7)은행에 저축을 시작하라.

(8)대중에게 말할 기회를 찾으라.

(9)사적으로만 아니라 공개적으로 당신이 이룬 성취에 대해 말하라.

(10)기꺼이 주목을 끄는 데 있으려 하고 관심의 중심에 있으려고 하라.

ESFJ 유형의 기도
(기본 기질=SJ)

우월기능=감정 보조기능=감각
열등기능=사고 제3 기능=직관

ESFJ는 모든 유형 가운데 가장 사회적이다. 그들은 전적으로 낯선 사람을 쉽게 친구로 삼는다. 동정적이어서 그들의 정서는 언제든 밖으로 드러난다. 진취적이고, 마음이 부드러우며, 센치멘탈한 그들은 사랑을 받을 필요, 눈에 띌 필요, 그리고 인정받을 필요가 있다. 그들은 주는 것을 잘 하고, 돌보고, 위로한다. 그들은 조화를 필요로 하고, 추구하며, 다른 사람들의 견해에 강한 영향을 받는다.

ESFJ들은 그룹 안에서 기도하기 좋아하고, 영적성장에 그룹이 큰 도움이 됨을 안다. 기도하면서 서로 주고받을 수 있는 커실로 그룹 재회Cursillo Group Reunion 같은 소그룹은 그들의 영적성장을 지원할 것이다. 그룹 안에서 기도하고 찬양하는 것을 좋아하기 때문에, 그들은 찬양하고 노래하고 금지당하지 않는 정서를 표현하는 카리스마적인 기도 그룹을 즐긴다.

ESFJ는 친구 되시는 하나님께 말하는 것을 배우는 일이 필요하다. 다른 사람들을 위한 중보기도는 그들의 기도생활의 본질적인 부분이 되어야 한다. 그들의 필요, 문제, 친구들, 그리고 필요 속에 있는 다른 이들은 하나님과 대화하는 그들의 대화 주제여야 한다. 찬양, 감사, 겸손, 그리고 간구는 균형을 갖추어야 한다. 매일 예수께 편지 쓰는 영적 일기를 사용하는 일은 ESFJ가 하나님께 말하는 다른 방법이 될 것이다. ESFJ들은 기도할 때 모든 것을 말하려는 경향을 갖고 있기 때문에, 하나님께 "듣는" 기술을 배우고 실천하려는 특별한 노력이 있어야 한다. 성경이나 다른 종교 문헌을 읽은 후, ESFJ들은 그것을 묵상하고 숙고함으로써 그들을 향한 하나님의 뜻을 분별하려고 해야 한다. 그런 다음 감사, 찬양, 그리고 간구, 혹은 관상하며 하나님의 선하심을 즐거워하는 시간과 함께 결정과 헌신이 뒤따라야 한다.

ESFJ에게 가장 유용한 성경은 시편, 구약성경의 역사서, 사복음서, 야고보서, 요한 서신일 것이다. ESFJ는 모든 기도 유형들-이그나시우스, 베네딕트, 프란시스, 어거스틴-을 사용할 수 있어야 한다.
이그나시우스와 프란시스 유형의 기도는 ESFJ들에게 두 가지 좋아하는 기도 유형이 되어야 하지만, 어떤 ESFJ들은 이그나시우스 유형이 요구하는 구조와 훈련을 어려워한다. 토마스 유형의 기도는 가장 많은 노력을 요하겠지만 휴식과 시간이 주어진다면 큰 보상이 따를 수 있다.

"주 예수여, 나를 긍휼히 여기소서"라고 기도하는 예수기도는 하루 동안 여러 번 반복될 수 있는 기도가 될 수 있다. 이 유형은 로자리에서 유익을 얻을 수 있다. 가능한 한 ESFJ는 의식적으로 하나님의 임재 안에서 살려고 노력해야 하며, 사랑하는 하나님의 끊임없는 임재를 불러일으키기 위해 자발적인 기도를 사용해야 한다. ESFJ들은 보다 쉽게 그들의 마음을 하나님께 집중할 수 있어서 온종일 하나님의 임재와 기도 안에 머문다.

ESFJ들은 기도하는 동안 기쁨, 평화, 행복 같은 많은 감정을 기대할 수 있고, 이것들을 그들의 삶 속에 계신 하나님 임재의 신빙성 있는 영적 체험으로 보아야 한다. 중보기도에 대한 빈번한 응답을 통해 하나님을 체험하기 때문에, 그들은 또한 하나님께 가까운 체험인 비움Emptiness을 체험할 수 있다. 두 가지 모두가 그들에게 하나님에 대한 전적 의지가 필요함을 일깨워주는 영적 체험들이다. ESFJ들은 하나님의 임재, 후원, 사랑 그리고 도우심의 모든 영적 체험에 감사해야 한다.

ESFJ 그림자의 잠재력을 인식하고 계발하기

유형 상 당신의 반대편인 INTP 성격의 기본 속성들에 친밀하라. 당신의 사고의 열등기능과 제3의 직관의 제3기능을 어떻게 충분히 사용하고 있지 않는가를 생각하라. INTP유형의 사람을 읽을 때 특히 당신의 행동의 습관적인 방식과는 다른 면과 관련하여 무엇이 당신에게 충격을 주는가? 기도하는 동안 어떻게 이 새로운 속성들과 관계 방식이 당신의 일상생활에서 드러나야 할지에 대해 생각하라. 다음과 같은 질문들-무엇을, 왜, 어떻게, 언제, 어디서, 누가, 무슨 도움을 받아서?-을 당신 스스로에게 하면서 토마스 형태의 기도적인 숙고prayerful consideration 방식을 사용하면서 당신이 얻기 원하는 INPJ의 각 특질에 대해 묵상하라. ESFJ가 기도할 때 생각하고 숙고해야 할 그림자 특질들은 다음의 제안들에 반영되어 있다.

(1) 어두운 최악의 가능성들에 대해서보다는 사물의 밝고 낙관적인 면을 보도록 하라.
(2) 매일 홀로 있는 시간을 보내라: 침묵하고 뒤로 물러서라.
(3) 인간과 개인으로서의 당신 자신의 가치를 생각하며 시간을 보내라.
(4) 당신 자신, 당신의 가족, 공동체 그리고 세계에 대한 동의할 수 없는 사실들과 직면하라.
(5) 어떤 주제에 대해 추상적, 논리적, 객관적으로 사고하라.
(6) 어떤 사람에 대해 공개적으로 동의하지 말고 논쟁하라.
(7) 충분히 파악할 때까지 어떤 종교적인 주제에 대해 연구하라.
(8) 어떤 주제에 대해 분명한 사고를 하도록 하라.
(9) 유연성과 개방적인 마음을 갖도록 하라.
(10) 한 주간이나 한 달 동안 집에서 하는 일, 규칙적인 일상에서 벗어나도록 하라.
(11) 관대하라. 상처 주는 사람을 긍휼히 여기라.

ISFJ 유형의 기도
(기본 기질=SJ)

우월기능=감각　보조기능=감정
열등기능=직관　제3 기능=사고

ISFJ들은 가장 신뢰할 수 있는 사람들이며, 강한 의무감을 지니며, 대체적으로 사람들과 관계를 잘 맺는다. 그들은 역사와 연속성에 대한 훌륭한 감각을 지니고 있어서 본성상 보수적이다. 그들은 다른 사람들의 필요를 섬기는 일을 사랑하므로 종종 과로하며 부과된 일을 당연시한다. 주목 대상이 되는 것을 피하려는 그들의 내향적인 경향 때문에, 그들은 종종 이기적인 사람들에게 이용당하고 그들이 하는 일에 대해 인정받지 못한다.

ISFJ들은 목적에 대해 강한 신중함을 보이며, 그들이 선택한 목표나 무엇이든 그것을 추구하는 데 큰 담대함을 드러낸다. 기도 프로젝트에 응답하는 자들 가운데 ISFJ들이 다른 유형보다 더 많은 수를 차지한다. 이 사실은 하나님을 기쁘시게 하고 하나님께 기도하는 최선의 길을 찾고자 하는 그들의 욕구를 가리킨다.

ISFJ는 홀로 기도하는 것을 좋아하고(내향성) 침묵기도를 즐긴다. 그들은 영적 성장을 위해 최소한 매일 30분 내지 60분을 기도하는 데 보낼 필요성을 느낀다. 개인의 마음 깊은 곳에서 말씀하시는 하나님께 "듣는" 기술이 계발되어야 한다. 성 이그나시우스의 「영적훈련」에서 설명된 적극적, 감각적 상상 방법이나 베네딕트의 렉시오 디비나는 ISFJ에게 적합한 기도방식이다.

많은 ISFJ들은 로자리에 이끌리지 않는다. 그들은 특히 로자리의 공적인 그룹 암송을 좋아하지 않지만, 그것을 개인적으로 암송할 때 그 가치를 알게 된다. 하루 종일 마음에서 하는 프란시스의 자발적인 기도 형식은 하나님을 향한 그들의 영적 갈망을 채워 줄 것이다. 그러나 그들은 그들의 기도를 입으로 할 필요가 없음을 깨달아야 한다: "이와 같이 성령도 우리의 연약함을 도우시나니 우리는 마땅히 기도할 바를 알지 못하나 성령이 말할 수 없는 탄식으로 우리를 위하여 친히 간구하시느니라. 마음을 감찰하시는 이가 성령의 생각을 아시나니, 이는 성령이 하나님의 뜻대로 성도를 위하여 간구하심이니라"(롬.8:26-27).

ISFJ들은 다른 사람들이 만든 전통적인 기도 형식에 이끌릴 수 있는 기도서를 이용한다. ISFJ들은 또한 그들의 매일의 의무를 이행할 때 중얼거리는 발설 기도ejacutory prayer를 즐긴다. 그들은 찬양, 감사, 그리고 사랑의 기도를 즐긴다. 그들의 영적생활과 기도는 간혹 감상적인데, 그 까닭은 ISFJ들은 대중 앞에서 그들의 정서를 잘 드러내지 못하기 때문이다. 이 수줍어함은 그들이 카리스마 기도 모임 같은 대그룹의 일부가 될 때 사라질 수 있다.

ISFJ들은 커실로 위트앤드에 참여하여 커실로를 섬기기를 추천한다. 그런 일은 그들에게 훌륭한 신앙 체험과 나눔과 친교를 통한 크리스챤 공동체 경험을 제공한다. 그것은 또한 그들의 감정 주변에 세워져 있는 벽을 무너뜨릴 수 있다. 커실로 체험은 경건에 균형 잡히고 정서적인 참여를 계발하는 훌륭한 도구다.

종교 생활을 근본적으로 외부세계에서 하기 때문에, 그들은 어떤 신비적인 체험을 깨닫지 못할 수 있다. 그러나 그들은 그들이 하는 기도에 대해 특별한 응답을 경험하며, 때로는 그들의 삶에서 하나님의 임재에 대한 실제적이며 생생한 체험을 한다. 기도 프로젝트에 참여한 ISFJ들의 신앙체험에 대한 몇 가지 실례들은 다음과 같다: "주님께서 매우 가까이 계심을 느꼈다". "따뜻함과 사랑 안에서 목욕함을 느꼈다". "삼위일체의 임재를 느꼈다." "노래나 자연 광경에 감동되어 눈물을 흘렸다." "하나님의 긍휼을 경험했다." "예수의 가시적 이미지(비젼)를 보았다." "성령충만함을 경험했다."

ISFJ에게 가장 어려운 기도는 그들의 열등기능과 제3기능 사용을 요구하기 때문에 토마스 유형의 기도다. 어떤 이는 구조가 없다는 이유로 토마스 유형의 기도를 기도라고 생각지 않는다. 어떤 이는 이그나시우스의 「영적훈련」을 사용하기 위해 그들의 감각적 상상력을 충분히 활성화하는데 어려움을 느낀다. 그러나 필요한 훈련은 이 모든 기도 유형과의 친밀함을 계발하기 위한 것이 되어야 한다. 만일 그렇게 된다면, ISFJ들은 그들의 영적생활이 크게 강화된 것을 알게 될 것이다.

ISFJ 그림자의 잠재력을 인식하고 계발하기

유형 상 당신의 반대편인 ENTP 성격의 기본 속성들에 친밀하라. 당신의 직관의 열등기능과 사고의 제3기능을 어떻게 충분히 사용하고 있지 않는가를 생각하라. ENTP유형의 사람을 읽을 때 특히 당신의 행동의 습관적인 방식과는 다른 면과 관련하여 무엇이 당신에게 충격을 주는가? 기도하는 동안 어떻게 이 새로운 속성들과 관계 방식이 당신의 일상생활에서 드러나야 할지에 대해 생각하라. 다음과 같은 질문들-무엇을, 왜, 어떻게, 언제, 어디서, 누가, 무슨 도움을 받아서?-을 당신 스스로에게 하면서 토마스 유형의 기도 숙고prayerful consideration 방식을 사용하면서 당신이 얻기 원하는 ENPJ의 각 특질에 대해 묵상하라. ISFJ가 기도할 때 생각하고 숙고해야 할 그림자 특질들은 다음의 제안들에 반영되어 있다.

(1) 각 상황에 대한 논리적 분석에 의해 내리는 좋은 판단을 계발하라.
(2) 변화에 대해 개방적이 되고, 실험하고자 하는 뜻을 보이고, 새로운 것을 추구하라.
(3) 새로운 취미를 계발하거나 당신의 습관적인 활동과 전적으로 다른 무엇을 생각하라.
(4) 최소한 일 년 동안 당신의 삶의 판에 박힌 일상을 깨부숴라.
(5) 보통 상식이 당신의 충동이 죄나 그릇된 것으로 말하지 않는 한, 더욱 자주 당신의 충동을 따르라.
(6) 과거보다 당신 가족 구성원에게 말을 많이 하라.
(7) 당신이 문제를 해결하는 방식에 재간을 보여주며, 실수나 당황을 모험할 뜻을 가져라.
(8) 혁신적이며 모험적이 되라. 모험을 하라. 새로운 일을 시도하라.

ENFP 유형의 기도
(기본 기질=NF)

우월기능=직관 보조기능=감정
열등기능=감각 제3 기능=사고

대체적으로 낙천적이기 때문에, ENFP들은 열정적이며, 상상력이 풍부하고, 비현실주의자이다. 그들의 직관 능력은 아주 강하며, 빈번히 초감각적 지각(ESP)을 경험한다. 따뜻하고 동정적이서 그들은 보통 사람을 다루는 데 능숙하다. 그들의 외향성은 그들이 소설과 드라마에 이끌릴 때 잘 계발되는 경향이 있다.

ESFP들에게 기도는 생존을 위해 필요한 것이며, 기도를 위해 하루 한 시간을 할애해야 한다. 이 시간은 성경이나 다른 종교 책자를 읽는 렉시오 디비나의 어떤 단계나 전 단계-읽은 것에 대한 묵상과 숙고, 간구, 찬양, 감사 혹은 통회의 기도, 그리고 하나님의 아름다움에 대한 관상-에 소비되어야 한다. ENFP들은 다른 성경 인물들의 기도를 사용하는 것이 유익함을 발견할 것이다. 예를 들어, 모세, 다니엘, 마리아, 엘리사벳, 바울 그리고 예수의 찬송시Canticles, 이사야, 아가. 시편, 복음서(특히 누가와 요한), 그리고 바울 서신은 기도적인 숙고prayerful reflection를 하는 ESFP에게 많은 것을 말해줄 것이다.

ENFP들은 어떤 구조를 그들의 기도생활 속에 세울 필요가 있다. 그들은 어렵고 끈질긴 노력을 요구하는 어떤 것을 뒤로 미루는 경향이 있기 때문에 프로젝트 완성을 위한 시간표를 짜야 한다. 그러나 너무 많은 구조는 그들이 갖는 하나님과의 기도안에서의 연합

prayerful union을 방해할 것이므로 적당한 균형을 이루어야 한다. ENFP들은 너무 지나친 활동을 삼가야 한다. 결국 서클 안으로 들어간 그들은 조그만 성취를 거두거나 아예 못 거둘 수도 있다.

ENFP 그림자의 잠재력을 인식하고 계발하기

유형 상 당신의 반대편인 ISTJ 성격의 기본 속성들에 친밀하라. 당신의 감각의 열등기능과 사고의 제3기능을 어떻게 충분히 사용하고 있지 않는가를 생각하라. ISTJ유형의 사람을 읽을 때, 특히 당신의 행동의 습관적인 방식과는 다른 면과 관련하여 무엇이 당신에게 충격을 주는가? 기도하는 동안 어떻게 이 새로운 속성들과 관계 방식이 당신의 일상생활에서 드러나야 할지에 대해 생각하라. 다음과 같은 질문들-무엇을, 왜, 어떻게, 언제, 어디서, 누가, 무슨 도움을 받아서?-을 당신 스스로에게 하면서 토마스 유형의 기도적인 숙고prayerful consideration 방식을 사용하면서 당신이 얻기 원하는 ISTJ의 각 특질에 대해 묵상하라. ENFP가 기도할 때 생각하고 숙고해야 할 그림자 특질들은 다음의 제안들에 반영되어 있다.

(1) 영의 내면생활을 계발하는 데 대해 숙고하고 거기 집중하라.
(2) 자기훈련, 자기부인을 실천하고 어떤 방식으로든 금식하라.
(3) 현실적이며 실제적이 되고, 사소한 것을 놓치지 말라.
(4) 매일 하기 싫어하는 어떤 판에 박힌 일상적인 것을 신중히 수행하라.
(5) 다음 달에 할 모든 것을 철저히 조직하라.
(6) 당신의 삶의 어떤 영역에서 절차를 따르는 일에 표준을 정하라.

(7)어떤 프로젝트를 개혁하고 조직하며, 완성을 위한 스케쥴을 세우고, 완성할 때까지 처음부터 끝까지 그것을 다루라.

(8)사소한 것을 보는 안목을 계발하라.

(9)어떤 문제를 해결하는 데 논리적인 분석을 시도하라.

(10)다른 사람들의 아이디어에 마음을 열고 어떤 프로젝트를 완성 하기 위해 당신 자신의 계획을 앞서나가게 하라.

(11)당신에게 동의하지 않는 자들에게 인내하라.

(12)당신이 한 말, 약속, 헌신에 충실하라: 신뢰감과 안정감을 보이라.

INFP 유형의 기도
(기본 기질=NF)

우월기능=감정 보조기능=직관
열등기능=사고 제3 기능=감각

INFP들은 혼자서 조용하게 기도하려는 욕구를 갖고 있다. 하나님을 위해 구별해 둔 매일 드리는 형식적인 한 시간의 기도는 INFP들에게 필수적이다. INFP들은 렉시오 디비나의 네 단계 모두를 유용하게 활용할 수 있다. 영적 독서; 이 독서에서 발견한 새로운 통찰들에 대한 반성; 자발적인 감사기도, 겸손, 간구 등; 하나님의 아름다움에 대한 관상이나 하나님의 임재 안에서 조용히 쉼을 가짐.

이 필요 때문에 INFP들은 새롭고 더 나은 기도 방식을 찾는다.

그리고 대부분의 INFP들은 기도 그룹 안에 있어 왔다. 그러나 그들은 내향성을 지닌 직관자들이며, 새로운 아이디어에 대해 유연하고 개방적이기 때문에 대부분의 기도 그룹들은 기도를 위한 요구사항들을 완수하지 못했다. 그들은 정상적인 그룹 모임에서 제공된 것보다 더 많은 기도 조용한 시간이 필수적임을 발견한다. 그러므로 그들은 대체적으로 그런 그룹을 버리고 다른 더 개인적인 방식을 찾는다.

INFP들은 성경의 짧고 적당한 페이지를 읽어야 하며, 그것들을 그들의 상황에 적용시켜 그 구절에서 주님께서 계시하는 것을 분별해야 한다. 이는 어거스틴 유형의 기도 방식이다. 기도하는 동안 긴 성경구절을 읽어서는 안 된다. 이는 성경에 대한 경건한 연구를 위해서 합당하지만, 기도하는 시간동안은 합당하지 않다. INFP 기질들이 좋아하는 성경은 제2이사야, 시편, 복음서, 그리고 바울 서신들이다. 일단 INFP가 적당한 성경 구절을 찾으면, 이는 매일 기도하는 기간 동안 반복적으로 사용되어야 한다. INFP는 급하게 다른 성경 구절이나 다른 성경책으로 옮아가지 말아야 하지만, 가능한 한 각 구절을 가지고 길게 기도해야 한다.

INFP들은 대체적으로 이미 짜놓은 기도 유형을 싫어하고 하나님에 대한 보다 개인적이며 자발적인 응답을 선호한다. INFP들은 기도를 형식적인 의무로서 보다는 가장 친한 친구-예수, 아버지 하나님, 혹은 성령께 드리는 헌신의 기쁜 시간으로 보는 것을 좋아한다. 그들은 그냥 조용히 앉아서 주님께서 그분의 뜻을 그들에게 알려주시기를 기다린다. 이는 하나님과 맺는 깊은 합일 경험 및 세계와의 합일 경험을 낳는다.

INFP들은 기도하는 동안 하나님과 여러 차례 만나는 경험을 기대할 수 있다. 이 신앙 체험은 종종 그들의 삶 속에 하나님의 따뜻한 임재를 가져다준다. 하나님의 사랑의 돌보심에 대한 힘에 넘치는 감각이 깊은 고뇌, 두려움, 고통의 시간에 올 수 있다. 자신이 하나님의 품에 안기는 감정을 INFP들은 간혹 경험한다. INFP들이 갖는 다른 영적 체험은 하나님께 깊이 이끌리는 감정과, 신적인 섭리에 대한 감각이나, 자비로우신 하나님의 변치 않는 돌보심에 대한 감각이다.

INFP들은 주께서 원하시는 것이 무엇이든 그것에 대해 개방적이며 수용적일 필요가 있다. 그들에게 필요한 것은 그들에게 찾아오는 어떤 예감, 직관, 혹은 영감을 신중하게 받아들이는 것이다. 이것들은 반드시 그들이 지닌 일반상식이나 믿을 수 있는 영적 친구나 조언자가 주는 조언의 빛을 받아야 한다. 이 영감들은 간혹 꿈으로부터 온다. 꿈에 대한 기록과 영적 여정에 대한 기록은, 만일 그것이 하나님과 나누는 대화 방식으로 여겨지고 독서나 기도나 사고할 때 오는 새로운 아이디어나 통찰에 대한 기록이라면, INFP에게 큰 도움이 될 것이다.

너무 내향적이 되고 너무나도 자기중심적이 되려는 실제적인 위험이 있기 때문에, INFP들은 매일 자신들을 잊고 다른 사람들에게로 다가가는 특별한 노력이 있어야 한다. INFP는 그/그녀의 하루를 이것으로 시작해야 한다: "오늘 다른 사람들을 더 행복하게 하고 나를 더 기분 좋게 하기 위해 나는 무엇을 할 수 있는가?"

INFP 그림자의 잠재력을 인식하고 계발하기

유형 상 당신의 반대편인 ESTJ 성격의 기본 속성들에 친밀하라. 당신의 감각의 열등기능과 사고의 제3기능을 어떻게 충분히 사용하고 있지 않는가를 생각하라. ESTJ유형의 사람을 읽을 때, 특히 당신의 행동의 습관적인 방식과는 다른 면과 관련하여 무엇이 당신에게 충격을 주는가? 기도하는 동안 어떻게 이 새로운 속성들과 관계 방식이 당신의 일상생활에서 드러나야 할지에 대해 생각하라. 다음과 같은 질문들-무엇을, 왜, 어떻게, 언제, 어디서, 누가, 무슨 도움을 받아서?-을 당신 스스로에게 하면서 토마스 유형의 기도적인 숙고prayerful consideration 방식을 사용하면서 당신이 얻기 원하는 ESTJ의 각 특질에 대해 묵상하라. INFP가 기도할 때 생각하고 숙고해야 할 그림자 특질들은 다음의 제안들에 반영되어 있다.

(1) 모든 사람에게 보편적인 통합 상징이나 관점을 발견하기 위해 논리적 사고와 상황에 대한 합리적인 분석을 실행하라. 열등적인 사고 기능이 작용하도록 허용할 쉼과 충분한 여가 시간이 있을 때 이것을 행하라.
(2) 당신이 익숙한 표준 기능 절차Standard Operating Procedure를 더욱 자주 사용하라.
(3) 어떤 프로젝트를 계획하고 조직하며 그것이 이루어지기까지 개인적으로 추진하라.
(4) 시종일관하며 더 이상 흥미가 유발되지 않아도 프로젝트를 추진하라.
(5) 사소한 것을 눈여겨보면서, 실제적이고, 사실 중심적인 마음을 가지라.

(6)우선 순위 상, 아마도 당신의 흥미를 끄는 것 가운데 가장 밑바닥에 있는 가치 있는 일을 하라.

(7)다른 사람이 가진 좋은 아이디어를 받아들이기 위해 당신이 가진 아이디어를 기꺼이 포기하려고 하거나, 시간이 적당하고 다른 사람들이 동의할 때까지 당신이 하는 일을 연기하라.

(8)다른 사람들에게 즐거움을 줄 어떤 사소한 것들을 실행하라.

(9)불필요하고 중요하지 않아 보이더라도 다른 사람들이 끼여 드는 것에 대해 마음 문을 열라.

(10)기꺼이 애정을 표현하고 깊은 정서까지라도 드러내라.

(11)미래의 가능성뿐만 아니라 현재에도 관심을 가지라.

ENFJ 유형의 기도
(기본 기질=NF)

우월기능=감정 보조기능=직관
열등기능=사고 제3 기능=감각

ENFJ는 매일 홀로 기도하는 시간을 필요로 한다. 만일 가능하다면, 60분을 추천할 수 있겠다. 이 시간 동안 ENFJ는 하나님께 귀 기울이고 하나님의 뜻을 분별하는 습관을 계발하는 데 절반인 30분을 보내야 한다. 성 베네딕트의 렉시오 디비나의 모든 네 단계-독서 묵상, 기도, 관상-가 사용될 수 있다. 일단 "듣기"가 하나님의 뜻의 방향을 분별하면, 대화 형식으로 마음에서 우러나는 자발적인 기도는 ENFJ가 하나님의 말씀에 반응하는 중요한 일부가 되어야 한다. 이것이 렉시오 디비나의 오라시오Oratio이다.

ENFJ는 성찬과 다른 공중 예전에서 공동체 경험을 필요로 한다. 공동체 경험은 훌륭한 예전에서 이루어지는 회중찬송과 다른 예전의 요소들에 의해 육성될 수 있다. ENFJ가 커실로에 참여하여 커실로를 섬기는 어떤 부분을 감당하도록 추천한다. ENFJ는 규칙적으로 만나는 기도 그룹에 속하므로 많은 유익을 얻을 수 있다. 이것은 같은 마음을 가진 서너 사람으로 이루어진 소그룹이 될 수 있고 더 큰 그룹이 될 수도 있다. 그룹의 규모가 어떻든지 ENFJ는 리더쉽에서 많은 책임을 떠맡는데, 그 까닭은 ENFJ는 열 여섯 성격 유형 가운데 가장 자연스런 리더이기 때문이다. 그와 같은 리더쉽은 설령 어떤 이가 명목상의 리더쉽을 떠맡고 있거나 아무도 실제적으로 리더라고 말하지 않는 경우라도 그렇다.

ENFJ들은 단조로운 반복 때문에 로자리를 기도로 생각하지 않는다. 그러나 그 둘 가운데 일부는 로자리의 반복이나 만투라(mantura: 주문 기도)나 발설 기도ejaculatory prayer가 마음을 진정시키고 평온케 하는 영향을 가지고 있음을 안다. ENFJ들은 그들이 가진 자유를 상황에 적합한 유형을 자료를 발견할 때까지 다른 기도 유형과 다른 독서 자료들을 실험하는 데 사용해야 한다. 대체적으로 어거스틴 유형의 기도가 선호된다. 그러나 적은 노력으로 ENFJ는 많은 영적 유익을 거두면서 다른 기도 유형들을 적용할 수 있다. 토마스 유형의 기도는 가장 어렵고 많은 노력을 요구하는 유형이 될 것이다.

ENFJ들은 만일 그들의 기도가 강렬하다면 극적인 응답을 기대할 수 있다. ENFJ들이 언급한 일부 경험들은 다음과 같다: "말로 설명할 수 없는 평강과 기쁨", "따뜻한 느낌", "신적 임재에 대한 감각". 많은 ENFJ들은 안수를 통해 다른 사람들을 치유하는 카리스마적인 은사를 부여받은 사실을 안다. ENFJ들은 하나님께서 그들에게 부여하신 은사가 무엇이든 그것을 활용하는 데 관대해야 한다. "하나님께는 불가능이 없느니라"(눅 1:37). "믿는 자에게는 능치 못함이 없느니라" (막.9:23).

ENFJ들은 그들의 직관, 예감, 그리고 갑자기 부상하는 아이디어를 믿을 수 있다. 그것들은 대체적으로 타겟이 될 수 있다. 그러나 그것들은 일반 상식을 벗어나서는 안 된다. 선과 악에 대한 강렬한 힘으로 말미암아 ENFJ들은 다른 사람들을 섬기는 데 가장 이기적이라는 것은 엄연한 사실이다. ENFJ의 끊임없는 전제는, "내가 대부분의 사람들을 위해 어떻게 최상의 일을 할 수 있겠는가?" 가 되어야 한다.

ENTJ 그림자의 잠재력을 인식하고 계발하기

유형 상 당신의 반대편인 ISTP 성격의 기본 속성들에 친밀하라. 당신의 감정의 열등기능과 감각의 제3기능을 어떻게 충분히 사용하고 있지 않는가를 생각하라. ISTP유형의 사람을 읽을 때, 특히 당신의 행동의 습관적인 방식과는 다른 면과 관련하여 무엇이 당신에게 충격을 주는가? 기도하는 동안 어떻게 이 새로운 속성들과 관계 방식이 당신의 일상생활에서 드러나야 할지에 대해 생각하라. 다음과 같은 질문들-무엇을, 왜, 어떻게, 언제, 어디서, 누가, 무슨 도움을 받아서?-을 당신 스스로에게 하면서 토마 유형의 기도적인 숙고prayerful consideration 방식을 사용하면서 당신이 얻기 원하는

ISTP의 각 특질에 대해 묵상하라. ENFJ가 기도할 때 생각하고 숙고해야 할 그림자 특질들은 다음의 제안들에 반영되어 있다.

(1) 장소, 사람들, 사건들의 사실들과 사소한 것들을 기억하는 데 주안점을 두라. 사소한 것들을 예시하는 안목을 계발하고 그것을 사람들과 나누라. 다른 사람들에게 좋은 방법을 제시하기를 배우라.
(2) 토마스 유형의 기도를 사용하면서 어떤 주제에 대한 논리적 분석을 실행 하라.
(3) 적용성에 주안점을 두면서 다른 사람들의 유익을 위해 당신의 계획을 기꺼이 변경하라.
(4) 최소한 한 주에 하루의 스케줄을 비워서 계획을 세우지 않은 채로, 계획을 짜지 않은 채로 두라.
(5) 리더쉽을 발휘하기보다는 항상 다른 사람들이 요구하는 바를 따르는 자가 되라.
(6) 당신과 다른 사람들에 대해 완전주의자로 살지 말라. 당신과 그들이 가진 결점들에 대해 관용하라.
(7) 영의 초월적 가치에 접촉하기 위해 자연의 아름다움을 활용하면서 프란시스 형태의 기도를 실천하라.
(8) 논리적인 분석과 사고를 계발하기 위해 토마스 유형의 기도를 실천하라.

INFJ 유형의 기도
(기본 기질= NF)

우월기능=직관 보조기능=감정
열등기능=감각 제3 기능=사고

대부분의 INFJ들은 형식을 갖춘 기도와 반복 기도를 매우 싫어한다. 그러나 믿음의 공동체 안에서 이런 유형의 기도를 할 수 있는 훌륭한 경험을 갖는다면 큰 유익을 얻을 수 있다. 그들은 침묵에 대한 큰 필요를 가지며 센터링 기도와 관상 기도에 매력을 느낀다. INFJ들은 하나님께 시간의 10%를 드리기 위해 활동시간의 십일조를 드려야 한다. 대체로 INFJ의 기도는 바로 곁에 있는 친구에게 말하듯 마음에서 우러나는 것을 하나님께 드리는 대화기도 conversational prayer가 되어야 한다. 그러나 기도 시간의 좋은 부분은 하나님의 음성을 듣고 하나님의 뜻을 분별하는 데 바쳐져야 한다. INFJ들은 특히 성경말씀의 의미를 오늘의 상황에 적용하는 데 익숙하다. 그들은 간혹 시대의 징조를 읽고 눈앞에 감추어진 위험을 보는 데 익숙하다. 그러나 INFJ들은 선, 사랑, 그리고 하나님의 돌보심에 대한 강한 신뢰를 계발하는 일이 중요하다. INFJ들은 하나님을 굳게 신뢰함으로써 낙망을 극복해야 한다. 리지욱의 성 테레사의 *Little Way of Spiritual Childhood*〈영적 어린아이들이 걷는 소로小路〉는 특히 INFJ들에게 적합하다.

하나님은 특히 성경을 통해 INFJ들에게 말씀하신다. 이 유형을 위한 성경은 제2,3이사야(40-66장), 호세아, 신뢰와 희망의 주제를 담은 시편들, 복음서, 그리고 바울서신들이다. 베네딕트의 렉시오 디비나와 더불어 어거스틴 유형의 기도는 좋아하는 기도 방식이 될 것이다. 그러나 INFJ들은 보편적으로 그들의 직관기능과 감정기능을 활용하면서 기도 유형을 개인화하기 위해 모든 기도 유형을 사용할 수 있다.

하나님에 관한 표현 불가능한 진리를 표현하는 올바른 언어나 상징을 선택하는 능력이 있으므로, 일기를 계속 쓰는 일은 INFJ들을 위한 아주 효과적인 기도 형식이다. 상징과 시적 이미지들은 특히 INFJ들에게 중요하며, 그것들은 그들로 하여금 그들이 지닌 창조적 통찰력과 직관을 표현하도록 한다.

다른 사람들에게 감추어진 것들에 대해 갖는 영적 비전과 분별력 때문에 INFJ들은 훌륭한 상담가, 영적 지도자, 혹은 영혼의 친구가 된다. 그와 같은 상담과 분별력이 그들이 가진 내면의 자원을 형성하는 통로이므로, INFJ들은 자신들의 영적 밧데리를 충전하기 위해 여가를 가질 때만 아니라 매일 하나님과 함께하는 시간을 많이 가져야 한다.

INFJ들은 종교와 성경의 어떤 면에 대한 새롭고 깊은 통찰을 가져다주는 하나님의 사랑과 임재 경험을 가지기 쉽다. 그들은 그들의 삶을 지도하는 성령의 임재를 느낄 수 있어서, 예수 그리스도와 하늘 아버지와 깊고 인격적인 친밀한 관계에 더하여 성령께 드리는 강한 헌신을 계발해야 한다.

INFJ들은 내면에서 가장 계발되지 않은 능력인 감각이 그들의 그림자 측면이므로 이그나시우스 유형의 기도를 사용함으로써 상상력을 계발할 필요가 있다.

INFJ 그림자의 잠재력을 인식하고 계발하기

유형 상 당신의 반대편인 ESTP 성격의 기본 속성들에 친밀하라. 당신의 감각의 열등기능과 사고의 제3기능을 어떻게 충분히 사용하고 있지 않는가를 생각하라. ESTP유형의 사람을 읽을 때, 특히 당신의 행동의 습관적인 방식과는 다른 면과 관련하여 무엇이 당신에게 충격을 주는가? 기도하는 동안 어떻게 이 새로운 속성들과 관계 방식이 당신의 일상생활에서 드러나야 할지에 대해 생각하라. 다음과 같은 질문들-무엇을, 왜, 어떻게, 언제, 어디서, 누가, 무슨 도움을 받아서?-을 당신 스스로에게 하면서 토마스 유형의 기도적인 숙고prayerful consideration 방식을 사용하면서 당신이 얻기 원하는 ESTP의 각 특질에 대해 묵상하라. INFJ가 기도할 때 생각하고 숙고해야 할 그림자 특질들은 다음의 제안들에 반영되어 있다.

(1)다른 사람들과 사물들에 대해 더 폭넓은 관심을 계발하라.
(2)다른 사람들과 새로운 사건들에 대해 개방적이며 수용적이 되라.
(3)당신의 뜻을 다른 사람들에게 부과하는 일을 피하라.
(4)다른 사람들, 특히 당신에게 동의하지 않는 자들에게 관용을 베풀어라.
(5)다른 사람들의 견해에 마음을 열고 경청하며 그것들을 충분히 고려하라.
(6)판단하고 결단하는 데 서두르지 말라.
(7)관계 있는 사실들과 한계를 간과하지 않도록 노력하라.
(8)당신의 아이디어를 붙잡도록 늘 각성하라.
(9)사소한 것들을 보는 안목을 계발하고, 사실을 똑바로 보고, 그

것들을 기억 창고에 보관하라.

(10) 상황에 대해 합리적 논리적 분석을 시도하라.

(11) 타협하고 화해하는 것을 배우라. 외교와 전략을 배우라.

(12) 어려운 상황과 문제를 해결할 자원을 갖추라.

(13) 완전주의자가 되지 말라. 부족한 것, 그리고 이상적인 것보다 좀 못한 것과 사는 법을 배우라.

(14) 사전의 계획 없이 시간을 내고(하루, 오후, 혹은 저녁), 죄 짓는 일이 아닌 한, 지금 당신에게 자극을 주는 것이 무엇이든 그것을 행하라.

(15) 당신의 삶에서 특히 중요하지 않은 영역을 계획을 짜지 않는 채로 남겨두라.

(16) 걱정, 갈등, 혹은 서두름이 없이 발생하는 그 무엇도 즐기도록 노력하라.

ENTP 유형의 기도
(기본 기질=NT)

우월기능=직관　보조기능=사고
열등기능=감각　제3 기능=감정

　ENTP들은 그들 내면에 있는 최선의 것을 끄집어내는 도전이 필요하다. 체제순응자인 그들은 체제에 의표(意表)를 찌르는 것을 사랑한다. ENTP들은 천재적이며, 새로운 가능성에 대해 민감하며, 풍부한 자원을 갖추고 있고, 낙천적이며, 열정적이며, 간혹 발명가와 혁신가이다. 좀처럼 비판하지 않고, 쉽게 자주 웃는 훌륭한 유머 감각을 지닌 그들은 그룹을 잘 형성한다.

ENTJ들은 새로운 기도 형식, 특히 형식이 복잡하면 새로운 형식으로 기도하기를 즐긴다. 그들은 고상함과 독창성을 사랑하며, 무엇을 행하는 데, 심지어 기도와 종교에서도 전통적이며, 표준적이며, 규격화된 방식을 따르지 않고 항상 새롭고 신선한 접근 방식을 선호한다. 풍부한 자원을 가진 그들은 기도나 예전에서 행하는 새로운 방식을 갖게 하는 도전을 사랑한다. ENTP는 도전이 없을 때 쉽게 낙심하고 흥미를 잃는다.

ENTP들은 자발적이고, 즉흥적인 기도를 잘 하며, 전통적이고 판에 박힌 기도에 싫증을 낸다. 그러므로 ENTP들은 형식을 갖춘 기도를 할 때 매일 일정한 시간을 보내는 훈련이 필요하다. 성 베네딕트의 렉시오 디비나는 특히 그들에게 적합하다. 새로운 아이디어나 통찰을 얻기까지 영적 독서에 시간을 보내야 한다. 기도 시간의 본질적인 부분은 만트라mantra를 사용하여 성경구절을 숙고하는데, 이는 고요히 침잠하여 찾아올 수 있는 어떤 직관이나 영감을 포착하기 위해 듣는 시간이다. 간구, 감사, 찬양, 겸손, 결단 혹은 헌신 기도가 뒤따라야 한다. 끝으로, 새로운 통찰이나 진리를 받아들이는 고요한 관상기도에 몇 시간을 할애해야 한다.

ENTP에게 특별히 도움 되는 성경은 시편, 잠언, 요한복음, 요한일서, 에베소서, 골로새서, 그리고 히브리서다. 만일 ENTP가 매일 기도에 질적 시간을 드리는 일에 성실하다면, 하나님의 임재에 대한 깊고도 생생한 경험을 얻을 것이다.

ENTP가 지닌 외향적 특성 때문에 크리스챤 공동체가 가질 새로운 경험을 위한 커실로 위크엔드를 강력히 추천한다. 영적인 질병과 육체적인 질병을 치유하는 기도 그룹 또한 ENTP에게 호소력을 지닐 것이다.

ENTP는 의례, 의식, 전통을 필요로 하고 그에 반응하는 사람들에 대한 더 나은 이해를 계발하기 위해 영성사(靈性史)를 연구함으로써 영적 생활에 유익을 얻을 수 있다. 관상기도는 이 유형에 적합하다. 아빌라의 성 테레사는 ENTP이므로, ENTP는 그녀가 쓴 글들을 읽어야 한다. 그리고 성 테레사가 추천하는 다른 기도유형들을 경험하기 위한 노력 또한 있어야 한다. 센터링 기도와 침묵 기도뿐만 아니라 중보기도intercessory prayer, 주기도문에 대한 숙고도 포함될 것이다.

토마스 유형의 기도는 ENTP에게 꼭 필요한 기도 유형이다. 그들은 알고 이해하고자 하는 굶주림과 필요를 갖고 있다. 일단 이해하면, 그들은 상황을 잘 다룰 수 있다.

ENTP 그림자의 잠재력을 인식하고 계발하기

유형 상 당신의 반대편인 ISFJ 성격의 기본 속성들에 친밀하라. 당신의 감각의 열등기능과 사고의 제3기능을 어떻게 충분히 사용하고 있지 않는가를 생각하라. ISFJ유형의 사람을 읽을 때 특히 당신의 행동의 습관적인 방식과는 다른 면과 관련하여 무엇이 당신에게 충격을 주는가? 기도하는 동안 어떻게 이 새로운 속성들과 관계 방식이 당신의 일상생활에서 드러나야 할지에 대해 생각하라. 다음과 같은 질문들-무엇을, 왜, 어떻게, 언제, 어디서, 누가, 무슨 도움을 받아서?-을 당신 스스로에게 하면서 토마스 유형의 기도적인 숙고prayerful consideration 방식을 사용하면서 당신이 얻기 원하는 ISFJ의 각 특질에 대해 묵상하라. ENTP가 기도할 때 생각하고 숙고해야 할 그림자 특질들은 다음의 제안들에 반영되어 있다.

(1) 근면하고, 조직적이 되며, 어떤 프로젝트가 성취되기까지 사소한 것들에 대해 인내하라.
(2) 가정이나 직장에서 일상적인 일들을 행함으로써 자기훈련을 계발하라.
(3) 한 달 동안 어떤 일상적인 것을 계발하고 따르라.
(4) 즉흥적으로 하기보다는 철저히 준비하라.
(5) 변화에 대해서는 보수적이 되라.
(6) 지원을 필로로 하는 자들에 대해서는 동정적이고, 전략적이고, 친절하라.
(7) 한 주간 동안 다른 이들을 섬기며 그들의 모든 필요를 섬겨라.
(8) 억압당한 사람들과 함께 일하는 사회봉사에 적극적이 되고, 그들의 필요를 섬기며, 어떤 종류의 성취를 얻기 위해 새로운 직업이나 교육적인 사업을 찾아줌으로써 그들 중 한 사람을 섬겨라.
(9) 다른 사람들을 배려하고 공동체의 복지를 배려하라.
(10) 다른 사람들이 자기들 나름대로 행하는 유행을 따라 마련한 일상을 따르라. 특히 당신이 다른 사람들과 달리 행하는 데 익숙한 영역에서 그리하라.
(11) 한 달 간 당신의 한수 위의 술책을 희생하라. 당신이 듣는 동안 다른 이로 하여금 말하게 하라.
(12) 보수적인 사람들과 그들이 가진 관점을 이해하려고 실제적

으로 노력하라.

INTP 유형의 기도
(기본 기질=NT)

우월기능=사고　보조기능=직관
열등기능=감정　제3 기능=감각

강한 집중력과 탁월한 기억력을 가진 INTP들은 지성을 높이 사며 어느 정도 지적인 사람으로 보일 수 있다. 잡담을 아주 싫어하는 그들은 자신이나 다른 사람에게서 변덕을 잽싸게 탐지해 낸다. 이 기질은 건축가, 프로그래머, 철학자, 수학자이다.

INTP들은 홀로 있는 기도하기를 선호한다. 일반적으로 그들은 진리와 화합하는 논리적이며 조리 있는 기도 형식을 필요로 한다. 그렇지 않으면, INTP들은 이내 맥이 풀려 기도를 포기한다. INTP들은 오랜 시간 동안 깊이 집중할 수 있어서 절대적인 고요와, 필요한 장소와, 기도할 수 있는 사생활(프라이버시)을 필요로 한다. 센터링 기도가 INTP에게 적합하며, 매일 하루가 시작될 때 몇 분을 하나님의 뜻을 이행하는 데 바쳐야 한다. 그들은 매일 침묵 기도를 위해 귀중한 시간을 따로 떼어 놓아야 한다. 그렇지 않으면 그들은 결코 주님과 함께 동행 할 수 없을 것이다. 관상기도가 INTP에게 보다 쉬울 수 있으므로, 이 유형에 속한 자들은 아빌라의 성 테레사의 글을 읽고 그녀가 묘사한 기도 유형을 사용할 것을 추천한다.

INTP는 다양한 기도 형식을 사용할 수 있다. 토마스 형태의 전형적인 묵상 형식과 삼단논법적인 추리를 활용하면 소득이 클 것인데, 그 까닭은 그것은 사고와 직관 모두를 활용하기 때문이다. 추측컨대 감각적 상상력을 강조하기 때문에 이그나시우스 유형의 기도가 INTP에게 가장 어려운 기도 유형일 것이다. INTP는 간혹 기도에 상상력을 사용할 수 없거나 생동감 넘치는 이미지나 그림을 그릴 수 없다. 그러므로 갑자기 출현하는 새로운 아이디어에 주의가 필요하며 묵상은 이 새로운 통찰을 통해 주님이 주시는 메시지를 따라야 한다. INTP는 비인격적인 아이디어를 갖고 일하기를 선호하므로 하나님을 향해서도 쉽게 비인격적이 되기 쉬워서, 하나님을 친밀한 관계를 맺으시는 한 인격보다는 연구되어야 할 대상으로 취급한다. INTP들은 자신들의 감각을 어떻게 표현할지, 그리고 사람들이 가진 동기와 반응에 주의를 한정하는 경향을 가진 사람들과의 관계에서뿐만 아니라 기도에서 어떻게 감정을 계발할지 그 방법을 배울 필요가 있다.

추측컨대 INTP를 위한 가장 가치 있는 기도 유형은 렉시오 디비나이다. 영적 독서에 몇 시간을 보낸 후, INTP는 방금 읽은 내용을 통해 하나님께서 하시는 말씀을 "듣는데" 힘을 써야한다. INTP는 이 고요한 시간에 찾아올지 모를 어떤 새로운 통찰들, 직관들, 아이디어들, 혹은 영감을 얻기 위해 침묵 가운데 경청해야 한다. 이 모든 것들은 진리와 일치하는지 검증하기 위해 신중히 숙고해야 한다. 만일 이 새로운 아이디어나 영감들이 진리와 일치하는 것 같으면 신중히 받아들여서 그것들을 보충하는 다음 단계로 진행해야 한다. 이는 렉시오 디비나의 제2국면인 메디타시오(묵상)인데, 메디타시오 후에는 자발적인 간구, 헌신, 감사, 결단하는 기도가 뒤따라야 한다. 마지막으로, 기도하는 동안 발생하는 것들을 관상하는 데 몇 시간을 소비해야 한다.

INTP들은 그들의 감정feeling과 정동(情動)emotion을 계발하기 위해 프란시스 유형의 기도를 잘 계발해야 한다. 또한 어거스틴 유형의 기도 실천에도 공을 들여야 한다. 이 두 가지는 INTP로 하여금 감정의 열등기능을 계발하여 활용하도록 도움을 줄 것이다. INTP들은 프란시스 유형의 기도로부터 정서적인 "최고 단계"를 가질 수 있다. 그들은 자신들을 향한 하나님의 사랑을 느끼고, 그들은 세상을 위한 하나님의 사랑의 일부임을 깨닫는다.
INTP는 사물, 사건, 혹은 상황을 정의하고 묘사하기 위한 어휘를 찾는 데 익숙하므로 INTP 기질의 사람은 간혹 원형적인 기도 형식을 짜는 데 익숙하다.

INTP의 그림자를 인식하고 계발하기

유형 상 당신의 반대편인 ESFJ 성격의 기본 속성들에 친밀하라. 당신의 감각의 열등기능과 사고의 제3기능을 어떻게 충분히 사용하고 있지 않는가를 생각하라. ESFJ유형의 사람을 읽을 때, 특히 당신의 행동의 습관적인 방식과는 다른 면과 관련하여 무엇이 당신에게 충격을 주는가? 기도하는 동안 어떻게 이 새로운 속성들과 관계 방식이 당신의 일상생활에서 드러나야 할지에 대해 생각하라. 다음과 같은 질문들-무엇을, 왜, 어떻게, 언제, 어디서, 누가, 무슨 도움을 받아서?-을 당신 스스로에게 하면서 토마스 유형의 기도 숙고prayerful consideration 방식을 사용하면서 당신이 얻기 원하는 ESFJ의 각 특질에 대해 묵상하라. INTP가 기도할 때 생각하고 숙고해야 할 그림자 특질들은 다음의 제안들에 반영되어 있다.

(1) 다른 사람들에게 따뜻함과 우정을 발산하라.
(2) 한 주간 전체 동안 모든 사람들과 잘 지내도록 특별한 노력을 기울여라.
(3) 센티멘탈해지는 위험을 무릎쓰고 당신의 깊은 감정을 표현하는 것을 배우라.
(4) 매일 다른 사람들이 하는 것을 칭찬하고, 긍정하고, 찬양하라.
(5) 당신에게 동의하지 않거나 당신이 가장 싫어하는 사람에 대해 전략적이고, 우정을 베풀고, 동정적이 되라.
(6) 다른 사람들의 필요를 살피고, 매일 누구를 위해 무엇을 행하라.
(7) 갈등이 있는 상황에서 조화를 창조해내라.
(8) 방(房), 광경, 사람이 갖춘 모든 사소한 것들을 예시하는 안목을 계발하라.
(9) 모든 것을 멈추고 프란시스 유형의 기도를 하면서 "장미꽃 향기를 맡을" 시간을 가져라.
(10) 실천적이며 실제적인 사실주의자가 되라. 분명하지만 다른 사람들이 인식하지 못하는 것을 식별하기 위해 단순한 어휘나 단순한 설명을 활용하라.

ENTJ 유형의 기도
(기본 기질= NT)

우월기능=사고　보조기능=직관
열등기능=감정　제3 기능=감각

　　ENTJ는 지도하기 위해 태어나고 ,성취감을 느끼기 위해 다른 사람들을 인도할 필요를 가진 지휘관으로 알려져 있다. ENTJ는 힘과 능력을 추구하며 비효율과 무능을 견디지 못한다. 대체로 매우 훌륭한 조직가이며, 사람들과 잘 사귀며, 탁월한 직관을 갖고, 논리적이고 합리적으로 문제에 접근하는 ENTJ는 모든 것이 계획되고 스케쥴되어 있고 구조화되기를 원한다. 그들은 자신들과 자신들이 속한 조직을 위해 1년, 2년, 3년에 걸쳐 일하는 것을 즐긴다.

　　ENTJ들은 예전(禮典)에서 훌륭한 공동체 경험을 필요로 하며, 예배 예전 형식보다 회중찬송을 더 선호한다. 그들은 기도할 때 회중을 인도하고, 예전과 기도의 집례자가 되는 것을 즐긴다. 그들은 사람들과 함께 있는 것을 좋아하므로 "공원에서" 축제를 최대한 즐긴다. ENTJ들은 간혹 카리스마적인 기도 그룹에 매혹당하며 다른 사람들과 함께하는 찬양에 이끌린다. 감정기능이 그들의 열등기능이므로, 기도할 때 그들의 감정과 정서를 활용하기 위해 그룹이나 공동체의 도움을 필요로 한다. 일단 활성화되면, 이 감정들은 하나님의 임재와 사랑에 대한 경험에 큰 도움이 된다. ENTJ들을 위해서 성령 세미나에서 생활하기를 추천한다.

　　ENTJ들은 타당한 결론에 이르게 하는 논리적이며 시종일관한 발전을 시사하는 구조를 갖춘 기도를 원한다. 분명한 구조와 사고를 강조하므로, 추측컨대 토마스 유형의 기도가 그들에게 가장 도움 되는 기도 유형일 것이다. 그들은 로자리를 반복하는 것에 싫증내겠지만, 구조적인 기도 형식을 갖춘 일과 기도서Breviery와 디바인 오피스Divine Office가 도움 되는 것을 알 수 있다. ENTJ들은 기도할 때 감정을 드러내지 않는 경향이 있기 때문에 자신들의 감정을 계발할 필요가 있다. 그들은 홀로 기도하는 것을 힘들어할지도 모른다. 그러나 홀로 기도하는 규칙적인 습관을 계발할 필요가 있다. 하루에 일어나는 사건에 대한 하나님의 뜻에 주의의 초점을 맞추기 위해 하루를 시작할 때 센터링기도를 하면서 몇 분을 보내기를 강력하게 추천한다. 이런 일은 하루 동안 간혹 반복될 수 있고, 잠자리에 들기 전인 저녁 무렵에 다시 할 수 있다.

게다가 ENTJ는 기도와 성경말씀 숙고를 위해 매일 규칙적인 시간을 따로 구별해 놓을 필요가 있다. 성 베네딕트의 렉시오 디비나는 ENTJ에게 도움이 된다. 만일 렉시오 디비나 방법을 사용한다면, 둘째 부분인 영적 독서를 통해 받은 통찰에 대한 묵상과 숙고에 대략 30분을 소비해야 한다(복잡한 문제를 풀고, 뒤엉킨 문제들을 규명하고, 새로운 아이디어를 창조하는 ENTJ의 능력은 개인기도의 이 부분에 사용될 수 있다). 묵상 뒤에는 찬양과 감사, 결단과 간구 기도가 뒤따라야 한다. 기도 끝 부분에서 ENTJ는 주님의 임재 안에서 몇 분을 쉬면서 어떤 새로운 생각이나 통찰이 부상하는지 알기 위해 조용히 기다려야 한다. 고요한 관상은 일 중독성을 가진, 마냥 분주하기만 한 ENTJ들에게 필요하다.

ENTJ는 하나님과 접촉하고자 하는 그/그녀의 노력에, 자동차를

몰거나 목욕하고 옷을 갈아입는 동안 종교음악을 담은 테잎 음악을 들음으로써 도움을 받을 수 있다. 자발적인 찬양과 감사, 그리고 성령과 나누는 대화를 위해 성 루이스 제수잇St. Louis Jesuit의 진흙토기Earthen Vessel 테잎, 웨스턴 에이비Weston Abbey의 테잎, 그리고 마이클 탈봇Michael Talbot의 테잎들을 특별히 추천 한다.

잠자는 동안 성령께서 가치 있는 통찰과 영감을 ENTJ들에게 주실 것이다. 그러므로 ENTJ들은 자신들이 가진 직관능력에 의해 해석될 수 있는 적극적인 꿈 생활을 경험하기 위해 밤에 충분한 휴식을 갖기 위해 힘써야 한다. "주께서 사랑하는 자에게 잠을 주시는도다."(시.127:3). ENTJ는 만일 매일 기도하는 일에 하나님께 시간을 드린다면, 긴장이나 압력으로부터 영적 평안과 해방의 경험을 기대할 수 있다.

ENTJ 그림자의 잠재력을 인식하고 계발하기

유형 상 당신의 반대편인 ISFP 성격의 기본 속성들에 친밀하라. 당신의 감각의 열등기능과 사고의 제3기능을 어떻게 충분히 사용하고 있지 않는가를 생각하라. ISFP유형의 사람을 읽을 때, 특히 당신의 행동의 습관적인 방식과는 다른 면과 관련하여 무엇이 당신에게 충격을 주는가? 기도하는 동안 어떻게 이 새로운 속성들과 관계 방식이 당신의 일상생활에서 드러나야 할지에 대해 생각하라. 다음과 같은 질문들-무엇을, 왜, 어떻게, 언제, 어디서, 누가, 무슨 도움을 받아서?-을 당신 스스로에게 하면서 토마 유형의 기도적인 숙고prayerful consideration 방식을 사용하면서 당신이 얻기 원하는 ISFP의 각 특질에 대해 묵상하라. ENTJ가 기도할 때 생각하고 숙고해야 할 그림자 특질들은 다음의 제안들에 반영되어 있다.

(1) 당신 자신의 감정을 계발하라. 다른 사람들에게 온정을 보이고 감정을 표현하라.
(2) 다른 사람들이 지닌 장점과 가치를 꾸준히 인정하라. 매일 어떤 방식으로 누구든 긍정하는 순간을 만들어라.
(3) 하루 동안 당신이 만나는 모든 사람들의 감정을 심사숙고하라.
(4) 다른 사람들이 가진 관점에 귀를 기울이는 시간을 가져라.
(5) 마음을 개방하고, 유연하게 하고, 수용적이 되라.
(6) 다른 사람들의 실수와 한계와 실패에 대해 관용하라.
(7) 숲속을 거닐면서 당신이 지각하는 강한 감동impression을 활용하면서 프란시스 유형의 기도를 하라.
(8) 어떤 훌륭한 예술형태를 즐기라(예를 들어, 그림, 조각)
(9) 사전에 계획을 세우지 말고 하루를 비우고, 그 행동이 죄스런 것이 아닌 한 당신의 충동이 이끄는 것이 무엇이든 하라.
(10) 자동차로 여행하면서 길 안내표지와 이정표를 보고 기억함으로써 당신의 감정을 계발하라.

INTJ 유형의 기도
(기본 기질=NT)

우월기능=직관 보조기능=사고
열등기능=감각 제3 기능=감정

INTJ는 모든 유형 가운데 가장 자기 확신이 있는 사람이다. 결단력 있고, 실용적이며, 한 마음을 가진 INTJ들은 보편적으로 강한 독립심을 가졌기 때문에 무엇을 하라고 듣는 것을 싫어한다. 그들은 매우 내성적이며, 항상 조급하며, 고집이 세고, 결연하다. 자연과 삶을 통제하려는 욕구 때문에 그들은 자신들을 인간 엔지니어나 고차원의 성취자로 본다. 그들은 새로운 통찰, 영감, 아이디어를 위한 브레인스톰brainstorm(갑자기 떠오르는 묘안)을 사랑한다. 실제적으로 그들의 정동(情動)은 깊이 있고 힘이 있다. 그들의 정동을 표현하는 것을 꺼리는 이유는 그것들을 통제하는 무능력에 대한 두려움에 기인한다.

INTJ들은 개인기도 시간을 필요로 하며 그들 자신의 필요를 위해 어떤 유형의 기도가 가장 적합한지를 결정할 수 있다. INTJ의 기도생활은 내성적이 되기 쉽다. 그들은 대중기도와 공동체 기도에 불편을 느끼는데, 특히 그룹기도는 더욱 그렇다. INTJ 사람에게 훌륭한 공동체 축제 경험을 부여하기 위해 커실로 워크앤드를 강력히 추천한다.

INTJ는 추구하는 사람이며, 그/그녀의 필요에 가장 부합하는 기도 유형을 찾기 위해 가능한 한 많은 다른 유형을 가지고 실험해야 한다. 영적 일기를 계속 쓰는 일은 매우 유용할 것이다. 토마스 유형의 기도를 좋아할 수 있다. 성 베네딕트의 렉시오 디비나를 매우 전통적인 토마의 묵상 형식과 함께 사용할 필요가 있다. 렉시오 디비나를 사용하는 데는 묵상에 들이는 시간만큼 오라시오와 관상에 동등한 시간을 들여야 한다. 복음서들, 특히 요한복음과 시편, 그리고 이사야서는 이 유형에 호소력을 지닐 것이다.

INTJ는 기도와 숙고를 하는 데 매일 "질적인 시간"을 보낼 필요가 있다. 개별적인 기도 기간의 중요한 부분은 마음을 침잠시켜서 하나님의 임재를 경험하고, 마음 깊숙한 데서 하시는 하나님의 음성을 듣는 것이다. 이 일은 참을성과 실험을 요하며, 여러 경우 눈으로 식별되는 유익의 부재(不在)라는 특성을 갖는다. INTJ는 주기도문을 택하여 30분 간 각 구절을 천천히 음송하며 그것이 지닌 의미와 메시지를 숙고할 수 있다. 그와 같은 정온(靜穩)은 직관의 초월적 차원을 활성화하는 데 필요하다.

이 유형은 깊은 내면의 외로움loneliness과 자신에 대한 자아도취적인 관심을 갖기 쉽기 때문에, 질적으로 고요한 시간은 INTJ가 더욱 하나님 중심이 되고 덜 자기중심적이 될 수 있기 위해 매일의 기도에 부여되어야 한다. 그와 같은 고요한 시간은 또한 자신이 가진 일과 책임으로 말미암는 갈등을 잠재우는데 기여할 것이다. 그러나 INTJ는 자신의 동료들을 섬기는 데 자신을 소비할 필요가 있다. 그들은 또한 무엇이든 생기는 프로젝트를 현재 자신들의 흥미를 끄는 것으로 여기지 않으면서 어떻게 여가 시간을 즐기며 그로부터 유익을 얻을지를 배울 필요가 있다.

INTJ는 성경을 그들에게 하시는 하나님의 음성을 "듣거나"

"경청하는" 수단으로 사용하기 보다는 성경에 대해 신학적으로 연구하는 경향이 있다. 그들은 단순히 비인격적인 방식으로 연구할 하나의 대상으로 하나님을 취급하지 않도록 조심해야 한다. 그러므로 예수님과 하늘 아버지와 친밀한 인격적인 관계를 발전시켜나가는 데 최대한의 노력이 경주되어야 한다.

INTJ에게 가장 힘든 기도 유형은 이그나시우스와 프란시스 유형일 것이다. 그들은 오로지 충분한 휴식과 많은 여가 시간이 있을 때 이 기도 형식들을 시도해야 한다. 그들은 프란시스 유형의 기도가 지닌 자발성과 비형식 때문에 이 유형을 참된 기도로 여기지 않을 수 있다. 그들은 하나님을 향한 깨어있는 평화로운 순간과 그들을 사랑하시는 하나님의 사랑에 대한 지식에서 오는 기쁨의 형식으로 영적 체험을 한다. 기도에 대해 주시는 갑작스런 응답 또한 그들에게 하나님의 임재에 대한 깨달음을 준다.

INTJ 그림자의 잠재력을 인식하고 계발하기

유형 상 당신의 반대편인 ESFP 성격의 기본 속성들에 친밀하라. 당신의 감각의 열등기능과 직관의 제3기능을 어떻게 충분히 사용하고 있지 않는가를 생각하라. ESFP유형의 사람을 읽을 때, 특히 당신의 행동의 습관적인 방식과는 다른 면과 관련하여 무엇이 당신에게 충격을 주는가? 기도하는 동안 어떻게 이 새로운 속성들과 관계 방식이 당신의 일상생활에서 드러나야 할지에 대해 생각하라. 다음과 같은 질문들-무엇을, 왜, 어떻게, 언제, 어디서, 누가, 무슨 도움을 받아서?-을 당신 스스로에게 하면서 토마 유형의 기도적인 숙고prayerful consideration 방식을 사용하면서 당신이 얻기 원하는

ESFP의 각 특질에 대해 묵상하라. INTJ가 기도할 때 생각하고 숙고해야 할 그림자 특질들은 다음의 제안들에 반영되어 있다:

(1) 사소한 것을 예시하는 안목을 계발하라. 감각적 실재가 지닌 초월적 특질들을 찾으라.
(2) 눈을 감은 채 좋은 음악을 자주 들으라. 음악을 즐기는 일 외에 아무것도 하지 말라. 그 속에 든 아름다움을 경험하려고 하라.
(3) 다른 사람들과 함께 일을 더 잘하려고 하라.
(4) 다른 기질들이 가진 다른 방식들에 마음을 개방하라.
(5) 당신에게 동의하지 않는 이들에게 인내하고 관용하라.
(6) 당신이 가진 시간과 에너지의 많은 량(量)을 요구하는 친밀한 우정을 계발하라.
(7) 당신이 가진 것을 다른 사람들과 나누는 일에 관대하며, 다른 사람들의 결점에 관대하라.
(8) 권위를 가진 사람을 좋아하지 않더라도 그를 존경하라
(9) 공동체 안에 있는 사람들 가운데 나타나는 갈등을 해결하도록 힘쓰라.
(10) 당신의 아이디어, 견해, 계획을 기꺼이 수정하도록 하라.
(11) "장미꽃 향기를 맡을" 시간을 갖고 삶을 즐겨라.
(12) 간혹 충동에 따라 행동하라.
(13) 잡담이나 소용없는 대화에 그냥 끼어들어 기꺼이 시간을 소비하라.
(14) 다른 사람과 함께 일하고, 계획을 수립하는 것을 배우라.

ISFJ와 ESFP 유형

우월기능=감각　보조기능=감정
열등기능=직관　제3 기능=사고

　감각 유형의 과제는 우리가 가진 역사적 뿌리들과 끊임없는 접촉을 갖는 일이다. 하나님에 대한 경험을 과거로부터 물려받은 전통적인 경험들에 보탬으로써 하나님과 종교는 살아나고 그들에게 살아있는 은혜의 상징이 된다. 그들은 그 경험들을 어떻게 통합할지를 곰곰이 생각하면서 지금 경험하는 동일한 신앙 경험들을 반복적으로 숙고할 필요가 있다. 그렇게 함으로써, 그들은 하나님의 사랑의 섭리가 구원사에서, 성인들의 삶에서, 그리고 그들 자신의 삶에서 역사하심을 본다. 감각적 상상력을 활용함으로써 그들은 어떤 영적인 유익을 얻기까지 예수 그리스도의 생애와 성경 역사에서 발생했던 과거 사건들을 구체화한다. 그들은 특히 이 모든 사건들 안에 있는 하나님의 사랑의 돌보심과 섭리를 분별하도록 노력해야 한다. 사실을 직시하여 그것들을 식별할 필요가 있는 ISFJ들은 하나님의 지혜, 능력, 선, 사랑, 그리고 전 구원사에서 뿐만 아니라 그들 자신의 삶에서 발생하는 사건들 속에서 신실하심의 증거를 찾아야 한다.

　ISFJ들과 ESFP들은 하루 종일 그들의 양심 깊은 내면에서 말씀하시는 성령의 음성에 마음 문을 열 필요가 있고, 또한 올바른 양심을 형성하기 위해 전통적인 가르침과 그것들을 통합하려고 노력함으로써 그들의 마음에 자발적으로 찾아오는 어떤 새로운 통찰을 신중히 받아들일 필요가 있다. 그들은 특히 이 모든 사건들 안에 있는 하나님의 사랑의 돌보심과 섭리를 분별하도록 노력해야 한다. 사실을 직시하고 그것을 식별할 필요가 있는 ISFJ들과 ESFP들은 하나님의 지혜, 능력, 선, 사랑, 그리고 구원사에서 뿐만 아니라 그들 자신의 삶에서 발생하는 사건들에서 하나님의 신실하심의 증거를 찾아야 한다.

ISFJ들과 ESFP들은 하루 종일 그들의 양심의 깊은 내면에서 말씀하시는 성령의 음성에 마음 문을 열 필요가 있고, 또한 진정한 양심을 형성하기 위해 전통적인 가르침과 그것들을 통합하려고 노력하면서 그들의 마음에 자발적으로 찾아오는 어떤 새로운 통찰을 신중히 받아들일 필요가 있다.

자신의 개인적인 확신과 전통적인 교리 간에 갈등이 발생하면, 그들은 관련된 모든 사람들에게 가장 유익을 끼치고 좀처럼 해가 되지 않는 것을 분별하기 위해 그들의 모든 감정기능을 활용할 필요가 있다. 자신의 가장 깊은 확신에 직접 상반되는 외면적인 도덕률을 따를 때 위선이 생길 수 있다. 예들 들자면, 마음속으로 일반 상식과 관계된 모든 사람들의 최선의 유익과 상반됨을 아는 어떤 법에 충성과 순종을 고백하는 것은 위선이다.

프란시스 유형의 기도는 그들이 선호하는 유형이다. 이 기도 형식은 그들이 지닌 감각 기능의 초월적 차원을 활성화해야 한다. 그들은 구체적인 하나님의 실재들에 대한 깊은 통찰을 얻기 위해 외부 세계에 대해 감각적 지각을 사용할 필요가 있다.

그들의 직관의 열등기능은 하나님과 은혜에 대한 가장 힘 있는 생명선이 될 수 있다. 그러므로 그들은 어떤 새로운 통찰들에 대해 늘 깨어있을 필요가 있다. 만일 이 직관들이 소홀히 취급된다면, 그들은 부정적이 되는 경향을 갖게 될 것이다. 그러나 만일 갑자기 찾아오는 영감에 대해 이 여섯 번째 감각을 신중히 수용한다면, 그것은 개인을 하나님과 신적 진리에 관한 놀라운 통찰로 이끌 것이다. ISFJ들과 ESFP들은 특히 그들 자신의 삶과 역사의 사건에 조화와 균형을 보여주는 통합 상징들에 대해 깨어있어야 한다. 그것들이 결국 심원하고 감동적인 내적 경험이나 혹은 기쁨, 평화, 사랑, 그리고 희망의 느낌으로 나타날 때 그는 이 살아있는 상징들을 인식할 수 있다.

추측컨데 토마스 유형의 기도가 가장 어려울 것인데, 그 까닭은 그것은 열등기능과 제3기능을 사용하기 때문이다. ISFJ들과 ESFP들은 오로지 그것을 충분한 휴식과, 각성과 외부의 혼란에서 자유로울 때, 그리고 충분한 여가 시간이 있을 때 사용해야 한다. 이 기도 유형을 소홀히 취급하면 그릇될 수 있다. 토마스 유형의 기도를 하는 동안, 그들은 그들로 하여금 어떤 복잡한 문제들을 더 잘 파악하도록 돕는 새로운 통찰과 은혜를 기다려야 한다. 이는 복잡한 사고 과정을 통합하고 단순하게 하는 통찰에 의해 달성된다. 직관의 열등기능을 사용하기 때문에 어거스틴 유형의 기도는 특별한 노력을 요구할 수 있다. 모든 기도 유형을 활용하는 일은 영적 성장에 필수적이다. 그러므로 형식을 갖춘 기도 기간 동안 개인의 일상에서 충분한 시간을 찾는 특별한 노력이 있어야 한다. 혼란스럽지 않고 각성된 주의를 기울이는 30분의 최소 시간을 전형적인 기도에 바쳐야 한다.

이 두 유형들이 범하는 가장 큰 실수들 가운데 한 가지는 그들의 하루를 열등기능과 제3기능의 문을 두드리면서 감각적인 활동으로 채우고 깊은 영적 실재를 무시하는 것이다. 이를 방지하기 위한 균형 있는 매일 기도는 다섯 가지 모든 기본적인 기도 유형-베네딕트의 렉시오 디비나, 이그나시우스, 어거스틴, 토마스, 그리고 프란시스 유형의 기도-을 포함한다.

ISFP와 ESFJ 유형들

우월기능=감정 보조기능=감각
열등기능=사고 제3 기능=직관

이 두 성격 유형들은 대체적으로 이그나시우스, 어거스틴, 그리고 토마스 유형의 기도가 지닌 어떤 힘을 갖는데, 그 모두는 하나님과 신성한 은혜에 대한 훌륭한 신앙 경험을 낳게 하므로 활용할 때는 큰 만족을 준다. 진실로 이 유형들의 가치를 유지하기 위한 지극히 중요한 점은, 감정과 감각의 초월 기능을 활성화 하는 것이다. 이는 다음과 같은 의미를 지닌다: 사랑, 두려움, 경외, 기쁨, 하나님을 향한 존경의 감정을 가능한 한 활성화 하는 것이다. 그리고 하나님을 향한 이 개인적인 감정들에서 올바른 균형을 유지하는 것이다. 결과는 예수와 하나님과 갖는 깊은 인격적인 관계가 되어야 한다. 감각 기능은 하나님과 하나님께 속한 모든 것에 대한 합당한 감각 이미지들sense images들을 형성하기 위해 활용되어야 한다. 자연에 대한 어떤 아름답거나 경외를 불러일으키는 경험은 이 유형들을 하나님과 접촉하는 데 둘 수 있다. 감각적 상상력 sensible imagination을 사용하면 하나님에 대한 새로운 통찰력을 가질 수 있다. 이것들은 비교들comparisons, 유비들anlogies, 비유들parables, 언어의 표상들figures of speech에 의해 표현될 수 있는데, 그 다음 그것은 개인에게 하나님의 임재와 사랑의 돌보심에 대한 깊은 감동적 경험을 부여하는 살아있는 상징들이 될 것이다.

신성한 실재에 대한 깊은 이해에 도달하여 아버지, 어머니, 친구, 그리고 배우자로서 하나님과 깊은 인격적 관계를 형성하기 위해, 복음서 비유들은 위의 두 유형 모두에게, 특히 이 두 유형에게 유익할 것이다. 자신을 개별적인 비유에 투사하여 성경 인물들의 자리에 둠으로써 개인은 마땅히 자신이 어떤 사람이 되어야 하며, 어떻게 느껴야 할지, 직접적인 경험을 갖게 될 것이다. 그와 같은 투사는 비유에 대한 이해와, 그것을 어떻게 오늘 하나님과 예수와 갖는 개인의 관계에 적용할지에 대해 새로운 차원을 열어 줄 것이다. 그러므로 은혜와 하나님에 대한 살아있는 상징이 경험되며, 개인은 하나님에 대한 깊은 관상적 지식과 경험으로 인도될 것이다(비교. 엡.3:14-21).

추측하기로는 위에서 언급한 유형들에게 가장 어려운 기도 유형은 토마스 유형의 기도일 것인데, 왜냐하면 그것은 그들의 열등기능과 제3기능의 사용을 요구하기 때문이다. 그러므로 이 기도 유형은 충분한 휴식을 취하여 에너지가 충만하고 다른 필요들이나 관심사로 말미암아 혼란스럽지 않을 때만 사용되어야 한다. 토마스 유형의 기도는 하나님, 그리고 그분과 우리가 맺는 관계, 다른 사람들과 맺는 관계와 우리의 의식적 자아conscious ego와 무의식적 자기the unconscious Self 사이에 이뤄지는 올바른 관계를 위한 새로운 통찰에 이르는 길이 되기 쉽기 때문에 소홀히 취급되어서는 안

된다. 이 기도 유형에 있어서, 영적 실재들에 대한 새로운 통찰을 줄 어떤 살아있는 상징과 비교를 찾기 위해 개인은 직관과 사고기능의 초월기능을 활성화할 필요가 있다. 이 새로운 통찰들이 두려움, 경외, 사랑, 그리고 기쁨으로 자신을 채울 신적 진리를 파악하도록 허용해야 한다. 이 새로운 통찰들에 의해 압도당하는 느낌을 가진다하더라도, 그것들을 놓치지 말고 두려움 속으로 달아나지 말라. 단순히 고요 속에 침잠하고 새로운 진리와 함께 자신이 휩쓸려 가도록 허용하라. 마치 대양(大洋)의 파도를 타고 헤엄 칠 때 큰 파도가 지나간 후 물 속에 뛰어들 수 있을 만큼 바다가 평온을 유지하는 것처럼.

사고의 열등기능의 초월적 차원을 활성화함으로써 이 유형들은 간혹 복잡한 외부의 사소한 것들과 단절하고 현존하는 근원적인 일치를 분별할 수 있다. 그러므로 그들은 간혹 자신들을 위해서만 아니라 다른 사람들을 위하여 복잡한 문제를 단순화 할 수 있다.

ISTP와 ESTJ 유형들

우월기능=사고　보조기능=감각
열등기능=감정　제3 기능=직관

신적 진리를 경험하기 위해 사고의 우월기능을 활용하라. 이것은 단순한 지적 파악 이상으로 진리에 이르는 새로운 통찰의 결과인 두려움, 경외, 사랑, 기쁨, 평화에 대한 감각의 경험이 되어야 한다.

기도하는 동안 개인의 정신에 자발적으로 찾아오거나 읽고 연구하는 과정에서 발견된 어떤 유비들, 비교들, 말하는 사람들, 이미지들, 혹은 상징들을 발견하고 곰곰이 숙고하기 위한 특별한 노력이 있어야 한다. 깊은 의미를 간직한 어떤 이미지를 찾으라. 우리가 가진 신앙에 대한 참되고 살아있는 상징은 개인에게 미치는 영향, 즉 기쁨, 환희, 사랑, 희망, 평화, 조화, 질서에 대한 감정으로 개인을 깊이 감동시키는 심원한 영향에 의해 인식될 수 있다. 그러므로 개인은 대극적인 아이디어를 함께 수반하는 통합 상징들이나 아이디어나 이미지들에 늘 깨어있어야 한다. 복음서의 예수의 교훈에 나타난 비유들과 역설들은 이 두 기질들의 기도와 묵상을 위해 이상적이다. 하나님의 창조에 나타난 하나님의 임재, 하나님의 능력, 하나님의 사랑과 선하심을 경험하기 위해 감각의 보조기능을 활용하라. 프란시스 유형의 기도가 제시하는 것은 감각적 지각sense perception으로 하나님의 은혜와 신적 실재를 접촉하는 데 특히 도움이 된다.

이 유형들은 의식에 표면에 간혹 부상하는 직관들, 영감들을 포착하기 위해 충분한 수면과 여가를 가져야 한다. 이 영감의 섬광들은 기억될 수 있는 어떤 꿈 이미지들dream images과 함께 신중히 받아들여져야 한다. 꿈 이미지와 직관의 의미를 해석하고 이해하기 위해 우월기능이 직관인 사람의 도움을 받기 위해 노력하라.

ISTP들과 ESTJ들은 기도의 집단 경험(예를 들어, 훌륭한 공동체 예전 과 기도 그룹들)을 갖기 위해 힘써야 한다. 열등기능이 감정이므로, 그들 자신의 감정기능에 힘을 부여하기 위해 그룹에 대한 감정과 가치에 밀착할 필요가 있다. 일단 그룹에 의해 에너지가 넘치게 되면, 감정기능은 하나님과 신적 은혜를 경험하는 데 이르는 새로운 관문이 된다. 그룹이 신뢰 받을 만하고 하나님 중심의 그룹이 되어서 활성화된 감정이 무의식에 문을 열 때, 성령과 내면의 자기 inner Self가 지닌 에너지가 미칠 수 있게 하는 것이 중요하다. 만일 그룹이 악하다면, 감정의 열등 기능을 가진 자는 악한 영들의 유혹에 쉽게 빠질 것이다. 이는 히틀러가 통치하는 동안 독일에서 일어난 일이다. 독일 국민의 우월기능은 사고이며, 그들의 열등기능은 감정이다.

이 유형들은 감정을 억압하기보다 다른 사람들 면전에서 그것을 드러내도록 허용하는 특별한 노력이 필요하다(예를 들자면, 기쁨과 슬픔의 눈물). 감정을 드러내는 일이 당황스러울지 모르지만, 새로운 정동(精動)들은 의식화 될 필요가 있다. 점차적으로 그와 같은 경험들을 통해서 감정은 거북하고 미숙한 것이 되기보다 안정되고 신뢰받을만한 것이 될 것이다.

열등 감정과 제3의 직관 모두를 포함하기 때문에, 추측컨데 어거스틴 유형의 기도는 가장 많은 노력을 필요로 할 것이다. 그러나 이 유형은 하나님과 신적 은혜에 이르는 훌륭한 생명선이기 때문에, 매 주간 이 기도 유형을 사용하는 특별한 노력이 요구된다. 감정과 직관의 초월적 차원을 활성화하기 위해 많은 시간이 필요하다. 만일 이 기능들이 무시당하면 이 두 유형의 경향은 자기, 세계, 다른 사람들, 그리고 심지어 하나님과 신적 섭리에 대해서도 매우 부정적이 된다.

이 유형들이 선호하는 기도 유형은 베네딕트의 렉시오 디비나와 더불어 이그나시우스나 프란시스 유형이 되어야 한다.

모든 기도 방식들에 대해 마음을 열기를 권하지만, 가장 빈번히 사용되는 유형은 영적 열매를 가장 많이 생산하는 유형으로 이루어져야 한다.

ISTJ와 ESTP 유형들

우월기능=감각   보조기능=사고
열등기능=직관   제3 기능=감정

감각 유형들은 우리의 역사적 뿌리들과 접촉을 유지할 과제를 갖고 있다. 그들은 그들 마음속에 자발적으로 찾아오는 성령의 음성일지도 모를 어떤 새로운 통찰들을 신중히 받아들여 참된 양심을 형성하기 위해 그것들을 전통적인 진리와 통합하기 위해 힘써야 한다. 개인적 확신과 전통적인 교리 사이에 갈등이 발생할 때, 분별을 위해 그들의 보조적인 사고가 활용되어야 한다. 위선이 이 유형에게 유혹이므로 가장 깊은 확신과 상반되는 도덕률을 표면적으로 따르지 않도록 조심해야 한다. 개인의 확신과 전통적인 외면적인 도덕률 사이에 발생하는 개별적인 갈등은 대담히 맞서야 한다. 그리고 감추어진 갈등의 지류들, 갈등 해결을 위한 결단에 대한 각성을 지닌 신뢰할 수 있는 친구들의 도움을 받으라.

하나님과 종교를 살아있는 신앙이 되게 하기 위해, 감각 유형은 하나님에 대한 개인적인 경험을 과거로부터 물려받은 전통적인 가르침과 도그마dogma와 통합할 과제를 갖는다. 그것들을 어떻게 통합할지 곰곰이 숙고하면서 과거와 현재 하고 있는 경험을 반성해야 한다. 감각적 상상력sensible imagination을 사용함으로써, 그들은 어떤 영적 유익을 이끌어낼 때까지 예수의 생애와 구원의 역사에서 발생한 과거의 사건들을 구체화할 수 있다. 이그나시우스 유형의 기도는 이를 위한 이상적인 방식이다. 그들은 어떤 사실들을 실제적인 방식으로 구체화하면서, 하나님의 지혜, 능력, 사랑에 대한 증거들을 끊임없이 찾아야 하는데, 아마도 그렇게 하는 것은 신적 섭리와 관련하여 그들의 확신을 깊이 있게 하는 영적 생활의 본질적인 면이다.

그러나 결국 그들이 가진 직관의 열등기능은 하나님과 은혜에 이르는 주요한 생명줄을 구축할 것이다. 그들은 자발적으로 부상하는 어떤 새로운 통찰들에 대해 끊임없이 각성할 필요가 있다. 만일 이 직관들이 소홀히 취급받고 무시된다면, 그것들은 그들의 삶에서 부정적인 요인이 될 것이다. 만일 신중히 받아들인다면, 이 직관들은 놀랍고 새로운 통찰로 이끌 것이다. 그들은 특히 전 존재의 조화와 일치를 표현하는 상징들과 이미지들에 대해 각성하고 있어야 한다. 이 살아있는 균형과 질서를 통합하는 상징들은 한 개인을 휘감는 기쁨, 평화, 사랑, 그리고 희망의 심원하고 감동적인 내적 경험으로부터 인식될 것이다.

프란시스 유형의 기도는 특히 ESTP가 선호하는 것이 되어야 하며, 그들의 감각기능의 초월적 차원을 활성화할 것이다. 세계의 아름다움에 대한 감각적 인식은 하나님의 구체적인 실재들에 대한 새로운 통찰로 이끌 수 있다.

열등 직관과 감정의 제3기능을 포함하고 있기 때문에, 어거스틴 유형의 기도는 가장 어려울 가능성이 있다. 그러나 영성 생활의 균형 있는 발전을 위해 필요하다. 그러므로 그것은 무시당할 것이 아니라 충분히 쉬고, 각성 상태에 있고, 혼란에 빠지지 않고, 충분한 여가가 있을 때 활용되어야 한다. 하나님으로부터 오는 직접적인 메시지를 얻기 위해 성경구절을 개인화 하는 일은 그들의 기도생활과 하나님과의 관계를 부요하게 할 것이다. 직관의 열등기능의 활용을 요구하므로 토마스 유형의 기도 또한 힘들 것이다. 그러나 사고가 보조기능이기 때문에, 토마스 유형의 기도는 새로운 통찰을 교회의 전통 교리와 성경의 가르침과 대조하는 경험을 돕는 데 요구될 것이다. 이 새로운 통찰들을 노트에 기록해야 한다. 그렇지 않을 경우 그것들은 이내 잊혀지고 말 것이다.

감각 유형에 따르는 하나의 큰 위험은 그들의 하루를 외부적인 활동들로 채워서 계속하여 그들의 제3기능과 열등기능의 문을 두드리는 더욱 깊이 있는 영적 실재들을 통째로 깨닫지 못하는 것이다. 그들은 꿈을 꾸거나 심지어 상상할 때조차도 그들에게 다가오는 어떤 이미지들을 신중히 받아들여야 한다. 우월기능이 직관인 사람은 그들의 꿈 상징들을 해석하는 일을 도울 수 있다. 이 유형들은 기도하고 하루의 여가 순간을 갖는 동안 자발적으로 그들의 주의를 요구하거나 독서나 여타의 활동들을 통해 찾아오는 어떤 이미지들, 유비들, 비교들, 그리고 언어의 표상들을 곰곰이 생각하는 데 기꺼이 시간을 들여야 할 것이다.

INFJ와 ENFP 유형들

우월기능=직관 보조기능=감정
열등기능=감각 제3 기능=사고

이 유형들은 직관과 감정을 활용하는 어거스틴 유형의 기도를 좋아할 것이다. 그들은 성경 말씀을 그들 자신의 개인적인 상황에 옮겨놓는 것을 즐기기 때문에, 어거스틴 기도 유형은 가장 자주 활용될 것이다. 그것은 하나님과 신적 은혜에 이르는 가장 쉽고 빠른 관문이 될 것이다. 그들의 성경 구절을 개인화하여 그들 자신에게 적용하면 할수록 그들은 더욱 큰 감동을 받을 것이다. 직관이 네 기능 가운데 가장 고도로 계발된 기능이므로, 그들은 그들에게 느닷없이 부상하는 하나님과 기도에 관한 어떤 새로운 통찰들에 개방적이 될 것이다. 대체로 이것들은 신빙성 있는 것으로 간주될 수 있다.

그들은 예전과 기도의 미래 차원에 이끌릴 수 있고, 기도와 예전 안에 살아있는 상징들을 인식하고 활용할 수 있다. 성경의 예언서들이 특별한 관심을 끌 것인데, 그 까닭은 이 유형들은 미래지향적이며 미래의 유익을 위해 항상 새로운 가능성을 찾고 감추어진 잠재력을 분별하기 때문이다. 그들은 판에 박히고, 낡아빠지고, 죽은 전통적인 기도 관행이 지닌 상징들에 의해 더 이상 도전을 받지 못할 때 예전에 참여하는 일을 중단하거나 기도를 중단하는 데 앞장선다. 그러므로 무의식에서 부상하는 어떤 새로운 통찰들을 분별하고 포착하기 위해 그들이 지닌 직관의 초월적 차원을 활용하는 일이 중요하다. 창조적인 상상력을 활용함으로써 그들은 시간과 노력을 들여 오늘날의 사람들에게 말하는 하나님과 종교에 대한 살아있는 상징들을 발견할 수 있어야 한다. 그러므로 그들은 개인기도 생활에서 유익을 얻을 뿐만 아니라, 다른 이들을 위해 공동체 기도와 예전에서 사용하기에 적합한 상징들을 제공하는 데 큰 도움이 될 수 있다.

이 두 유형에게 감정을 보조기능으로 갖는 사람들과 맺는 인간관계가 우선순위의 항목에서 가장 높은 자리를 차지한다. 예수의 인성person of Jesus은 그들의 기도 생활의 초점이 되어야 하며, 그들은 예수와 친밀한 사랑의 깊은 관계를 형성하도록 노력해야 한다. 이와 같이 마리아, 베드로, 바울, 모세 같은 다른 성경 인물들의 생애는 그들이 하는 숙고에서 빈번한 주제가 되어야 한다. 과거에 살았고 오늘 날 살아있는 성인들과 다른 성숙한 사람들의 전기를 일고 숙고하는 일은 이 성격 유형이 하는 기도의 일부가 될 수 있다.

제3기능이 사고이기 때문에, 추측컨대 그들은 토마스 유형의 기도를 어느 정도 부담이 크고 지루한 것으로 간주할 수 있다. 그러므로 이 유형은 오직 그들이 충분한 휴식과 여가, 그리고 그것에 헌신할 정신적 에너지가 있을 때 씨름해야 한다. 그러나 만일 시간을 들이고 숙고하는 일을 감당할 수 있다면, 그들은 토마스 유형의 기도는 하나님과 신적 은혜에 이르는 열린 문이 될 수 있음을 알게 될 것이다. 직관과 사고를 통합함으로써 그들은 자신들이 영적 실재들과 신적 진리에 이르는 새로운 통찰들로 갑작스런 조명을 받고 있음을 알게 될 것이다. 이 영감들은 이전의 추리 과정 없이 어디서나 갑자기 출현할 것이다. 그러나 하나님에 대해 독서하고 생각한 앞서 소비한 시간 없이 이 새로운 통찰들은 결코 부상하지 않을 것이다. 만일 부상한다면 그 어떤 주의도 그것들에 주어지지 않을 것이며, 이 사고들은 무의식 속으로 억압될 것이다.

이 유형들은 그들의 열등 감각inferior sensing의 초월적 차원을 활성화하기 위해 프란시스 유형의 기도로 시간을 보낼 필요가 있다. 그들은 미, 예술 형태, 춤, 음악, 드라마, 적합한 이미지들, 비교들, 유비들, 소설, 영적 실재들을 표현할 상징들에 대한 인식을 계발할 필요가 있다. 프란시스 유형의 기도는 이것을 성취하기 위한 가장 이상적인 방법이다.

열등기능과 제3기능을 활용하기 때문에, 이그나시우스 유형의 기도는 가장 어려울 수 있다. 그러므로 그것은 오로지 충분한 휴식과 각성, 그리고 충분한 시간이 있을 때 활용되어야 한다. 만일 그렇다면, 그것은 영적 실재와 관계들과 관련된 새로운 이미지들에 이르는 관문이 될 수 있다. 이그나시우스 유형의 기도를 사용하기 전에 보조적, 제3기능의 초월적 차원을 활성화하기 위해 잠시 동안 토마스 유형의 기도를 활용할 것을 권한다. 융은 우리의 열등기능과 정면으로 충돌하는 일은 지혜롭지 못하지만, 그것은 우리의 보조기능, 제3기능에 의해 접근되어야 한다고 주장한다.

열등 감각 기능inferior Sensation Function 때문에 이 유형들은 감각을 포함하는 어떤 것을 배우는 데 어려움을 느끼므로, 그들은 안정된 양식으로부터 이탈하는 어떤 것에 의해 쉽게 혼란스러워 한다. 그러나 그들에게 예전은 만일 축제가 어떤 새로운 인격적 차원들을 추가하지 않는 한(예를 들어 설교나 음악, 혹은 기도가 반복되는 방식) 매우 따분한 것이 된다. 그러나 예전은 여전히 그들이 배우고 새롭게 기대하는 올바른 순서의 범주 내에 있어야 한다. 직관은, 그것은 어떤 것에 대해 인식의 결핍을 제공하는 데, 그들로 하여금 로자리를 싫어하게 만든다. 그러나 만일 그들이 로자리를 갖고서 묵상을 실천한다면, 그들이 가진 감각의 열등기능은 활성화될 수 있고 그들의 우월 기능인 직관은 대접을 받을 수 있다.

INFP와 ENFJ 유형들

우월기능=감정 보조기능=직관
열등기능=사고 제3 기능=감각

이 두 유형에게 가장 쉬운 기도 형식은 감사와 찬양의 기도와 어거스틴 유형의 기도일 것인데, 이에 의해 개인은 성경구절을 오늘 하나님께서 우리에게 주시는 개인적인 메시지로 해석한다. 이 기도 유형들은 우월기능과 보조기능을 활용하기 때문에 쉽고, 유익하고, 즐거울 것이다. 사실 이 기도 유형들은 이 기질들에게 에너지를 부여하여 아름다운 친밀감에 대해 문을 열게 한다.

이 두 기질들은 열여섯 유형들 가운데 가장 독립적이다. 그러므로 그들은 하나님과 접촉하여 그분의 임재에 대한 경험을 최상으로 가능하게 하는 유일하고 개인적인 기도 방식을 찾고 발견하도록 격려 받아야 한다. 더욱이 일단 훌륭한 기도 경험을 하면, 그들은 대체로 훌륭한 교사나 다른 이들을 도울 영적 지도자가 될 수 있다. 이것이 그들이 지닌 직관의 보조기능이 지닌 속성이다

INFP와 ENFJ는 추상적인 아이디어보다 사람을 다루는 기도 유

형을 선호한다. 그들은 기도 형식을 단순화 하여 다른 기도 유형 사이에 올바른 질서와 관계를 세울 수 있다. 그러나 그들은 그들 자신과 다른 사람들 내면에 있는 소극성을 다루는 데 익숙하지 못하므로 추상적 사고에 반대하는 강한 편견을 갖고서 의문시 되는 생각과 직면하기를 주저한다. 이는 사고가 그들의 열등기능인 사실에 기인한다. 그러므로 그들은 기도하는 동안 하나님의 지혜, 능력, 선하심, 사랑, 그리고 자비와 용서에 대해 자주 숙고함으로써 하나님의 사랑의 돌보심과 섭리에 대한 깊은 신뢰를 계발할 필요가 있다.

그들에게 토마스 유형의 기도는 정신 에너지의 큰 소모를 요구할 것인즉, 그러므로 오직 충분한 휴식, 각성을 가질 때만, 그리고 외부의 혼란스런 것들로부터 자유로울 때만 활용되어야 한다, 이런 조건 하에서 활용될 때, 토마스 유형의 기도는 다양한 영적 실재들의 근본적 일치를 지각하는 데 도움을 주는 일에 매우 가치 있음이 드러날 것이다. 그러면 그들은 복잡한 상황들을 떨쳐버리고 주변에 있는 다양한 요소들을 한 데 묶는 단순한 문제를 분별할 수 있을 것이다. 그와 같은 통찰들은 사고의 초월적 차원과 직관기능들을 통합하여 활용하는 데서 비롯된다. 이 사실은 온전함을 향한 그들의 성장을 위해서 뿐만 아니라 다른 이들을 가르치고, 지도하고, 상담하는 일을 위해서도 매우 가치 있는 것으로 드러날 것이다. 특별한 노력을 요하고 때로 귀중한 시간 낭비로 보일지라도 프란시스 유형의 기도 또한 활용될 수 있다. 그럼에도 불구하고 그들이 감각기능의 초월적 차원을 활성화하여 영적 실재의 세계로 들어가는 길로 활용하는 것은 이 두 유형의 영적 성장에 필수적이다. 그들은 과정을 서두르지 않도록 주의를 기울이고 자아ego가 의식적인 외부 실재들과 영적 실재의 세계 사이에 쌓아둔 장벽을 자기the Self가 허물어뜨리는 데 성공할 때까지 참고 기다려야 한다. 성령과 내면의 자기는 자신의 시간 스케줄을 갖고 있다. 그리고 만일 우리가 인내한다면 제3기능과 열등기능의 초월적 차원은 결국 우리의 내면의 존재와 모든 창조물에서 발견되는 내면의 영적 실재에 들어가는 문을 열 것이다. 감각의 초월적 차원을 활성화하는 길들 가운데 몇 가지는 다음과 같다: 좋은 음악을 듣는 일, 좋은 드라마를 보거나 읽는 일, 극적인 소설을 읽는 일, 그림, 조각, 판화 같은 고상한 예술품을 연구하거나 창작하는 일들, 손을 흙속에 넣어 하는 일(정원 손질, 특히 꽃을 키우는 일) 등은 또한 열등기능과 제3기능의 초월적 차원을 여는 데 도움을 준다.

열등기능과 제3기능들의 사용을 원하기 때문에, 감각적 상상력을 잘 이용하는 이그나시우스 유형의 기도는 INFP들과 ENFJ들에게 어려울지 모른다. 그러나 참을성을 갖고 실천하면, 이 기도 방식 또한 신적 실재들에 대해 새롭고 깊이 있는 경험에 이르는 관문이 된다.

INTJ와 ENTP 유형들

우월기능=직관 보조기능=사고
열등기능=감각 제3 기능=감정

직관이 우월기능이기 때문에, 기도 안에서의 성장, 온전함 그리고 거룩함이 그로부터 진행된다. 이 유형들은 그들의 직관의 초월적 차원을 활성화하기 위해 노력하는데, 직관의 초월적 차원은 그들의 창조적 상상력creative imagination이며 인간 정신human psyche의 주요한 상징 창조 기능이다. 성 토마스가 과거의 전통적인 지식을 대조(對照)하여 그 속에 질서를 부여하고 그것을 그가 발견한 새로운 통찰들과 상징들과 통합할 수 있었던 것처럼, INTJ와 ENTP는 오늘날 같은 일을 할 수 있다. 역사에 대한 감각과 하나님과 영적 실재들에 대한 새롭고 살아있는 상징들을 분별하기 위한 열린 마음을 갖고서, 그들은 낡음 속의 모든 좋은 것과 새로움 속의 좋은 것을 통합하는 과제를 위해 준비되어 있다. 그러나 만일 그들이 그들의 우월기능의 초월적 차원을 억압한다면 이런 일을 발생하지 않을 것이다. 혁신가인 그들은 이미 오래 전 관련성을 상실한 믿음의 옛 상징에 고착되어 있는 전통주의자들과 보수주의자들로부터 저항과 박해를 받을 수 있다. 그러므로 성 토마스가 가졌던 것처럼 용기, 자기관심으로부터 초연detachment, 그리고 하나님과 갖는 깊은 친밀이 필요하다.

이 유형들은 토마스 유형의 기도가 그들의 기질과 가장 잘 조화된다는 것을 알아야 한다. 그들은 하나님과 영적 실재들 모두에 관한 긴 추상적 사고를 탐닉하는 것을 즐긴다. 그들은 종교와 성경의 역사적 차원에 흥미를 가질 것이다. 위험은, 그들의 기도 생활이 오늘날 존재하시는 대로의 살아계신 하나님과 실제적인 만남을 갖기보다 더욱 더 연구하게 되는 것이다. 그들은 하나님과 모든 실재를 아담한 "비둘기장의 구멍" pigeon hole과 변경할 수 없는 범주 안에 두기를 원한다. 그들은 렉시오 디비나의 렉시오와 메디타시오를 좋아하며 오라시오와 컨템프라시오를 소홀히 하는 경향이 있다. 성 토마스 아퀴나스의 생애와 저서들에 대한 연구와 숙고는 이 유형들로 하여금 삶과 기도에 올바른 균형을 유지하도록 도울 것이다 하나님과 맺는 균형 있고 친밀한 관계를 획득하기 위해 어거스틴, 프란시스, 그리고 이그나시우스 기도 유형이 실천될 필요가 있다. 이것은 어느 정도의 노력을 요구하며 정신 에너지의 소비를 포함하므로, 개인은 이 기도 형식들을 간과할 유혹을 받게 될 것이다. 그렇게 한다면 결과는 영적 생활의 비극으로 끝날 것이며, 또한 신적 섭리에 의해 개인에게 부여된 삶의 활동의 좌절을 낳을 것이다. 추측컨대 시작하는 위치는 이그나시우스 유형의 기도를 활용하는 능력을 계발하는 곳일 수 있는데, 그 까닭은 이 유형들에게 있어서 자신들을 성경 시대와 사건들에 투사하는 것이 다른 방식으로 그것들에 접근하는 일보다 쉽기 때문일 수 있다. 이그나시우스의 「영적 훈련」에서 어느 정도 숙달한 다음 이 유형을 위한 다음 단계의 기도 형식은 어거스틴 유형이어야 하는데, 어거스틴 유형의 기도는 그들의 우월기능인 직관을 잘 활용한다. 창조적 상상력의 초월적 차원은 모든 성경 말씀이 우리에게 의미하는 바가 무엇인지를 상상하기 위해 활용될 필요가 있다. 우리는 성경 말씀이 오늘 우리의 상황에 적용 가능한 외부의 지혜임을 확신해야 한다. 직관을 활용하면서, 우리는 이 고대의 말씀이 무슨 의미를 갖는지를 분별하기 위해 노력한다. 그것들은 우리에게 무슨 도전을 주는가? 우리가 성경 구절을 개인에게 적용하면 할수록 어거스틴 유형의 기도는 더 많은 열매를 안겨 줄 것이다. 열등기능과 제3기능의 사용을 요구하므로, 추측하기로는 이 유형들에게 가장 어려운 기도 형태는 프란시스 유형의 기도일 것이다. 그러므로 많은 시간, 여가 그리고 여분의 정신 에너지가 프란시스 유형의 기도를 의미 있게 하는 데 바쳐질 필요가 있다. 온전함과 균형에 도달하기 위해, 하나님과의 깊은 친밀을 획득하기 위해, 이 기도 유형은 탁월한 수단이다.

INTP와 ENTJ 유형들

우월기능=사고 보조기능=직관
열등기능=감정 제3 기능=감각

INTP와 ENTJ는 지적인 파악뿐만 아니라 그들이 파악할 수 있는 진리에 이르는 새로운 통찰들의 결과인 두려움, 경외, 기쁨, 사랑, 평화에 대한 감각을 통해 신적 진리를 경험하기 위해 사고의 우월 기능을 활용해야 한다. 그들은 그들의 머리만 아니라 마음으로 이 진리를 경험하려고 힘써야 한다. 그것들은 사고(우월적)와 직관(보조적) 기능에 호소하므로 베네딕트의 렉시오 디비나와 더불어 토마스 유형의 기도가 그들이 선호하는 기도 형태이다. 보조 기능이 직관이므로 그들은 형식을 갖춘 기도 시간 동안뿐만 아니라 일상적인 활동 과정에 느닷없이 부상하는 통찰들, 영감들, 그리고 직관들을 포착하기 위해 힘써야 한다. 환상fantasy이나 깨어 있는 시간 동안 찾아온 꿈 상징dream symbol과 다른 이미지들을 해석하는 데 주의가 요청된다. 이 이미지들 가운데 그 어느 것을 억압하기보다 그것들 하나하나가 지닌 진정한 의미를 찾기 위한 시도가 있어야 한다. 그들의 의식적인 정신과 의지의 과제는 다른 이들을 섬기는 적극적인 사회봉사 생활에 그것들을 활용하는 일이다.

어거스틴 유형의 기도는 하나님과 은혜를 접촉하기 위해 직관과 감정의 초월적 차원을 활성화하는 데 도움이 된다. 시, 음악, 드라마, 그리고 예술 또한 영적 실재들의 세계에 들어가는 문을 여는 데 유용하다. 이러한 예술들에 대한 직접적인 참여와 관람자로서 그것들을 즐기는 일은 하나님의 실재와 임재에 대한 기도와 경험을 위한 훌륭한 준비가 될 수 있다.

프란시스 유형의 기도는 특히 감각의 제3기능을 활성화하는 데 도움이 된다. 미와 감각 경험sense experience 형식에 대한 단순한 지적 인식을 능가하도록 특별한 노력이 필요하다. 이미지들, 유비들, 영적 실재들에 대한 비유를 계발하기 위해 상상력을 활용하여 하나님과 영적 실재들과 접촉하라.

위의 유형들은 기도 그룹 경험, 예를 들자면, 훌륭한 공동체 예전, 기도 그룹들에 대한 경험을 추구해야 한다. 열등기능이 감정이기 때문에 감정과 그룹의 가치에 의해 사로잡히면, 그것은 그들 자신의 감정기능에 에너지를 부여할 것이다. 일단 그룹에 의해 활성화되면, 감정기능은 하나님과 신적 은혜의 경험에 이르는 관문이 된다. 그룹이 진정한 하나님 중심의 그룹이어서 활성화된 감정의 무의식의 문을 열어 성령과 내면의 자기의 에너지가 그 사람에게 영향을 미치는 것이 중요하다. 만일 그룹이 악하다면, 감정의 열등기능을 가진 사람은 악한 영의 유혹에 넘어갈 수 있다. 이에 대한 첫 실례가 아돌프 히틀러Adolf Hitler다.

INTP들과 ENTJ들은 그들의 감정을 억압해서는 안 되며 그것이 드러나도록 허용하되, 특히 최소한 신뢰할 수 있는 한 사람 면전에서 드러내도록 힘써야 한다. 그렇게 하는 것은 다소 당황스럽겠지만, 새로운 정동(精動)들은 의식화 될 필요가 있다. 점진적으로 그와 같은 감정 표현들을 통하여 그들의 감정 기능은 거북하고 원시적이기보다는 안정되고 신뢰할 수 있는 것이 된다.

토마스와 베네딕트 유형의 기도를 활용할 때. 감정기능을 활성화하는 일이 필요하다. 대화colloquies와 개인적인 적용은 더 연장되어야 한다. 렉시오 디비나에서 충분한 시간이 셋째 넷째 단계인 오라시오와 컨템프라시오에 할당되어야 하며, 첫째 둘째 단계인 렉시오와 메디타시오에 모든 시간이 할당되지 않도록 조심해야 한다.

다른 사람들을 향한 비인격적이고 무관심한 태도를 극복하기 위한 노력이 있어야 한다. 개인은 감정의 가치를 확신하기 위해 지성을 사용할 수 있다. 그 다음 다른 사람들을 향한 깊은 인격적인 사랑의 경험을 하기 위해 노력하며, 사랑과 연관된 정동들이 의식적으로 표면에 부상하여 인정받도록 하라. 그와 같은 경험은 개인에게 하나님과 주 예수 그리스도와 나누는 사랑의 경험에 이르는 문을 열어 줄 것이다.

이 유형들은 그들의 상상력(감각기능)과 그들의 감정과 정동(그들의 열등 기능) 모두를 계발하기 위해 협력할 필요가 있다. 만일 이것들이 적절히 계발되면, 그들은 그들의 기도 생활과 하나님과의 관계가 엄청나게 부요하게 된 것을 발견할 것이다.

◆ 부록 III ◆

용어 풀이

Auxilary Functiion(보조기능): 네 심리 기능들 가운데 두 번째로 계발된 기능. 의식 활동에서 우월 기능 혹은 우월 기능에 부수적으로 혹은 돕는 자 역할을 한다.

Charismatic prayer(카리스마적 기도): 카톨릭 신도와 다른 크리스챤들에게서 최근 몇 년 간 카리스마적인 기도 그룹 안에서 계발된 특별한 기도 유형. 근본적으로 하나님께 드리는 찬양과 감사 기도인데, 그것은 통상 방언과 예언과 치유를 포함한다. 강조점은 "영Spirit 안에서 하는 기도"인데, 자신을 성령의 손 안에 완전히 두어서 성령이 우리의 혀와 몸과 마음을 사용하시도록 허용하는 데 있다.

Conscious faculties(의식적인 힘): 명확하게 이해되지 않는 어떤 영적 진리를 표현하는 새로운 이미지들이나 상징들을 창조하는 능력. 근본적으로 직관 기능이 하는 일로서, 개인의 창조적 상상은 네 가지 심리 기능들이 초월적 차원에서 작용할 때 가장 잘 작용한다.

예수께서 사용한 하나님의 신비들을 설명하는 데 작용한 비유들과 이미지들이 창조적 상상의 실례들이다.

Cursillo(커실로): "그리스도교 내부의 작은 과정" a little course in Christianity이란 뜻을 지닌 Cursillo de Christianadod의 축어. 1947년 스페인에서 발전된 사도 운동apostolic movement이며, 많은 성공회Episcopal, 루터교Lutheran, 그리고 다른 기독교회에서 뿐만 아니라 이 나라의 카톨릭 교구에서 대중화되고 있다. 그것은 주 중 3일 집중적으로intensive 3 day Weekend로 시작되며, 연구, 기도, 공동체 경험으로 이루어지며, 훈련된 평신도 팀이나 목회자가 이끈다. 주말 경험Weekend experience을 갖기 위해 사용되는 기술 가운데 두 가지는 주 그룹 재회Weekly Group Reunion와 월간 울트리아monthly Ultreya이다. 더 자세한 것이 필요하다면 당신이 다니는 지역 교회나 총회 기관에 편지를 쓰도록 하라: National Cursillo Center, P.O. Box 210226, Dallas TX 75211.

Dominant Function(우월기능): 가장 잘 계발되고 사용하기에 간편한 심리 기능. 그러므로 개인의 의식 생활에서 가장 선호하는 방식이다.

Ego(자아): 개인 생활의 "나" (I)는 의식의 초점인데. 그 주변에 모든 의식적인 능력들이 가지를 치고 있다. 개인의 무의식적 존재 unconscious being의 초점인 자기the Self와 대조되는 개인의 의식 생활의 중심이다. 자아는 우리의 의식적인 생활을 지도하는 책임을 맡고 있다. 이 일을 잘 수행하기 위해 자아는 내면의 자기와 접촉하여 자기와 균형 있는 긴장을 유지할 필요가 있다. 성숙한 사람에게 있어서 자기는 의식과 무의식의 진정한 중심이 될 것이다.

Extraversion(외향적인 사람): 개인의 습관적인 태도가 자신들 외부에 있는 사람들과 외부의 사건과 일에 집중하고 있는 사람들이다. 이 사람들과 일들은 외향성의 사람에게는 에너지의 주요 원천이다. 외향성 기질은 다른 사람과 일과 객관적으로 관계를 맺을 때가 최상이다.

Inferior Function(열등기능): 가장 계발되지 않고 가장 사용되지 않는 심리 기능. 사용될 때 가장 큰 정신 에너지psychic energy를 요하기 때문에, 그것은 개인이 피곤하고 다른 것들에 마음이 빼앗겨 있을 때 무시당한다. 의식적인 우월기능과 항상 대극에 있는 열등 기능은 MBTI에 의해 결정된 바와 같이 무의식이 개인의 의식의 대극이기 때문에 개인의 무의식의 우월기능이 될 것이다.

Intercessory Prayer(중보기도): 하나님께서 우리에게 호의를 베풀어 주시기를 구하는 간구하는 기도. 몇 몇 사람들에게 이것은 실제적으로 그들이 사용하는 유일한 기도인데, 물론 실수다. 묵상, 관상, 그리고 하나님과 하나님의 진리에 대한 숙고뿐만 아니라 찬양, 감사, 통회가 우리의 기도 생활의 일부가 되어야 한다.

판단하는 태도(J): 세상을 향해 개인이 취하는 태도인데, 자신이 판단하는 방향으로 사건들을 통제하고, 지시하고, 지도하려고 한다. 사람들이나 사건들 면전에서 수동적이 되는 대신, 판단 유형의 사람(J)은 다른 사람들이나 사건들에 영향을 행사하려고 한다.

Liturgical Prayer(예전 기도): 믿는 자들의 공동체의 대중기도. 카톨릭 신도들에게 이것은 근본적으로 성만찬Eucharist이다. 그것은 또한 다른 성례전Sacraments이나 교회의 대중 기도를 포함한다. 디바인 오피스Divine Office, 종려나무나 재의 축복Blessing of Palms or Ashes, 크리스챤의 각성Christian Wake 등과 같은 것들을 포함한다.

MBTI: 한 개인의 기질이나 성격 유형을 결정하기 위해 캐스린 브릭스Katharine C. Briggw와 이사벨 브릭스 마이어Isabel Briggs Myers가 계발한 도구.

Metanoia(회개): 신약성경 기자가 사용한 헬라어. 복음서의 예수의 교훈에서 요구한 한 개인의 삶의 방향전환을 묘사한다. 메타노이아와 동의어는 "회심" conversion일 것이다. 간혹 "회개" repentance, "개혁" reform "속죄하다" do penance로 번역된다.

Myth(신화): 간혹 의례에서 행해지는 이야기인데, 상징언어로 종교적 혹은 철학적 아이디어를 포함하며 한 개인의 내면의 존재로부터 반응을 일으킨다(9장 두 번째 문단을 참조하라)

Numinous(누미노제): 실재의 영적(물리적이거나 물질적인 것과 대조되는) 차원과 관계된 어떤 것.

Perceiving attitude(지각하는 태도:P):한 개인이 세계를 항하여 취하는 태도. 이것으로 개인은 외부세계가 미치는 무슨 영향이든 그에 대해 개방적이고 유동적인 태도를 취한다.

Psyche(정신): 영혼soul이나 영spirit을 나타내는 헬라어. 융 심리학에서 전체 인격이 정신으로 불린다. 그러므로 그것은 의식적 능력과 무의식 생활 전체를 포괄한다.

Psychic energy(정신 에너지): 개인의 의식적인 영적 능력뿐만 아니라 개인의 내적 존재로부터 오는, 한 사람에게 유용한 모든 능력과 에너지. 정신 에너지는 간혹 신적 은혜를 나타내는 심리학적 동의어로 사용된다. 그것은 의식 생활에서 건설적으로 사용될 때 은혜다. 그러나 그것은 무의식에서 미분화된 채로 남아있기 때문에, 만일 개인이 그렇게 선택한다면 또한 악한 목적을 위해 파괴적으로 사용될 수 있다.

Psychological Functions(심리 기능들): 우리가 현실을 인식하고 판단하는 데 사용되는 네 가지 방법. 감각과 직관(두 가지 지각 기능들)과 사고와 감정(두 가지 판단 기능들). MBTI는 의식적인 정향 conscious orientation의 상대적 힘과 이 네 기능들 각각의 적응성 adaptation을 측정한다. 개별적인 사람에게서 그것들은 다양한 차원으로, 그리고 다양한 통합 안에서 발달하며 개인의 외향적인 태도나 내향적인 태도에 의해 수정된다.

Reconciling Symbol(화해 상징): 무의식에서 부상하는 이미지로서 두 가지 분명한 진리의 대극 가치를 통합한다.

Self(자기): 무의식적인 내적 존재. 정신psyche의 통합점. 성숙한 사람에게서 정신은 자신의 무의식과 의식의 전체 삶의 중심적인 감독자가 된다. 그것은 우리의 내적 존재 중심에 심겨진 하나님 이미지인데, 그에 따라 우리의 전체 본성이 지도를 받는다. 그것은 하나님과 성령과 가장 친밀한 내적 존재와 인격의 지점이며, 그로부터 우리는 신적 에너지와 은혜를 받아들인다.

Sensible Imagination(감각적 상상력): 우리로 하여금 우리 내부에 현재와 과거의 감각 경험에 대한 이미지를 만들게 하는 영혼의 능력(예를 들자면, 우리는 어릴 적의 몇 가지 장면을 상상할 수 있거나, 먼 친척이나 친구의 얼굴을 상상할 수 있다). 그것은 대부분의 사람들이 생각하는 정상적인 방식이며, 추상적 추리abstract reasoning없이 이루어진다.

Sensing Function: Sensation(감각기능): 외부 실재에 대한 지식을 받아들이기 위해 우리가 보고, 듣고, 만지고, 맛보고, 냄새 맡는 데 사용하는 심리 기능

Shadow(그림자) : 정신의 모든 요소들 가운데 현재 우리가 의식하지 못하는 요소. 융은 간혹 "그림자" "무의식"을 동일한 실재에 대한 동의어로 사용했다. 우리는 선과 악의 그림자 모두를 갖고 있다. 선한 그림자는 우리의 의식 생활 안에서 활성화되어 우리의 의식적인 의지에 복속되기를 기다리는 방대한 잠재력이다. 악한 그림자는 우리가 현재 인식하지 못하나, 그럼에도 불구하고 우리 생활에 영향을 미치는 우리의 본성 안에 있는 모든 결점과 악한 성향이다.

Symbol(상징): 실재의 영적 차원들 가운데 몇 국면을 표현하려고 시도하는 이미지.

Temperament(기질): 다른 사람의 습관적인 행동으로서가 아니

라 한 가지 태도나 한 가지 기능을 선택하는 한 개인이 지닌 습관적 성향의 특성. 본서에서 우리는 데이비드 키르시David Kiersey에 의해 구분된 네 가지 기질이나 성격을 설명하기 위해 이 용어를 사용했다.

Tertiary Function(제3기능): 숙달이 우세하고 보조기능의 대극인 셋 째 기능. 근본적으로 무의식적이며, 정신 에너지의 과외 지출로만 충분히 활성화될 수 있는 의미에서 열등 기능처럼 동등한 특질들을 갖는다.

Thinking Function(사고기능): 인격적이고 주관적인 가치에 근거하여 결론과 판단을 도출하는 감정 기능과 상반되는, 근본적으로 상황의 객관적인 가치에 근거하여 결론을 도출하는 심리 기능.

Transcendent Dimension(초월적 차원): 한 개인의 내면의 무의식적 존재와 모든 실재의 영적 차원과 접촉하기 위해 사용되는 네 가지 심리 기능 각각의 면. 심리 기능들은 외부의 물리적 세계와 내면의 영적 세계를 연결하는 데 사용될 수 있는 좌우로 움직이는 문門과 같다. 초월적 차원에서 그것들은 영적 세계와 관련을 맺는다.

Type(유형): 성격의 보편적인 특질을 지닌 개인들의 집단 혹은 범주. 본서에서 우리는 MBTI에서 결정된 열여섯 가지 다른 융 학파의 유형들을 말할 때 "유형"이란 말을 사용한다.

The Unconscious(무의식): 우리의 의식적인 능력 또는 도무지 파악 불가능한 인간 정신(성격, 영혼 영의) 광범위한 영역. 융의 이론에 의하면, 무의식은 망각된 개별적 인간의 무의식이나 한 개인의 과거의 삶에서 억압된 기억과 전 인류가 지닌 이미지나 기억의 유산을 담고 있는 집단 무의식으로 구분된다.

Verbal prayer(구송 기도): 실제적 언어로 하는 기도. 구송 기도는 큰 소리와 속삭이는 소리로 반복되거나 단순히 입 모양을 낼 수 있다. 구송 기도에서 우리는 대체적으로 우리 자신의 자발적인 어휘보다는 다른 사람들의 어휘를 이용한다. 비단 예수 그리스도와 마리아의 생애가 지닌 신비들 가운데 한 가지나 다른 것에 대해 숙고함으로써 묵상하는 기도나 관상기도가 이루어지기를 기대하지만, 로자리Rosary는 구송 기도의 전형이다.

◆부록 IV◆

기도와 기질에 대해 생각들

렉시오 디비나의 네 R들

본서가 다른 기도 방식들을 옹호하지만, 렉시오 디비나는 매일 하는 형식을 갖춘 기도formal prayer나 묵상을 위한 기본 형식으로 자리매김 하고 있다. 본서에 묘사된 다른 네 가지 방식들은 렉시오 디비나의 특수한 변형이다. 이그나시우스, 어거스틴, 토마스, 그리고 프란시스 유형의 기도 방식들은 근본적으로 렉시오 디비나의 둘 째 단계에서 서로 판이하다. 렉시오 디비나의 네 단계들을 따름으로써, 우리는 우리가 지닌 네 가지 기능들-감각, 사고, 감정, 그리고 직관-을 통하여 하나님의 임재에 우리 정신을 개방한다. 렉시오 디비나의 네 단계를 기억하기 쉬운 방법은 그것들을 **네 개의 R**로 생각하는 것이다: **Reading**(렉시오), **Reflecting**(메디타시오), **Responding**(오라시오), 그리고 **Rest**(컨템프라시오). 독서에서 우리는 성경이나 다른 종교서적 안에 있는 하나님의 계시에 대한 새로운 통찰을 얻기 위해 우리의 감각기능을 활용한다. 우리는 또한 모든 실재 안에 하나님께서 계시하신 것을 "읽을 수" 있다. 숙고에서 우리는 하나님의 말씀을 오늘 우리의 삶에 적용하기 위해 우리의 사고기능, 우리의 합리적 사고나 지식을 활용할 수 있다. 반응에서 우리는 하나님과 하나님께서 우리와 맺으시는 관계에 관한 새로운 통찰들을 제시하기 위해 우리의 직관기능을 활용한다. 네 가지 기능의 초월적 차원을 통하여 하나님은 계시된 성경말씀의 상징들을 통해 우리에게 임재 하시게 된다. 렉시오 디비나 네 단계는 우리가 매일 기도하는 동안 네 가지 모든 기능들을 우리가 활용하고 있는지를 확실하게 하는 훌륭한 점검표이다.

이그나시우스 유형의 기도

이 기도의 메디타시오나 숙고 단계에서 우리의 감각적 상상력을 활용함으로써 우리는 우리 자신을 성경에 묘사된 본래의 역사적 사건에 투사한다. 우리는 2~3천 년 전에 발생한 사건들을 살아있게 하기 위해 노력한다. 우리는 과거에 행하신 하나님의 놀라운 행위를 기억한다. 이 성경의 사건들의 말씀을 기억하거나 기념하는 과정에서, 우리는 하나님으로 하여금 우리를 위해 그와 같은 일을 행하시도록 현존하시게 한다. 그러므로 우리는 성경에 기록된 본래의 사건 안에서 역사적으로 현존했던 사람들이 경험했던 동일한 은혜와 축복을 경험할 수 있다. 우리는 이 방법을 특히 교회력에 따른 예전 기간 동안에 사용한다.

어거스틴 유형의 기도

이 기도 방식에서, 둘째 단계인 숙고(메디타시오) 하는 동안, 우리는 성경말씀과 사건을 우리의 현재 상황에 옮겨놓기 위해 우리의 사고기능을 활용한다. 그러므로 창조적 상상력에 의해 우리는 성경 말씀을 오늘 우리에게 의미있는 것으로 삼기 위해 노력한다. 우리는 재삼 하나님께서 성경 말씀을 하신다고 상상하지만, 이 시간은 우리의 현재 상황에서 개인적으로 하시는 말씀이다. 하나님과 예수는 어제나 오늘이나 영원히 동일하시므로(히.13:8), 우리는 하나님께서 성경에 기록된 사람들과 사건 안에서 보여주신 바와 같이 우리에게도 동일한 사랑과 신실하심을 보이실 것으로 기대한다.

토마스 유형의 기도

숙고하는 동안 성경 본문을 분석함으로써, 토마스 유형의 접근 방식은 우리로 하여금 성경 말씀을 실제적으로 적용하도록 돕는다. 사고기능의 초월적 차원은 우리를 향하신 하나님의 뜻을 분별하기 위해 사용된다. 예를 들자면, 우리의 성장과 발전을 위한 다음 단계가 어떠한가이다. 하나님의 말씀을 그와 같이 숙고하고 분석하는 목적은, 우리가 지금 실행하고자 하는 어떤 미덕이나 우리가 피하고자 하는 결점과 관련된 지적 확신을 얻는 것이다. 숙고를 통해 우리는 크리스챤 가르침의 관점에서 논리적으로 우리가 지닌 문제들에 대한 결단에 도달하려고 한다.

프란시스 유형의 기도

렉시오 디비나의 둘째 단계인 숙고(메디타시오) 하는 동안, 프란시스 유형의 기도는 하나님을 우리의 삶의 오늘의 경험 안에 살아있고 실제적이 되게 하기 위해 사고기능의 초월적 기능을 활용한다. 성경 속의 인물들이 그들의 삶과 사건에서 어떻게 하나님을 경험했는지를 숙고함으로써, 우리는 하나님의 임재와 행위를 우리 자신 안에서 인식한다. 우리는 우리에게 주시는 하나님의 많은 선물들을 기뻐하고 우리가 하는 묵상은 영감과 열망이 된다. 로렌스 형제Brother Lawrence는 그의 저서 *the Practice of the Presence of God* 〈하나님 임재의 연습〉에서 프란시스 유형의 기도에 대한 탁월한 실례를 제공한다.

외향성과 내향성 기능들

우리가 우월기능과 보조기능, 그리고 좀 더 열등한 기능들을 가지고 있다는 깨달음에 더하여, 기도와 영성에서 네 기능들을 계발하고 활용하는 데 중요한 도움은 이 기능들의 외향성과 내향성의 보조적인 활동을 이해하는 것이다. 제 8장에서 설명한 바와 같이, 네 가지 모든 기능들은 우리로 하여금 하나님과 접촉하는 경험을 가능하게 해 주는 초월적 차원을 갖는 것 같다. 우리가 한 경험으로는, 내향성 기능들은 기도에 있어서 우리에게 가장 쉬운 반면, 외향성 기능들은 다른 사람들과 관계를 맺고 외부 세계에서 활동하는 일, 즉 우리의 삶의 양식이나 영성에 더욱 적합하다 그러므로 우리의 내향적 기능들의 초월적 차원은 보통 기도하는 동안 활성화하고 사용하기에 가장 쉽다는 결론에 도달한다.

오로지 내향성의 사람이 지닌 우월기능이 내향적인 반면, 다른 세 기능들은 외향적이라는 견해를 가진 사람들이 있다. 이들은 또한 외향성의 사람들의 우월기능은 외향적인 반면, 다른 세 기능들은 내향적이라고 주장한다. 이는 상담이나 영성 지도에서 우리가 갖는 경험과는 판이하다. 반대로 내향성의 사람에게 우월기능과 제

3기능이 내향적인 반면, 오로지 보조적이며 네 번째(열등)기능들이 외향적이라는 사실이 관찰되어 왔다. 외향성의 사람들에게는 정반대가 적용된다. 즉 우월기능과 제3기능들은 내향적일 것이다. 만일 이것이 사실이라면, 외향성인 사람들은 다는 사람들과 외부세계와 직면할 때 근본적으로 그들의 우월기능과 제3기능을 의존할 것이다. 기도 하는 동안 외향성의 사람은 그들을 위해 초월기능을 활성화하는 데 가장 쉬운 길이기 때문에 그들의 내향적인 보조기능을 활용할 것이다. 근본적으로 개인의 의식이 열등 기능을 직접 통제하지 못하므로 외향성의 사람이 정상적이며 일상적으로 하는 기도에서 그것의 초월기능을 활성화하려고 시도하는 것은 바람직하지 않다. 그러나 외향성의 사람이 어떻게 자신이 가장 선호하지 않는 기능이 행동하거나 그 자체를 통제하는지 그 비결을 배울 때, 그는 하나님의 임재, 능력, 그리고 사랑에 대한 힘있고 깊은 지속적인 신앙경험을 기대할 수 있다. 그러나 우리는, 우리 모두가 기도할 때 네 기능들 모두를 사용할 수 있다는 사실을 망각해서는 안 된다. 그것은 단순히 제3기능과 네 번째(열등) 기능을 활성화하는 정신 에너지를 요구한다. 우리 모두가 어느 정도 게으르거나 혹은 활동 반경을 넓히거나 우리의 열등기능에 관해 알지 못하기 때문에, 우리는 근본적으로 우월기능과 보조기능을 사용하는 경향이 있다. 이것이 우리의 특별한 성격 유형을 낳는다.

내향성적인 사람들에게 그 두 가지 모두가 내향적이므로 우월기능과 제3기능은 기도하는 동안 사용할 가장 나은 두 기능일 것이다. 우리가 한 관찰은, 내향성의 사람들은 그들의 제3기능을 활성화하는 데 성공할 때 기도하는 동안 하나님의 가장 능력 있는 임재를 빈번히 경험할 것이라는 것이다. 내향성의 사람의 우월기능은 내향적이지만, 그것은 외부에는 알려지지 않지만 여전히 외부 활동에 사용되는 기능이다. 그러나 내향성의 사람이 고도의 자기 훈련을 계발하지 않는다면 기도에 우월기능을 사용할 때 그 또는 그녀는 수많은 세속적인 정신적 혼란을 경험할 것이다.

더욱이 내향성의 사람은 보통 외향적인 보조기능의 초월적 차원을 활성화함으로써 보다는 내향적인 제3기능을 사용함으로써 기도에 더 성공적일 수 있다. 그러나 보조기능과 제3기능이 시소seesaw와 같이 작용하여 개인이 의식적으로 활동할 때 다른 하나는 정신의 무의식 영역으로 억압된다. 그러므로 내향성의 사람에게 있어서 제3기능은 보통 기도하는 동안 의식적인 의지conscious will에 통제 받는다. 그것은 자연적으로 내향적이기 때문에, 기도하는 동안 하나님과 접촉할 때 사용할 수 있는 가장 쉬운 기능이다.

열여섯 유형들의
외향적 내향적 기능들

E=외향적 I=내향적

ENFJ 우월-감정(E)   열등(제4)-사고(I)
       보조-직관(I)   제3   -감각(E)
ENFP 우월-직관(E)   열등(제4)-감각(I)
       보조-감정(I)   제3   -사고(E)
INFJ 우월-직관(I)   열등(제4)-감각(E)
       보조-감정(E)   제3   -사고(I)

INFP	우월-감정(I)	열등(제4)-사고(E)	
	보조-직관(E)	제3	-감각(I)
ESFJ	우월-감정(E)	열등(제4)-사고(I)	
	보조-감각(I)	제3	-직관(E)
ISFJ	우월-감각(I)	열등(제4)-직관(E)	
	보조-감정(I)	제3	-사고(I)
ESFP	우월-감각(E)	열등(제4)-직관(I)	
	보조-감정(I)	제3	-사고(E)
ISFP	우월-감정(I)	열등(제4)-사고(E)	
	보조-감각(E)	제3	-직관(I)
ESTJ	우월-사고(E)	열등(제4)-감정(I)	
	보조-감각(I)	제3	-직관(E)
ISTJ	우월-감각(I)	열등(제4)-직관(E)	
	보조-사고(E)	제3	-감정(I)
ESTP	우월-감각(E)	열등(제4)-직관(I)	
	보조-사고(I)	제3	-감정(E)
ISTP	우월-사고(I)	열등(제4)-감정(E)	
	보조-감각(E)	제3	-직관(I)
ENTJ	우월-사고(E)	열등(제4)-감정(I)	
	보조-감각(I)	제3	-감각(E)
ENTP	우월-직관(E)	열등(제4)-감각(I)	
	보조-사고(I)	제3	-감정(E)
INTJ	우월-직관(I)	열등(제4)-감각(E)	
	보조-사고(E)	제3	-감정(E)
INTP	우월-사고(I)	열등(제4)-감정(E)	
	보조-직관(E)	제3	-감각(I)

외향성의 제3, 제4 기능 사용

일단 내향성의 사람이 충분히 성숙하여 제4 혹은 가장 잘 사용되지 않는 외향적 기능을 어떻게 활성화하는지를 알게 된다면, 이 기능의 채용은 세계와 다른 사람들에게 엄청난 영향impact을 줄 수 있다. 다른 한 편, 외향성의 사람들에게는 열등기능이 항상 내향적이기 때문에, 외향적 보조기능이 다른 사람들에게 엄청난 영향을 줄 것이다. 두 내향적 기능들이 하나님을 접촉하는 데 최적(最適)인 것처럼, 두 외향적 기능들은 그것들에 의하여 우리로 하여금 다른 이들과 우리가 사는 세상에 큰 영향을 미치게 할 것이다.

다른 흥미로운 통찰들은 제3, 제4 기능들을 사용하는 데서 비롯되는 결과다. 그것들이 미치는 영향은 한 개인의 의식적인 의지의 선택에 따라 선이나 악이 될 수 있다. 예를 들자면, 히틀러가 그의 외향적 열등 감정 기능을 사용하여 독일 국민 안에 있는 동일한 열등 감정 기능을 활성화하여 그가 자행한 모든 악을 성취한 것이다.

우리가 죽은 후 있을 수 있는 개연성은, 선이든 악이든 우리가 세계에 가장 오래 미치는 영향은 우리의 외향적 제3, 혹은 제4 기능을 활성화함으로써 성취되는 일일 것이다. 이 기능들은 우리의 무의식 속 가장 깊은 곳에 묻혀있어서 우리의 존재 중심인 자기에 가장 가깝다. 그것들은 대단한 힘을 지니고 있고 우리의 삶 속에서 활동하시는 성령의 활동에 개방되어 있다. 더욱이 그것들의 활성화는 대체적으로 수많은 자아 요구ego demands가 해결될 때인 삶의 후기에 일어난다. 이 기능들의 분화는, 개인의 이미 분화된 우월기능과 보조기능들과 함께 개인으로 하여금 더 많은 확실성과 침착성을 가지고 더 많은 지혜와 이해로 진보하도록 한다. 그러므로 우리의 보조 기능과 열등기능을 계발할 필요가 있는 그 어떤 수단들을 찾아내어 사용하는 것이 우리의 의무다. 기도에서 제3과 제4기능을 활용하는 것을 배우는 일은 우리의 삶의 다른 영역에서 이 기능들을 사용할 우리의 능력을 활성화하고 계발하는 탁월한 방법이다(기도할 때 이 기능들을 어떻게 사용할지에 대한 설명을 위해서는 197페이지를 참조하라). 그러나 인생에서 너무 일찍 이 네 기능들을 활성화하기 위해 노력하지 말기를 바란다. 만일 네 가지 모든 기능들이 균형 있고 건강하게 사용되려면 질서가 필요하다. 개인은 먼저 균형 있고, 훈련되고, 비이기적인 방식으로 개인의 우월기능을 어떻게 활용할 것인가를 배우라. 희망은, 우리가 25세나 30세 쯤 이것을 획득하는 것이다. 그 다음으로 우리의 보조기능의 성숙이 도래하는데, 이는 우리의 제3기능의 실현하고 훈련한 뒤에 따라온다. 오로지 처음 세 기능들을 올바르게 통제한 후, 우리는 제4 혹은 열등기능의 균형 있는 사용을 발전시키기 위해 신중하고 의식적인 시도를 해야 한다.

비록 나이가 들거나 아무리 성숙하더라도, 제4기능이 보조를 맞추지 않는다는 사실을 망각해서는 안 된다. 우리가 훌륭한 자기 훈련의 예술을 배웠다면, 우리의 의식적인 의지에 의해 다소간 직접적으로 처음 세 기능들을 통제할 수 있을 것 같다. 제4 기능은 우리의 의식적인 의지에 직접 복속되지 낳는 것 같다. 그것은 오로지 우리의 자아 통제를 받은 의지ego-controlled will보다 더 깊은 권위를 가진 우리의 내면의 자기inner Self의 비밀스런 음성에 복종하는 것 같다.

우리가 더 성숙하고 자기훈련이 될 때, 내면의 자기는 우리의 삶과 행동의 충분한 진보를 이룰 수 있다. 이 일이 일어날 때 비로소 우리는 점진적으로 어떻게 제4기능을 활성화하고 사용할지를 배운다. 여가, 놀이, 휴양, 스트레스로부터의 자유. 그리고 충분한 휴식은 최상의 유익에 도달하도록 우리의 제4 기능을 사용하는 방법들 가운데 몇 가지 방법이다. 하나님과 하나님의 뜻에 문을 여는 기도와 묵상은 우리의 제4 기능에 힘을 부여하여 우리의 삶에서 활동하게 하는 또 다른 방법이다. 우리는 권력에 대한 충동power drive, 우리 자신의 삶을 통제하려는 열망에 대해 우리 자신을 비우고 더 높은 힘이신 하나님과 성령의 힘에 우리 자신을 양도할 필요가 있다. 우리는 외부의 압력으로부터 초연하는 훈련이 필요한데, 이는 자신에 대한 죽음 혹은 복음서에서 예수께서 명령하시는 바다: "자기 목숨을 얻는 자는 잃을 것이요, 나를 위해 자기 목숨을 잃는 자는 얻으리라".

제4기능인 사고

외향적인 제3 혹은 제4기능의 초월적 차원의 활성화가 어떻게 사회에 선하고 지속적인 영향을 미치는가에 대한 실례들이 비일비재하다. 만일 이 기능이 사고라면 그것의 초월적 차원은 개인으로 하여금 복잡하고 뒤얽힌 사고 과정을 단순하게 한다. 일단 개인이 외향적이지만 우월적인 사고기능이 아닌 외향성 기능의 힘을 해체하는 여가와 일의 올바른 통합을 발견하면, 그/그녀는 다른 사람들의 복잡한 아이디어를 받아들여서 그것들을 단순하고 직접적인 말로 표현하여서 제한된 교육을 받은 보통 사람들이 쉽게 이해할 수 있게 한다.

복잡한 사고에 분명하고 압축된 요약을 주는 이 능력은 다른 이들에게 큰 가치가 됨이 증명될 것이다. 이런 방법으로 제3 제4기능이 사고인 삶들은 그들의 환경에 지속적인 영향을 줄 수 있다.

제4 기능인 감정

만일 감정이 한 개인의 열등기능이거나 제4기능이면, 가치를 결정하는 단순한 과정은 그로 하여금 다른 이들의 가치, 차이, 그리고 공통성을 인식하도록 할 것이다. 만일 개인이 감정의 열등 기능을 활성화할 만큼 충분히 성숙했다면. 그는 오늘날의 폭력이 난무하고 소외된 세계에서 훌륭한 평화 창조자pesce-maker가 될 수 있다. 그와 같은 사람은 소외된 개인 뿐 아니라 전 국민과 인종과도 화해하는 데 성공할 수 있다.

모한다스 간디Mohandas K. Gandi와 마틴 루터 킹 쥬니어Martin Luther King. Jr 두 사람 모두가 그들의 열등기능인 감정을 갖고서 그들의 삶을 시작할 개연성이 있다. 두 사람 모두가 사고를 그들의 우월기능으로, 그리고 감정을 열등기능으로 한 ENTJ나 INTP처럼 보인다. 전형적인 NT처럼, 간디는 그의 가르침과 행동에서 진리의 중요성을 강조했다(*사타그라하*: 그가 부른 것 같이). 그는 법률을 다루는 전형적인 NT직업을 선택하여 탁월한 판사가 되었다. 그러나 그의 전기를 읽는 사람들은 그의 가족과 갖는 관계에 나타난 그의 열등 감정기능에 의해 충격 받는다. 이와 같이, 킹의 초기 생애는 진리에 대한 추구와 고등 교육이었다. 그러나 버밍햄의 교도소에 머무는 동안, 그는 모든 것과의 관계에서 그의 감정을 어떻게 사용할지를 배우는 지점까지 성숙했다.

간디와 킹 모두는 자기훈련, 고통, 그리고 성숙 안에서 이룬 성장을 통해 그들의 감정기능을 활성화하여 평화를 만드는 위대한 위업을 달성했다. 역사 안에 있는 숱한 화해를 이루어내는 자와 평화 창조자들은 열등 감정기능을 가진 사람들이었던 것 같다. INTP인 칼 융 또한 감정을 그의 열등기능으로 가졌지만, 그에게 그것은 외향적 감정extraverted feeling이었다.

제4 기능인 감각

감정이 한 개인의 열등기능일 때, 만일 그의 열등 감각기능을 활성화하기를 원한다면, 그는 먼저 다른 세 기능들의 필요한 자기훈련을 실행해야 하며, 그의 분주한 생활에서 여가, 휴식, 그리고 놀이 공간을 마련해야 한다. 그러면 그는 우리로 하여금 땅에 머무는 동안 하나님과 영적이며 누미노제적인 실재에 대한 직접적인 경험을 할 수 있게 하는 새롭고 살아있는 상징들을 인식하는 놀라운 감각을 발견한다. 매우 가능성 있는 일이지만, 위대한 신비가들과 관상가들은 열등 감각 기능을 가진 사람들이다. 추측컨대, 감각은 테일하드 드 가르뎅Teihard de Cardin과 죠셉 캠벨Joseph campbell의 열등기능이거나 제3기능이었다. 물리적, 물질적 실재에 대한 영적이며 신성한 차원에 대해 가진 그들의 통찰들은 감각기능의 초월적 차원을 활성화한 전형적인 실례들이다

감각을 그들의 열등기능으로 가진 자들의 특별한 직업은, 특히 그들이 예전에서 집례자나 설교자나 음악 지도자라면, 예전과 성례전 축제가 이루어지는 동안 이 감각기능을 활성화한다. 만일 그것들이 성공적이면, 예전 상징들은 그들에게 살아나고 의미 있게

될 뿐 아니라 은혜 충만한 예전을 기대하는 나머지 회중을 위해서도 살아있는 상징이 되기 위한 무대를 마련할 것이다. 이 사람들은 새로운 삶을 옛 상징 안에 둘 뿐 아니라 간혹 우리로 하여금 세속적 실재가 지닌 영적 차원을 경험하도록 돕는 새로운 종교 상징들을 발견한다. 실례로, 우리의 감각기능의 초월적 차원을 활성화하는 비밀을 발견하는 것, 특히 우리가 어떤 예전이나 성례전 축제에 참여할 때 그렇게 하는 것이 우리의 의무다. 우리가 이를 행하는데 성공하는 한도 내에서 우리는 예전 축제에 활기를 불어 넣는데 성공할 것이며, 그 예전은 우리나 다른 사람들이 하나님의 임재, 은혜, 능력, 그리고 사랑에 대한 깊은 영적 경험을 갖는 수단으로 만들 것이다.

제4 기능인 직관

직관이 우리로 하여금 사건이나 발생하고 있는 일의 내면적 본질을 볼 수 있도록 허용하기 때문에, 그것은 우리가 밖으로 드러난 사실보다 잠재력을 보게 한다. 대체적으로, 먼저, 직관을 그들의 열등기능으로 지닌 사람들은 그들에게 떠오르는 갑작스럽고 초대하지 않은 예감과 통찰들을 무시한다. 이것들은 어리석고, 바보스럽고, 비실제적인 아이디어로 평가 절하 된다. 왜냐하면 감각기능이 한 개인의 우월기능일 때, 그는 매우 실제적이며, 현실적이며, 감각적인 사람이라는 큰 자부심을 갖는다. 매 시간 그들의 열등 직관기능이 활성화 되어, 그것은 그들의 감각 생활의 실제적 작용에 위협으로 보인다. 사고와 감정의 제3기능이 활성화된 후인 삶의 중반기에 개인은 열등 직관 기능이 제시할 아이디어와 영감의 내면세계를 생각할 용기를 갖는다. 한 개인의 성숙에 대한 지혜를 가지고서 이 아이디어들에 대해 신중한 가치 평가를 한 후, 열등 직관기능을 가진 사람은 그/그녀 시대의 예언자가 될 수 있다. 일단 직관을 그들의 열등기능으로 가진 사람들은 그들의 직관기능을 투명하게 만들도록 허용하는 성숙에 도달한다. 성숙으로 말미암아 그들은 시대의 표징을 읽을 수 있고 미지의 미래를 향해 나아가는 우리의 신앙 여정을 향하신 하나님의 뜻을 분별할 수 있다.

제4 기능의 변환

위의 실례들 또한 이 기능들이 우리의 우월기능, 보조기능, 혹은 제3기능일 때 적용 가능하다. 우리가 개별적인 네 기능의 초월적 차원을 활성화하는 데 성공하는 범주 내에서 우리는 세계 안에서 위대한 선을 이룩하는 데 각 기능을 사용할 수 있다. 우리가 한 관찰은, 삶의 후반기 동안 열등기능이나 제 4기능이 힘 있고, 영향력 있고, 오래 지속되는 기능이라는 사실이다. 그러나 한 개인이 그것을 어떻게 활성화할 수 있는가에 대한 비결을 배우는 데 성공할 때만 그렇다. 이것은 우리가 내면의 자기를 실현하거나 활성화하는 데 성공하는 범주 내에서 계시된다. 우리의 의식적 의지보다는 우리 존재의 이 내면의 중심이 우리의 열등기능을 통제한다. 그러나 일단 열등기능이 활성화되면, 한 개인의 의식적인 의지는 활성화된 열등기능의 초월적 힘을 선이나 악을 위해 어떻게 사용할지를 결정할 것이다. 어떤 선택이 이루어지느냐에 따라 활성화된 열등기능은 막대한 선이나 막대한 해를 행사할 것이다.

대부분의 사람들은 그들의 제4기능이 통제하고 활용하기에 너무 힘들기 때문에 그것의 계발을 소홀히 하는 경향이 있다. 특별한 방식의 기능화는 더 많은 정신 에너지를 요구하기 때문에, 개인은 지치고 싫증내거나 게을러지기까지 하며 더 익숙한 양식으로 되돌아가버리고 덜 통제할 수 있는 제4기능으로부터 달아나기 쉽다. 대체로 우리는 제4기능이 원활하게 작용하기 위해 충분히 쉬고, 휴양하며, 평온하며, 평화로우며, 압력과 불안에서 자유 할 필요가 있다. 매우 자주 우리는 정원 손질이나 산보와 같은 단순하고, 어린아이 놀이와 같고, 힘들지 않는 물리적 운동을 할 때 제4기능 면에서 원활하게 행동하는 것을 배운다. 여가와 생활에서 어떻게 긴장을 풀지를 배운 사람은 대체로 그들의 열등기능 안에 감추어진 엄청난 자원을 드러낼 수 있다.

센터링 기도, 관상기도, 그리고 침묵기도는 열등기능의 문을 여는 다른 길이다. 모든 개인은 다르기 때문에 개인의 열등기능을 사용하는 특별한 열쇠를 찾기까지 다른 방법들을 써 가면서 실행할 필요가 있다. 그렇더라도, 우리가 그것을 원만하게 활용하기 전에 인고(忍苦)의 세월이 요구된다. 우리는 간혹 힘 있는 열등기능의 비밀을 파악할 수 있기까지 수많은 귀중한 시간을 낭비하고 있다고 느낀다. 만일 우리가 인내하고, 긴장을 풀고, 충분한 휴식을 취하고, 평온을 되찾는다면, 열등기능은 가치 있는 통찰들을 가지고서 우리를 놀라게 할 것이다. 우리는 그것의 스케줄에 맞추어 조율할 필요가 있다. 만일 그렇다면, 우리는 더욱 하나님의 은혜에 대한 영감에 개방적이 될 것이며, 그럼으로써 성령께서 우리의 삶을 더욱 완전하게 인도하시도록 할 것이다.

기도에서 제3, 제4 기능들을 활성화 하기

기도는 하나님과 맺는 우리의 여러 관계들을 돕는 것이다. 하나님은 영이시므로 하나님을 직접 만나는 유일한 길은 우리 인간 본성의 영적 차원이라는 수단에 의해서이다. 우리가 사랑, 진리, 선, 미, 일치, 정의 등과 같은 영적 가치들을 접촉할 때마다, 우리는 하나님의 실재와 확실한 만남을 갖는다. 사람들은 그 같은 만남을 누미노제나 초월 경험이라고 말한다. 그와 같은 경험을 갖는 우리의 능력은 우리가 하나님의 형상대로 지음받았다는 성경적 표현이 지닌 의미다(창.1:26).

지상에서 우리가 하나님을 만나는 네 가지 정상적인 길들은 감각, 직관, 사고 그리고 감정의 네 인식 기능들cognitive functions이다. 이 부록뿐만 아니라 제8장에서 우리는 어느 정도 이 개별적 기능들의 초월적 차원을 묘사했다. 이 기능들 가운데 어떤 기능의 초월 기능이 활성화 될 때마다 우리는 확실한 기도 경험을 갖는데, 그 까닭은 우리가 하나님의 경이에 대한 새로운 통찰이나 새로운 이미지를 통해 하나님과 직접 대면하기 때문이다.

그러므로 우리가 진리, 정의, 사랑, 미, 선, 혹은 일치와 직접적인 만남을 갖는 어떤 때에라도 우리는 실제적으로 하나님과 확실한 합일을 경험하고 있는 것이다. 우리가 땅 위에서 살아가는 동안 이 영적, 초월적 현상에 어떤 이름을 부여하는가와 무관하게 하나님은 여전히 하나님이시다. 땅 위에서 갖는 하나님에 대한 이 모든 경험들 가운데 가장 고상한 경험은 사랑에 대한 이해다. 그것은 성 요한이 말한 바와 같다: "하나님은 사랑이시라. 사랑 안에 거하는 자는

하나님 안에 거하고 하나님도 그의 안에 거하시느니라".(요일.4:16)

이 부록에서 우리는 자연적으로 내향적인 두 기능들의 초월적 차원을 활성화하는 것이 가장 쉽다는 것을 제시해왔다. 그러나 우리는 또한 부가적인 정신 에너지를 갖고서 네 가지 모든 기능들의 초월적 차원을 활성화 하는 것이 가능하다고 주장해 왔다. 실제로 우리는 이렇게 하는 매 시간에 기도하고 있는데, 그 까닭은 우리가 초월적이신 하나님을 직접 만나고 있기 때문이다. 끝으로, 우리는 이 땅 위에서 하나님과 가장 깊이 만나는 만남은 우리의 제3 기능(보조기능)과 제4(열등기능) 기능에 의한 것임을 주장해왔다. 이것이 사실인 이유는, 이 두 기능들이 우리의 무의식 깊이 감추어져 있어서 하나님의 형상이 우리 내면에 거하는 우리 존재의 초점인 내면의 자기inner Self에 가장 가까이 있기 때문이다. 이것들은 개별적인 네 기능들의 초월적 차원을 활성화하는 길이다. 간혹 위에 언급된 초월적 가치들 한 가지를 묵상하거나 숙고하면 한 기능 혹은 네 기능들 가운데 더 많은 기능들의 초월적 차원을 활성화할 것이며, 우리를 하나님과 만나는 경험으로 이끌 것이다. 혹은, 성공적인 심리치료Psychotherapy 경험은 한 심리 기능, 혹은 더 많은 심리 기능들의 영적 차원을 활성화할 것이며 하나님과 기도에 대한 확실한 경험으로 우리를 이끌 것이다.

창의적인 상징 투사
ISP (Initiated Symbol Projection)

하나님과 삶의 초월적 가치들에 이르는 많은 길들 중에서 ISP는 가장 성공적일 것이다.

상징들은 불가시적인 것의 가시적 표현이므로, 그것들은 우리가 하나님과 초월적인 것들과 접촉하는 길이다. 우리가 사용하는 "초월적" transcendent이란 말은 하나님이 이 세속 차원보다 더 높은 실재의 차원에 거주하고 계심을 강조한다. 우리가 하나님이나 어떤 초월적인 것들에 대한 경험을 말로 표현하려고 시도할 때, 우리는 더 이상 말이 지닌 문자적 의미에 따라 말을 사용할 수 없다. 우리는 가시적이고 구체적인 것을 넘어서는 더 높은 차원을 가르키는 상징으로써만 말을 사용할 수 있다. 상상력imagination에 의해 환기된 이미지들은 어떤 말보다 더 힘 있고 분명하게 이 차원을 표현할 수 있다. 그러므로 창의적인 상징 투사Initiated Symbol Projection가 필요한 것이다.

우리가 아는 한, 한스칼 뤼너Hanscal Leuner와 독일의 코나트 H.J. Kornat이 용어를 세계 2차 대전 직후에 창안했다. ISP에 대한 자세한 설명은 로베르트 아사기올리Roberto Assagioli의 저서인 *Psychosynthesis* 〈종합 심리 요법〉에서 찾을 수 있다(부록 IV. 287-302페이지). 네 기능들의 초월적 차원을 활성화하는 방법에 붙여진 다른 명칭들은 적극적인 상상Active imagination. (칼 융), 깨는 꿈Waking Dreams(워킨스), 이끌림 받은 공상Directed Daydream(디솔리)이다.

ISP에서 한 기능의 초월적 차원을 활성화함으로써 그들 자신의 영적 잠재력의 깊이와 높이와 접촉하고자 하는 사람에게 어떤 상징 모티프들symbol motifs이 제시된다. 이 상징들은 통상 영적 지도자, 치료가, 혹은 영혼의 친구soul friend일 수 있는 지도자에 의해 창안된다. 이 사람은 이미지를 소개한 다음 목장, 숲속을 거닐고, 개울을 따라가고, 등산하며 굴속에 들어가며, 짐승을 만난다. 놀랍게도, 우리의 인식 기능들의 초월적 차원은 이 창안된 이미지 위에 그것의 내용 가운데 일부를 투사한다. 무의식이 개인의 상상력에 제공하는 이미지들의 흐름을 따름으로써, 각 기능의 영적, 초월적 차원이 우리의 의식에 드러날 수 있다.

정상적으로, ISP는 무의식적인 내면의 자기가 사용하기에 익숙한 기본 상징들에 어느 정도 친밀한 사람의 도움으로 착수되어야 한다. 이 지도된 심상guided imagery 유형에서 지도자는 상징적 이미지를 추구하는 자에게 제시한 다음, 수용자로 하여금 상상에 떠오르는 것을 묘사하도록 한다. 함께, 지도자와 수용자는 한 이미지에서 다른 이미지로 계속 옮아간다. 지도자가 ISP 수용자에게 찾아오는 기대치 않은 어떤 이미지들을 계속 기록해 두는 것은 도움이 된다. ISP가 개인의 상상력에 불쑥 떠오르는 이미지들의 의미를 해석하는 동안 그 어떤 시도도 하지 말아야 한다. 이 상징들을 이해하고 해석하려는 노력은 ISP 훈련이 끝날 때까지 지속되어야 한다.

음악은 무의식의 상징 이미지를 활성화하는 데 큰 도움을 제공하는 것으로 알려져 있다. 그것은 비음성(非音聲) 음악이어야 하며 되도록 클래식 음악이 좋다. 과정에 도움을 주는 좋은 음악의 실례는 베토벤Beethoven의 제9 심포니 3악장Third Movement Ninth Sympony , 파첼벨Pachelbel의 케논Canon, 마이크 로우란트Mike Rowlanddml의 아름다운 종소리the Fairy Rin, 조지아 켈리Georgia Kelly의 평온한 바다seapeace이다.

그/그녀의 적극적 상상력을 계발하기 위해 노력하며 ISP에 참여하는 사람은 느긋해야 하며, 아마도 신발을 벗고 누워야 한다. 진행되는 과정에 걸쳐 눈을 감아야 하는데, 정상적으로 한 시간 이상 지속해서는 안 된다. 5분 이상 음악을 들으면서 음악이 그/그녀를 감싸게 하여 음악에 몰입하면, 이 모든 활동은 긴장을 풀어주고 상상력을 활성화 하는 데 도움을 준다. 그런 후 다음 단계는 즐겁고, 고요하고, 아름다운 이미지로 시작되며, 새로운 상징들에 대한 소개로 계속된다.

우리는 무의식 깊은 곳에 파묻혀 있는 매우 강력한 힘을 다루고 있기 때문에, ISP를 착수할 때 항상 착안해야 할 어떤 예방책들이 있다. 적어도 착수할 때 이것을 홀로 시도하는 것은 최선이 아니다. 개인은 도움을 받되 이 지도된 심상guided imagery으로 착수하고, 신뢰할만하고 지식을 갖춘 친구 면전에서 해야 한다.

개인은 항상 아름다운 장소(예를 들면, 목장)에 서 있는 것처럼 어떤 즐거운 장면으로 시작해야 한다. 개인은 항상 SP를 적극적이고 평화로운 이미지로 끝마쳐야 한다. 만일 저항할 수 없으리만치 강렬하고 위험스런 이미지를 만나면 즉시 상상으로 본래의 아름다운 장소로 되돌아온다. 무엇이 출현하듯 수용자가 그에 대해 우정 어린 방식으로 반응할 것을 권한다. 이는 놀랍게하고, 화나고, 위험한 이미지가 나타날 때에도 사실이다. 만일 우정과 사랑을 만났다면, 거의 피할 수 없어 보이는 위협적인 이미지는 그것의 두려운 면들을 잃어버리고 우호적인 어떤 것으로 변할 것이다. 또한 추천하는 바는, 이미지의 수용자는 심상을 어떤 사람, 짐승, 혹은 상상에 떠오른 실재에 선물로 주는 것이다. 더욱이 네 기능들은 그와 같은 모든 이미지들의 질문을 받아야 한다: (1)당신의 이름은 무엇인가? (2)당신은 무엇을 원하는가? (3)나는 당신을 위해 무엇을 할 수 있는가? (4)당신은 어떻게 나를 도울 수 있는가? 답변들은 맨 처음 자신들을 상상에 맡기는 ISP 과정 막바지에 토론하고 해석하기 위해 기록한 지도자와 나눈다. 네 기능들 모두의 초월적 차원에 대한 상징 이미지들은 ISP 과정을 진행하는 동안 다소 쉽게 경험될 수 있다. 그러나 제3, 제4 기능들의 이미지는 대체적으로 가장 큰 놀라움과 영향을 행사할 것이다.

ISP와 기도

만일 겸손하고, 신뢰하며, 개방적인 방식으로 접근한다면, 창의적인 상징 투사나 지도된 심상guided imagery은 기도하는 경험prayerful experience이 될 수 있다. ISP를 하는 동안 무의식이 제공하는 상징 이미지들을 통해, 우리는 하나님의 초월적 차원과 직접 접촉할 수 있다. ISP를 끝낼 때, 우리는 이 이미지들을 우리가 하는 일상적인 기도로 가져가서 이 상징들을 통하여 하나님께서 우리에게 보내시는 메시지들과 대화할 수 있다. 이렇게 하는 최상의 길은 영적 일기를 쓰는 것이다: 이미지를 기록하라. 우리는 그것과 대화를 나눈다. 그리고 우리는 하나님, 우리 자신, 그리고 세계에 대한 새로운 지식을 분별하며, 이 상징들을 통해 성령께서 우리에게 계시하시고자 하는 것을 분별한다.

창의적인 상징 투사와 지도된 심상과 하는 작업은 우리가 수면할 때 찾아오는 꿈을 가지고서 하는 작업과 유사하다. 우리는 하나님, 성령께서 우리가 밤에 꾸는 꿈이나 이 깨어있는 꿈을 통해 우리에게 어떤 가치 있는 메시지를 전달하시고자 한다고 추측한다. 우리는 이 이미지들을 우리가 알기 원하는 어떤 것, 그렇지 않으면 알지 못하는 어떤 것을 표현하려는 상징들로 다룰 수 있다. 그러므로 우리는 여기서 기도의 다른 형태, 하나님과 실재의 영적이며 초월적 차원들과 관계 맺는 다른 방식을 다루고 있는 것이다.

◆부록 V◆

1982년 기도 프로젝트에 참여하고 있는유형들과 기질들

SJ = 133 =32%
ISTJ 21
ESTJ 16
ISFJ 65
ESFJ 31

SP =43 =10.4%
ISTP 9
ESTP 3
ISFP 24
ESFP 7

NT =44 =10.6%
INTJ 18
INTP 7

ENTP 8
ENTJ 11

NF =195 =47%
INFJ 53
INFP 56
ENFP 50
ENFJ 36

전체 참여자 수 =415
남성: 115 혹은 27.7%
여성: 300 혹은 72.3%
목회자: 44
종교를 가진 여성들: 84
평신도: 287

❖ 참고도서

Assagioli, Roberto. Psychosybthesis. New York: Viking Press, 1971.

Anonymous. The Cloud of Unknowing, ed. William Johnston. Garden City City, New York: Doubleday Image Books, 1978.

Agustine, Saint. The Confessions of St. Augustine, translated by John K. Ryan. Garden City, New York: Doubleday Image Book, 1960.

Bryant, Christopher. Prayer and Different Types of People. Gainesville. Florida: Center for Application of Psychological Type, 1983.

de Mello, Anthony, S.J. Sadhana: A Way to God. At. Louis: The Institute of Jesuit Sources, 1979.

Fleming, David J., S. J. Modern Spiritual Excercises. Garden City, New York: Doubleday Image Books, 1983.

Grant, W. Harold, Thomson, Magdala and Clarke, Thomas E. From Image to Likeness. Ramsey, New Jersey: Paulist Press, 1983.

Hutchinson, Gloria. Six Ways to Pray From Six Great Saints. Cincinnati: St. Anthony Messenfer Press, 1982.

Jacobi, Jolande. Complex, Archetype, Symbol: In The Psychology of C. G. Jung. Princeton: Princeton University Press, 1959.

Jung, Carl Gustav. Psychological Types. Princeton: Princeton University Press, 1976.

Jung, Carl Gustav. Payche and Symbol, "Transformation Symbols in the Mass", pp. 148-224. Garden City, New York: Doubleday Anchor Books, 1958.

Kiersey, David and Bates, Marlin. Please Understand Me: An Essay on Temperament Styles. Del Mar, California: Prometheus Nemesis Books, 1978.

Kelsey, Morton. Myth, History, and Faith: The Remytholozizing of Christianity. New York: Paulist Press, 1974.

Lane, George, S. J. Christian Spirualtiy. Chicago: Loyola University Press, 1984.

Lawrence, Gorden. People Types and Tiger Strips. Gianseville, Florida: Center for Application of Psychological Type, 1979.

Lawrence of the Resurrction, Brother. The Practice of the Presence of God, translated by John J. Delaney. Garden City, New York: Doubleday Image Books, 1977.

Meier, John. Matthew. Michael Glozier Series Liturgical Press, Collgeville, MN.

Michael, Chester P. and Norrisey, Marie C. Arise: A Christian Psychology of love. Charottesville, Virginia: the Open Door, Inc., 1981.

Monk of New Clairvaux. Don't You Belong To Me?. Ramsey, New Jersey: Paulist Press, 1979.

Myers, Isabel Briggs and Myers, Peter. Gifts Differing. Palo Alto, California: Consulting Psychologists Press, 1980.

Myers, Isabel Briggs. Introduction To Type. Palo Alto, Calnifirnia: Consulting Psychologists Press, 1980.

Myers, Isabel Briggs. The Myers-Briggs Type Indicator 1962

Manual. Palo Alto, Calnifornia, Consulting Psychologists Press, 1962.

Pennington, M. Basil. Centering Prayer: Renewing An Ancient Christian Prayer Form. Garden City, New York: Doubleday and Co., 1980.

Phul, Louis J. The Spiritual Exercises of St. Ignatius. Chicago: Loyola University Press, 1951.

Sanford, John A. The Kingdom Within. Philadelphia: J.B. Lippincott, 1970.

Schemel, George J and Borbely, James A. Facing Your Type. Wenersville, Pennsyvania: Typofile Press, 1982.

Teresa of Avila, Saint. the Way of Perfection, translated by E. Allison Peers, Garden City, New York: Doubleday Image Books, 1964.

Therese of Lisieux, Saint. The Story of A Soul. Washington: Institute of Carmelite Studies, 1972.

von Franz, Marie-Louise. Lectures on Jung's Typology, "the Inferior Function". Irving, Texas: Spring Publications, Inc., 1979.

Welch, John, O. Carm. Spiritual Pilgrims: Carl Jung and Teresa of Avila. Ramsey, New Jersey: Paulist Press, 1982.

Whitmont, Edward. The Symbolic Quest. Princeton: Princeton University Press, 1969.

❖ 저자소개

몬시그너 체스터 P. 마이클

로마 카톨릭 사제인 그는 1942년 서품 받은 이래 영성지도, 퇴수회, 그리고 기도와 영성을 위한 워크샵 등에 이르는 제사장적 사역의 본질적인 사역에 헌신해 왔다. 1960년 노틀담 대학에서 수학한 이래 융 심리학을 연구하는 학도로, 그는 발티모어에 있는 성 마리아 대학에서 Sacred Theology를 전공하여 박사 학위를 취득했다. 본서 말고도 그는 Arise: *Christian Psychology of Love* 〈일어나라: 사랑의 기독교 심리학〉을 공저(共著)했고, 영성, 신학, 성경 그리고 심리학을 다루는 계간지의 저자이기도 하다. 일찍이 썼던 *The New Day of Christianity* 〈그리스도교의 새 날〉은 최근에 품절되었다.

마리 크리스챤 노르시

마리 크리스챤 노르시는 1969년 초엽 이래 *The Open Door* 〈열린 문〉의 편집자 일을 맡아왔다. 그녀는 지난 37년 간 몬시그너 마이클이 쓴 저서들의 편집을 담당하며 몬시그너 마이클과 Arise를 공저했고, 본서에 아이디어를 제공하는 일과 편집을 떠맡았다. 가정 부주이자 어머니인 그녀는 윌크스 대학, 윌크스-베어, 펜실베니아 대학 동문이다. 그녀는 융 심리학과 신학에 대해 폭넓게 책을 읽었고, 적극적으로 그녀의 성년기를 교구 주교 행정에 헌신하고 있다.

기질에 따른 기도와 영성

2011년 09월 10일 초판 발행

지 은 이 · 이 기 승
발 행 인 · 김 수 곤
발 행 처 · 선교횃불
등 록 일 · 1999년 9월 21일 제54호
등록주소 · 서울시 송파구 삼전동 103번지
전　　화 · 02-2203-2739
팩　　스 · 02-2203-2738
E-mail · ccm2you@gmail.com
Homepage · www.ccm2u.com

ⓒ 이기승 2011

이 출판물은 저작권법에 의해 보호를 받는
저작물이므로 무단전재와 무단복제를 금합니다

ISBN 978-89-5546-170-1(03230)